時事新報家庭部編

東京名物 食べある記

正和堂書房

教育評論社

◎目次

装丁＝花村広

【凡例】

・本書は、昭和四年に正和堂書房より刊行された『東京名物食べある記』を復刊したものである。

・読みやすさを考慮し、原則として原本の旧字・旧かな遣いを、新字・新かな遣いにあらためたが、一部の固有名詞は旧字のままとした。また、ルビや句読点を適宜加除した。

・米印を付した註記はすべて本復刊本の編集部によるものである。

・目次と内題でタイトルが異なっている場合は、内題を採用した。

・本文中、明らかな誤字や脱字は修正したが、表記の不統一、また、現在では不適切な表現とされている語句については、発行当時の時代背景を考慮し、原本どおりとした。

叙

大正みずのと亥の震災に、跡方もなくなった東京の下町一円が、それよりして七年ばかり、ともかくも、今日の此《こ》の姿に生まれ変ったということは、——殊《こと》に区画整理というて、町筋《まちすじ》の附替《つけかえ》やら、家々の引移《ひきうつり》やら、それが厳しい命令の下《もと》に行われて、市民は煩《わずらわ》しい勘定と血の出るような損毛《そんもう》とに泣かされながらの立直《たてなおし》であったことを思うにつけて、此《こ》の年月《としつき》の苦労にめげなかった健気さを思わぬわけにはゆかないのである。

そうした騒動の中に、ものゝいろ〳〵の動きがあって、さて今日になっての新東京の情景を眺めると、とりわけ繁昌は喰《た》べもの商売、さすが、昔も江戸の喰《く》い倒れといった、その土地柄に背かぬものがあるようだ。

◇

震火の灰燼《かいじん》の立迷《たちまよ》う中に、いちはやく現われたすいとん屋を手初《てはじ》めにして、それからの喰《た》べもの屋の様子を視ると、もう是《こ》れ七年にもなろうというのに、一旦泌《し》みこんだ焼跡気分は、なか〳〵に抜けようとはしないようだ。腰を掛けて喰《た》べられるようになった常盤屋《ときわや》の料理はいうまでもない。竹葉《ちくよう》、錦水《きんすい》の一ぜんめし、さては西洋皿《せいようざら》に盛らるゝ蕎麦に至るまで、浅間《あさま》しいと見れば、浅間しいものゝ姿でないことはない。

◇

よろず、ものゝ様子に、震前《しんぜん》と災後《さいご》と、そこには、時の格段の推移があったことを思わせる。それこれ、名を得た喰《た》べものについて考えてみても、きのうの名物はきょうに亡びて、きょうの名物がきのうに代ってしまっているのが誰の眼にも映るのである。

新聞記者冥利、見逃がしがたい現象である。いでや、新しい東京の新しい名物を喰《た》べあるきの面々《めんく》には、白木《しろき》、平尾《ひらお》、美川《みかわ》、小川《おがわ》、長崎《ながさき》、河盛《かわもり》なんどの諸先生が選ばるゝことになって、こゝを、かしこを、喰《た》べては記事にし、味《あじわ》いては絵にして、外題《げだい》もそのまゝ「たべ〔ママ〕ある記《き》」と名づけて「時事新報《じじしんぽう》」の紙上に連載したのが、忽《たちま》ち世間評判の読物《よみもの》になった。読者の中には、此《こ》の記事を栞《しおり》にして、家々店々、喰《た》べあるいたという方々《かたぐ》も少なくなかった。それに拠《よ》って、また、新聞記事の反響というものが、どんなに大きいものであるかを、それらの家々店々に知らしめたという事実もある。

そうした「たべある記」が、今度は、一冊子として新《あ》らたに出版せらるゝことになったのである。おそらく、また、更に新《あた》らしい多数の読者を得《う》ることになるであろう。

◇

金龍山《きんりゆうざん》の米饅頭《よねまんじゆう》、白山彦左衛門《はくさんひこざえもん》がべらぼう焼《やき》は延宝《えんぽう》の頃に流行した。目黒《めぐろ》柏屋《かしわや》の奈良茶飯《ならちやめし》、丹波屋与作《たんばやよさく》が手打蕎麦切《てうちそばきり》、いずれも元禄《げんろく》年間にもてはやされた。両国の幾代餅《いくよもち》、中橋《なかばし》のおまん鮓《ずし》、是等《これら》は享保《きようほう》年間と聞き及ぶ。天明《てんめい》、寛政《かんせい》、文化《ぶんか》、文政《ぶんせい》、天保《てんぽう》このかた、御維新《ごいつしん》以来、喰《た》べもの世々《よゝ》のはやりすたりを、ものゝ本にて窺《うかゞ》うにつけて、此《こ》の「たべある記」の一巻《ひとまき》も、今日《きよう》の東京の繁昌を記しとゞめて、後《のち》の世のため、風俗史上の尊き文献として遺るべきことは、疑《うたがい》を容れぬところである。

◇

「たべある記」というにつけて、思い出さるゝのは、古人圓生《えんしよう》（四代目三遊亭圓生）が、

5 〕 叙 ……………………………

ときおり、高座《こうざ》へのぼせたことのある噺《はなし》のひとつだ。その噺を何という外題に呼んでいたか、残念ながら承知しないが、此《こ》の場合、「たべあるき」に対して、「たべずあるき」とでも云《い》いたいような気がする。食通が二人、何処《どこ》かでうまいものを喰《た》べようという相談で、ぶら〱出掛ける。こゝにしようか、あすこにしようかとばかり、つまりは、何処へも立寄《たちよ》らず、「近頃あすこでもあるまい」などゝ云い〱、処々《しよ〱》方々《ほう〲》の料理屋の門《かど》を通り過ぎながら、家々の料理と酒、器物《うつわもの》や普請の好み、親方からおかみさん、さては女中などの品《しな》定《さだ》めに、かれこれ興《きよう》じおうて、歩みを運ぶうちに、いつか八百善《やおぜん》をあとにし、金子《かねこ》へも足を向けず、とうとう田舎道に出てしまって、げっそり、ひもじくなった時は、もう喰《た》べるところも何《なん》にもない。後戻《あともどり》も強腹《ごうはら》だと、なお往《ゆ》く道の片《かた》ほとりに、一軒の居酒屋を見つけて、「御免よ」と、ついと入って、樽に腰を卸《おろ》して、焼豆腐と芋と蒟蒻の煮染《にしめ》、一杯やって、御飯を十分にお腹に入れて、さて好《い》い機嫌になって、啣《くわ》え楊子で、縄暖簾《なわのれん》を掻《か》き分けて往還《おもて》へ出た。

「ねえあすこの家《うち》も、近頃喰《く》えねえようじゃないか。」こういうのが噺の落《おち》であった。

常々《つねぐ》古人の至芸《しげい》の偲《しの》ばるゝまゝに、今、此《こ》の機会に、此《こ》の一話を挿入させてもらうのである。

昭和己巳歳初冬

梓月散人

はしがき

一、本書は時事《じゞ》新報《しんぽう》家庭面に連載して多大の好評を博した「食堂めぐり」及び引続《ひきつゞ》き時事新報日曜附録紙上に載せた「名物《めいぶつ》食べある記《き》」を方面別に纒《まと》め、更に新《あらた》に稿を起した「附録」を添えて一書としたもので、筆者は家庭部同人中《どうにんちゅう》の美川徳之助《みかわとくのすけ》、平尾郁次《ひらおいくじ》両君が主としてこれに当《あた》り、挿画《さしえ》は絵画部河盛久夫《かわもりひさお》君が専ら描いたのであるが、その他長崎抜天《ながさきばってん》、小川武《おがわたけし》両君を煩わしたものも多数ある。

一、執筆の動機は云《い》うまでもなく震災後の食堂繁昌、飲食店の簇出《ぞくしゅつ》に刺激されたもので、家庭人を呑吐《どんと》することの特に多いこれ等の食堂が、果して真《しん》に家庭人の享楽に価《あた》いするか、又どう改めたらよいか、家庭記者の立場からそうした点を検討する意味で初めたのが食堂めぐりである。従って家庭人の悉《ことごと》くが利用すると云ってもよい百貨店食堂を真先《まっさき》に廻《まわ》ったもので、又そうした意味で初めたもの故《ゆえ》、随分中《なか》には深刻な批難を浴せたものも尠《すくな》くなく、その食堂に好意を持てば持つ程《ほど》痛烈にやっつけた傾《かたむ》きがある。しかしその苦言は食堂当事者に素直に取入《とりい》れられ、直《たゞち》に改められたから、今日《こんにち》では全く面目《めんもく》を一新している。なおこれは本書に蒐録した総《す》べての店舗にも当嵌《あてはま》ることである。

一、次の「名物食べある記」はかく家庭人が食堂に愛着を覚え、外で食べる機会が多くなったのであるからそうした家庭人を善導《ぜんどう》する意味もあって、清新、安易な名物の紹介を眼目としたもので、従って家族連れで楽しく行《ゆ》けるところ、一人一円内外で簡単に食べられるところと云った目標を置いて初めたのである。尤《もっと》も中には一二例外はあるが、そうした理由から初めたもの故《ゆえ》、名物食べある記と云っても、一夜数十金を惜まない有名飲食店の珍味佳香《ちんみかこう》には全然触れず、至極家庭的、大衆的のものに限ったことを断って置きたい。

一、なお今一つ断って置きたいのは、何分《なにぶん》二ケ年余に亘《わた》って連載したもの故、記事と今日《こんにち》の実際と齟齬《そご》するものゝあることである。或《あるい》は組織が改められ、中には改築されたものがあると云う風《ふう》で、出来《でき》る丈《だ》け加筆に努めたけれど、なお筆者の眼《め》こぼしがあることゝ思う。

一、叙文は食通の噂高い梓月散人事《こと》時事新報社常務取締役籾山仁三郎《もみやまじんざぶろう》氏に特に御面倒を願ったものである。

時事新報社編輯局にて

白木正光

昭和四年十一月

東京名物 食べある記

目次

4〔食べある記

附録

——目　次　了——

食べある記

新橋萩の餅

大江戸《おおえど》しゅみ名物胡萩堂《こはぎどう》と開き直っては、はて何処《どこ》だろうと頸《くび》をひねる人もあるだろうが、新橋《しんばし》の萩《はぎ》の餅《もち》と云《い》えば、はゝアと合点《がってん》がゆくであろう。それ程胡萩堂は萩の餅で売出《うりだ》している。

銀座《ぎんざ》方面から新橋を渡って二つ目の左角《ひだりかど》に在って、古くからの新橋の一名物、最近区画整理で店も芝居の舞台好みに粋な構《かま》え、『柏莚《はくえん》の和事《わごと》に似《に》たり白牡丹《はくぼたん》、松莚《しょうえん》』とある左團次丈《さだんじじょう》※1の、一幅《ぷく》が懸《か》ゝっている。こゝの主人、古くから大の左團次党である相《そう》な。

先《ま》ず萩の餅、小指先程の大《おお》きさに餡にきなこにごまの三色の盛合せ一皿十銭也は食べ歩きの一行四人何《いず》れもぺろりと平《たい》らげて知らん顔、但《たゞし》慢性胃病のHは悲しい哉《かな》、この一皿を持て余せば、SMすかさず、えんびをのばして横取りの一手をみせる。小《お》ガ武《たけ》「この位《くらい》小さければ御婦人も一口に頂けて結構ならん」「テへ、銀座の

※1　二代目市川左團次（1880-1940）。歌舞伎役者、俳名に杏花・松莚。

モガは三つ一口で片附《かたづ》けますよ」とMは見たようなことを云う、

「餡が一ッチうまい」とH「先ず名物にうまいものありだ」とS折紙をつける。

「すしがある！」とM発見する。「ぞう煮にしようぜ」とHはS、Mのアペタイトに恐れをなして小が武に加担をすゝめる。武《たけ》（カマボコが好きなり）にっこりして妥協する。S、Mすしをうまそうにくう。この店ですしを食うの図聊《いさゝ》か妙であった。武ぞう煮の蓋《ふた》をとったが、その儘《まゝ》手をつけない。さてはすしの誘惑に、とH武の顔を覗き込むと、世にも悲しき顔色で、武そっと茶碗の中を指さした。中には一筋、武好む処《ところ》のカマボコの上に絡《か》らまって、立ちのぼる湯気にゆら〱野郎の髪の毛の一筋が動いていたではないか。すし、雑煮は兎《と》に角《かく》も萩の餅は一名物たるを失わない。お土産用の折詰も値段附《つき》で入口に並べてあって便利だ。

銀座千疋屋

夜しか歩いたことのない銀座をお役目なれば昼歩く、それもカラリとした梅雨晴れの或日《あるひ》の午下り《ひるさがり》、思いがけない暑い昼の銀座に驚く、街路樹の根元の草花が、ほこりに白く、日に喘《あえ》いでいる。

店頭に並んだメロン、葡萄の美しさ、香り高い西洋花《せいようばな》の鉢、切花に足を引かれて、先ず新橋口《しんばしぐち》からの銀座の取っつき千疋屋《せんびきや》の本店へ入る、夜とは違って見た目も暑い、階下奥の席を敬遠、二階へ上《あが》る。

階上は一杯に明け放して風通しが宜《よ》い、感じも明るい、だがペンキ塗《ぬり》の柱や、壁の色、安っぽいカーテン、総《すべ》てを通《つう》じて安っぽい、階段の欄《らん》の上に置かれた鳥籠の与える印象は宜《よ》い。女給《じょきゅう》さんは年頃の、白粉《おしろい》もこってり塗って、カフェーの女給張《ばり》である。こうした店としてはむしろ少女給《しょうじょきゅう》の方がふさわしい。ソーダ水で五十銭のチップは置けませんからね、二十銭じゃ、西條八十《さいじょうやそ》さんの「銀座行進曲」[※1]にある通り「チップリャンコじゃ惚れやせぬ」を思い出して気が引けます。久「それは君が色気があるからだ」M「色気を出させる様《よう》な女給を置くのが悪いんだ」

※1　同じ西條八十が作詞した「当世銀座節」のことか。歌詞に「チップ二十銭じゃ惚れやせぬ」とある。

S「どっちにしろ、そういう点で議論をさせたり心配させたりするのはやっぱり女給さんが原因なんだから、家族的と云《い》う立場からそう云う原因ははぶいて、もっと本当の菓物《くだもの》の味に親しませた方がよいと思う」久夫《ひさお》とMの喧嘩をSが調停して漸くケリがつく、いつぞや銀座の松坂屋《まつざかや》の食堂へ行った時モガの襟足《えりあし》を見てネクタイを直したと、あられもない事を書いた久夫（久夫はそれが書きたいばっかりに、字いかくもんと画《え》えかくもんとかわろやないかと下《くだ》らない提案をしたんですエ皆さん）とMはソレ以来兎角《とかく》仲が悪いんで一行の先達《せんだつ》のSも手を焼いているんです。オヤ余談で枚数を喰《く》った、運ばれた品々オレンジエード四十銭（M）「カルフォルニヤの本場もんだろうが、今日のは何だか水っぽいぞ、それに冷《ひえ》ていない」メロン一切《きれ》五十銭（久）「うまいが宜《よ》い値《ね》だ時季《じき》によって高下《こうげ》はあるんだろうが……」フルーツパンチ三十銭（S）「かなりアルコール分がある（但《たゞし》Sは甘党なり）果物の材

料は流石に精選されているが、果物専門の店としては未《ま》だ物足りない。味わって見てまずいものは、仮令《たとい》ハシリであろうが、珍物《ちんぶつ》だろうが客に説明して断ってもすゝめない親切が欲しい」今日は食べなかったが此処《こゝ》の洋食は一寸《ちょつと》食べられる、それにこの店独特のフルーツテーブルが三円からある。ハバカリ（とう〳〵話がこゝ迄下《までさが》って了《しま》ったが、銀ブラの折《おり》必要を感じるのは我々の一行だけではあるまいと、思って時折ハバカリも覗くことにする、アア、食べ歩きも中々《なか〳〵》骨が折れる）さっぱりしているが入口の反対側に女給席があって、ズラリと並んでいるのが感心せぬ、女給さんだってハバカリの前に座っているのは厭《いや》でしょう。

エスキーモ

夏向きの名のエスキーモ[※1]へ飛込《とびこ》む、入口はロンドン辺《へん》のドラッグストアを想い浮べさせる構えだ、夜は比較的感じの宜《よ》い店なのだが、昼間入って見て案外なのに驚いた。全体の感じが薄暗い、それが落付《おちつ》いた気分を出させるなら格別そうでないんだから、取柄《とりえ》が無い、サーヴィスもすっかり客に慣れ過ぎて、投げている調子がある、新らしい店がどん〳〵出来て来て、客の新陳代謝の激しい銀座だ、サボっていると追い越され

※1　店名の表記はエスキーモのほか、文献によってはエスキモー、エスキモなども見られる。

て了《しま》いますよ、註文品《ちゆうもんひん》二度三度と聞き直されて漸《ようや》く通《つう》じる。久「此《こ》の店は皿や其他《そのた》の器物《きぶつ》が不潔でね、ホラ見給え、この皿の廻《まわ》りの脂《あぶら》の附《つ》き方《かた》、食欲が何処《どこ》かへ飛んでって了《しま》った、ハムサラダ（六十銭）はハムは上等だがサラダは味の変り易いマイヨネーズソースを使っているので、この温気《うんき》に戴きかねる」M「このハンバークステーキサンドウィッチ（六十銭）は美味《うま》いが、コチ〳〵になったパンの耳をあざやかに残されているのは閉口、もう少しパンの仕入（質に於《おい》ても）に気をつけて貰いたい」S「子供ランチ（五十銭）は、アツツツ」と悲鳴をあげる、先ず持出《もちだ》されたコキーユ（と云《い》っても中は馬鈴薯と人参だが）の柄《え》を持ったと端《たん》にSが危《あやう》く器をほっぽり出す所《ところ》だった。持った左手にはあざやかに一筋火ぶくれが出来ている。

素焼の瀬戸の目の細いのが、焼け切っているのだからたまらない、持つ為についている柄が、焼け切ってるんだから、企《たく》らんだ様《よう》なものだ、M「さてはコック奴《め》、食べ歩きの一行と知っての復讐か。Sが、僕の愛児でなくてまだ幸福さ」実際子供ランチとわざ〳〵銘打っているのだから、こうしたふるまいは言語道断だ、Mが憤慨するのも尤《もつと》もである。子供ランチ、焼《や》けどのコキーユと、オムレツにソーダ、パンは附かない。

メニューに、温かいサンドイッチ十五種類、冷たいサンドイッチ十四種、其他《そのた》豊富に書いてあるが、試みに註文した二三、「今やっていません」と平然たるもの、無いものは消しといた方が宜《よ》い、いくら銀座だって看板だけじゃあ客は呼べません、此《こ》の店の呼物《よびもの》では新橋《しんばし》ビューティー（三十五銭）がアイスクリームと果物の使いわけで傑作、エスキモープディング（二十五銭）は、甘納豆を使ったみつ豆、銀座の悪趣味を独りで背負って立ったような代物《しろもの》である。ハバカリ、手洗いがコック場のドアの傍《わき》にあるのと、おまけにドアが開いていて、コック場が見えていたなどは不体裁《ふていさい》至極、階段とコック場のドアは断然便所と手を切るべし以上。

と大分《だいぶ》憎まれ口を叩いたが、アイスクリームが凡《およ》そ銀座街《ぎんざがい》第一のよきクリームたるとゝもに、ビフテキのうまいこと断然光っている。

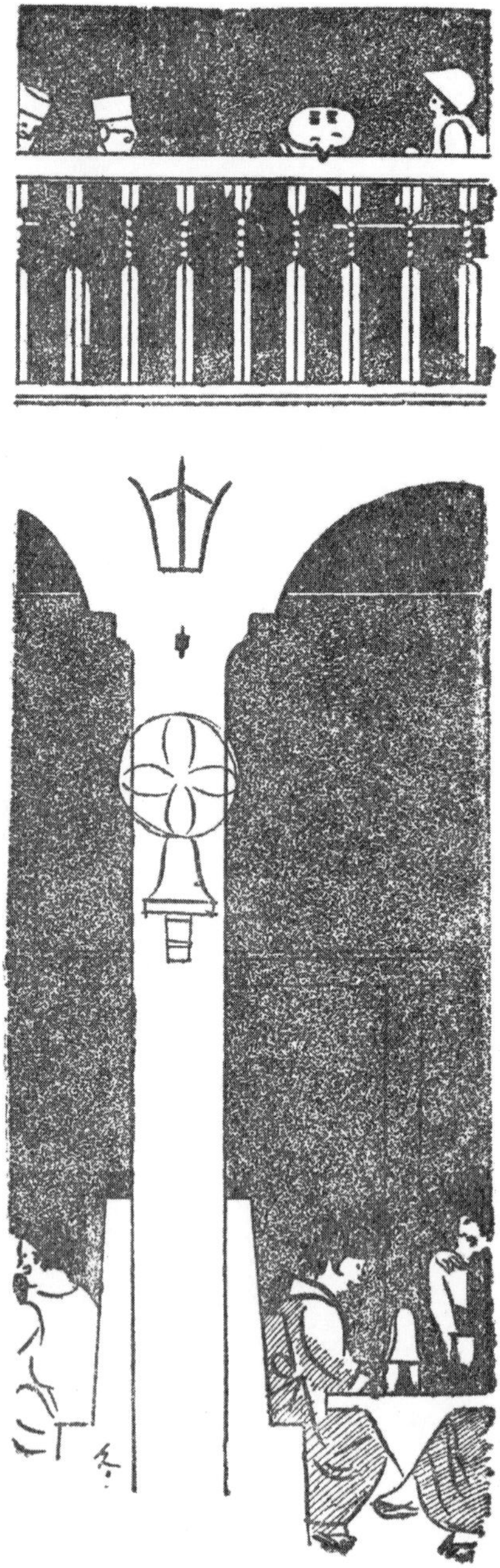

銀座資生堂

銀座資《し》生堂《せいどう》の旧館※1（ソーダファンテンのあった方）跡の新館にS、M、久夫の三人が出現しました。

入口にアッサリ植木鉢を並べたのは、千疋屋《せんびきや》を真似た様《よう》、それに少し狭っこいのと、いきなりカウンターの在るので、入口の感じはよくありません、中は廻《まわ》りにロッジ※2を設け、中央は天井迄《まで》突き抜き、二階にロッジを廻《めぐ》らしたのが日本のカフェーでは珍らしい設計で恐らく本場仕こみの川嶋《かわしま》画伯※3の進言なのでしょう。全体に宜《よ》い感じです、マーブルの卓《テーブル》の上も綺麗でボーイが絶えず気を附けて拭き清めているのも嬉しく註文品も迅速に運ばれる。

S（カレーライス三十銭）「カレーをライスと別に持ってくるのが嬉しい、カレーの味は御婦人向《むき》、ラッキョ、生姜、福神漬を別の器に持ってくるのも宜《よ》い。オヤ直《す》ぐ持って行って了《しま》ったぞ」久（ロース〔ママ〕チキン七十銭）「野菜の取合《とりあわ》せも宜《よ》いし、中々《なか〱》美味《うま》い、値《ね》だけのことはある」M（チキンライス六十銭）「可もなく不可もなく、先《ま》ず銀ブラ階級には手頃」ソーダ水（二十五銭）味は御婦人向きで少しオカッタルイ、アイスクリーム（二十五銭）コーヒー（十五銭）共に普通、特に推称する程で無い。

※1　改築前の資生堂調剤薬局。店舗内の一角でソーダ水やアイスクリームを提供していた。
※2　ボックス席、桟敷席。フランス語のロージュ（loge）。
※3　資生堂のポスターなどをデザインしていたこともある洋画家の川島理一郎か。

尤《もっと》も向側《むこうがわ》の本館[※1]では、コーヒー、紅茶何《いず》れも一人前五十銭也で、本当のコーヒーが飲みたいのなら此方《こっち》へいらっしゃいと云《い》うのかも知れない、M「しかしコーヒー一杯五十銭は本場のカフェー・ド・パリだって取りゃあしませんよ」S「ま、これも新奇《しんき》好《ず》きの都会人に話題を提供する意味で存在を認めてもいゝね、ギンブラは別に用事で来るのでもない連中だから、その証拠に五十銭のコーヒーは却《なか》〳〵流行《はや》ってるぜ」M「ですが何も知らずに飛込んだ者は災難ですよ、あとで請求されて青くなったりするのは余り見よくない」でSも同感、これは是非なんとか最初から知らせる工夫をして置きたい。

大分《だいぶ》混んで来たのでグルリと見廻《みまわ》すと、銀杏返《いちょうがえ》し、嶋田《しまだ》等《とう》〳〵、粋《いき》な金春辺《こんぱるあたり》の姐《ねえ》さん達が五組六組、慣れた手つきで、ナイホクを使っているのは他《た》に見られない図である。M「久夫コレ少しはたしなまっしゃい又目をそっちへやるではないぞ」久「ト云いながら御本尊、先刻《さっき》から見ていりゃコーヒーの中へ幾《いく》つ砂糖を入れるんだい五ツ目だぜ」Sが二人の下《くだ》らない喧嘩を見ちゃいられないって風《ふう》にツト立上《たちあが》って便所へ視察?に、此処《ここ》の便所は新築丈《だ》けにまず申し分なく百貨店のそれを小さくした位《くらい》のことはある。

◇

日を改めてモダン名物、資生堂新館[※2]の高級喫茶五十銭也のコーヒーを飲みにゆく。コーヒーがうまいからというので名物だと云う訳ではなく、五十銭だからというので名物となっているらしい。「それで店は、繁昌するかい」なんて聞けば、聞き手が野暮で、奇を好み高値《たか》きを好むが銀座《ぎんざ》街人《がいじん》の常である。

由来ドラッグ・ストアは欧米にあっては婦人「天《あま》のお召《めし》」（手を洗いにゆくこと）に利用されるものだと聞くが、館内の装飾、成る程高雅優美にして、モダン、マダム達の好尚に適している。

ドア・ボーイ然《ぜん》たる紅顔の（？）美少年によって恭《うやうや》しくもさまぐ〵なポットをのせたコーヒーのセットが運ばれる。上等飛び切りのコーヒーには違いないが味濃厚にしてわれ等野暮連《らやぼれん》の口に合わず、胃弱のHは一杯のコーヒーを持てあつかって湯を薄めて飲む始末、Sは紅茶を、Mはココアをとったが M「アヽ」と嘆《たん》じたのであった。五十銭でと苦々しく感じた訳ではなく、一杯五十銭の話の種を仕入れての満足の感嘆詞であった。先《ま》ず昭和銀座街モダン名物五十銭のコーヒーを知らずして銀座を語る勿《なか》れ哉《か》。

※1 道を挟んで隣接する資生堂化粧品部内に存在した高級喫茶のことと思われる。なお、新館・旧館・本館という呼称は正式には存在しない。

※2 前出の「本館」（化粧品部内の高級喫茶）の誤りか。

銀座不二家

銀座街の夏は黄昏《たそがれ》から始まると云《い》っていゝだろう、今日は一つ夜の喫茶店を覗いて廻《まわ》ろうというので、S、M、H、久夫のカルテット、軒並《のきなみ》のカフェーやバーにSが、家庭本位の定規をはめるものだから大凡《おおよ》そ落第、漸《ようや》く不二家《ふじや》の二階にあらわれた。未《ま》だ宵《よい》のことだが階下は相当冷たいドリンクで繁昌している、が階上ではお中元用の菓子箱の包装で大混乱、こちらもまア手っ取り早く味の評判から片付けると、S「鮎《あゆ》のフライ（五十銭）は材料のいきが問題で価値の大部分がそれで決せられるが、僕の食べたのは大分《だいぶ》疲れているようだった」。M「エスカロープ・ド・ポー・サンジャック（六十銭）肉も野菜もふんだんにある、味はやゝ濃厚すぎるが飯の菜には宜《よ》い。」久「サロイン・ステーキ（八十銭）は肉も上等だし、量は充分あるし、ウ……（ムニャ〳〵）ウマイヤ」久夫、皿を綺麗に喰《た》べて了《しま》ったのだから可成《かな》り美味《びみ》だったのだろう。H「ビーフ・ウィズ・サラダ（七十銭）は甘味《おい》しく頂けた。材料が流石にいゝ。」M「がサーヴィスの点は第一僕はフォークとナイフを無造作にむき出しのテーブルの上へ投げ出して行《ゆ》くなど不潔でいかんと思う」S「それにボーイが余り客に馴れ過ぎて、常連にはいゝだろうがフリの客には不愉快だ、ボーイは勿論《もちろん》無愛想は禁物だが、馴れても客と給仕人《きゅうじにん》のケジメを忘れちゃいかんよ」

モナミ

不二家を出るとメグってモナミ階上へ。久「テヘッ！　船の食堂みたいだなア」M「家具装飾凡《すべ》て船の食堂その儘《まゝ》だ、ボーイさんも船に乗ってた人じゃアないかな、物腰格好《ものごしかっこう》が……」H「そうかも知れん、こゝの経営者はもと東洋汽船にいた人だから」窓際寄りの片隅に岡本一平《おかもといっぺい》さん、かの子《こ》夫人※1が御家族連れで食事中だ。モナミはかの子夫人が名附け親だと聞く。定食（二円五十銭）のメニュウ。いゝ献立だ、とMが頻《しき》りに感心する。けれども一品料理で安直な処《ところ》（Sはこれを家庭的と云《い》った）を試食しようということになって、Sは豚エスカロップ（七十銭）Mは蟹ニュウバーグ（時価で払わされる）Hはチーズ・オン・トースト（六十銭）久夫は玉蜀黍《とうもろこし》シチウ（三十銭）夫々《それ〴〵》見《み》立《たて》が済んで、Mはテーブルクロースが欲しい、Hは客が席に就《つ》いたら、アイス・ウォーターを出したらどうかなど云う。フォークとナイフが用意されると、第一番に久夫の玉蜀黍シチウが運ばれてくる、久「うまい〳〵」でぺろりと平《たいら》げる。次《つ》いでSの前へは銀皿に盛られて豚エスカロップが、本格的なサーヴィスだ。M「蟹ニュウバーグ、使っている材料も中々《なか〳〵》宜《よ》い、銀座で食わせる洋食としては上乗の部である」。H「セロリだとか、チーズ、トーストなど喰わせるのは嬉しいね、チーズも相当によいし、パンもうまくトーストしてあるが量の割に六十銭はいゝお値段だ。」処《ところ》がだ、アイスクリーム、冷《ひや》しレモンティ等の飲みものに至って一同少々懼《おそ》れをなした、これではディナーの場合など、折角の料理もデザートや飲みものでぶちこわされはすまいかと一同ひどく顔をしかめた。化粧室は及第。

お汁粉 十二ケ月

十二ケ月を喰《く》って頂けたなら、お代も要りません。その上お景物《けいぶつ》もさし上げましょう、という看板で、一時は随分有名になった十二ケ月である。元《もと》は新橋寄りに在ったが今は尾張町《おわりちょう》の交叉点から三原橋《みはらばし》へ向《む》って始めての横丁を左りに曲ると直ぐ左り側にある。区画整理で新装成った店構えは小《こ》じんまりしていて綺麗である。

十二ケ月を四人で順繰《じゅんぐ》りに受持《うけも》つことになる。先ずSが一月は「わかな」をぺろりとすゝる、続いて久夫が二月は「梅」Hが三月の「さくら」Mが四月「うの花」を、二順してSが五月「さつき」久夫六月「みな月《づき》」Hが七月「天《あま》の川《かわ》」Mが八

※1　岡本一平は漫画家、妻かの子は歌人で小説家、二人の長男は芸術家の岡本太郎。

月「明月《めいげつ》」をお腹に収める、四月頃までは甘餡《あまあん》の梅の色、桜の色と薄色つきの汁粉だが、五月に這入《はい》るとこれがぜんざいとなり、六月はくずと変り七月はしょうが入りのおぞうに風になり、八月は月見だんごと千変万化とり〴〵の八段返し「次《つ》ぎはなんだな」と玉手箱でも開く手つきで、この辺からそろ〳〵次ぎに運ばれてくるものゝ中味に一同の興味は惹かれ初めた。

九月は「翁草《おきなぐさ》」十月は「小春《こはる》」十一月は「かぐら」十二月の「とび雪《ゆき》」というのはぼた餅雪《もちゆき》を想わせるように三つの丸い餅の上へ白砂糖がふりかけてあって、それへごまが点々としている、白砂糖が積っているのは意味も解るが、ごまの存在は解《げ》し難《がた》かった。多分は犬の足跡でゞもあるのかもわからない、SとMの曰く、

「これなら一年は食べられるわい」と顔を見合せた、久夫とH、これも顔を見合せてそっと「ゲープ！」

富士アイス

丸ビル前から、循環青バス[※1]に乗って宵の銀座へ、市役所前の銀杏樹《いちょうじゅ》の並木街を突っ切って、有楽町《ゆうらくちょう》のガードをくゞり、数寄屋橋《すきやばし》から尾張町へ、僅かの道程《みちのり》だが一寸《ちょっと》洒落た気持の道中だ。青バスからのこ〳〵と降り

たのが、S、M、Hに、小が武（久夫は、可哀想《かあいそう》に連日の食べ歩きのため、胃腸を害して病床に就く身となりました）。電車道を横切って、富士《ふじ》アイスへ突貫、場所と云《い》い家の構えと云い、余り目立たぬ損な店だが入口のウィンドウに今日《こんにち》の献立や、野菜その他をあしらって並べた所《ところ》一寸気がきいていて、外国の手軽なレストランを想《おも》い起させる。そのせいか外人の客には入り宜《よ》いと見えいつでも外人の顔が見られる。

マネージャーが慇懃に二階へ案内して風通しのよい所へ卓《テーブル》をあてがってくれる、「あんまり親切過ぎる、食べ＊歩きの一行と感づいたゝめか、いつもは此麼《こんな》に親切じゃあない」と此《こ》の店定連のHがつぶやく、室内の感じも落付いてゝ宜《い》い、女給さんもチップを取らぬ本位の店としては親切で、いやにべた〳〵せず、きまり〳〵をきちんとやってくれるのが嬉しい、定まったメニユーの他に其《そ》の日其の日の特別のメニューが印刷して附けてある所《ところ》など中々《なか〳〵》親切だ、其《その》「ツー・ナイト・ス

※1　第二次世界大戦前に、東京乗合自動車が運行していたバスの愛称。車体が深緑色だった。

ペシアル」と特別に断ってある中から四種類銘《めい》〱に註文する、ナイフ、フォークと共によく冷えたアイス・ウォータを持って来てくれる、註文した品も敏速に来た。コップの水が無くなりかけると注ぎに来てくれる、

S（トマトチキン・サラダ六十銭）「美事なトマトの中に鶏を入れて、野菜をあしらった所《ところ》見た目も宜《よ》い、ドレッスも宜《よ》い、胡瓜は少し戴きかねた」H（テンダロインティップ六十銭）「さしずめ牛肉のこま切れ煮と云う処《ところ》だがわれ乍《なが》ら綺麗に喰《た》べ尽したのには驚いた」武（ハンバーグ・ステーキ五十銭）「僕は食べる一方だ〱」M（ボンレスチキン七十銭）「鶏も宜《よ》い所を使っているが、分量は少し足りない。それにこの丸い特製のパンはうまいが、出来るなら小皿へ二個位盛って来て貰いたい」、四人でジャーマン・フライポテト（十五銭）を取って、つっつく、フウ〱吹いて食べる様《よう》な熱い所がうまい、それに使っているバタも宜《い》い、卓《たく》の上に置いてある胡椒も良い品だ。バニラ・アイスクリーム（二十五銭）は店の名につけてあるだけ自慢の品で、先ず銀座でも指折りの品だろう。

デルモニコ

東京駅の地下室荘司《しょうじ》サンドウィッチ・パーラーと同じ経営者の手によって、先頃来京橋《きょうばし》宗十郎《そうじゅうろう》町日本貿易協会ビル地階及び二階、元の「リッツ」を改造して「デルモニコ」がつくられ一部「通《つう》」の間に好評を博しているが、「欧米に漫遊された方は異口同音に仰言《おっしゃ》ることですが、これ迄《まで》わが国の所謂《いわゆる》レストランには欧米一流の食堂にあり勝《が》ちな大食堂気分とでも申しましょうか、アリストクラティックなユーモアが慥《たし》かに欠けて居るのであります……」こゝに着眼して一切の設備と環境とサーヴィスと料理とに大改善を加え、レストランに相応《ふさわ》しいアトモスフェアの出現を理想として「デルモニコ」は――支配人伊勢《いせ》貞雄《さだお》氏のお話に依ると産《うま》れ出たのである。成程《なるほど》気持もよい、料理もうまい、サーヴィスも満点なんだが、足溜《あしだま》りが悪いので余りパッとした人気が挙《あが》らない。「喰《た》べ歩《あ》る記」の愛読者諸氏は、よろしく一度は足を踏みこんで見給え、決して失望することはないから――先《ま》ず昼餐《ちゅうさん》（一円二十銭）晩餐《ばんさん》（二円）の定食もうまいがこの店の新しい試みとしている観劇帰り、或《ある》いはダンス帰り、銀ブラ帰り等々《とう〱》のお客の便利を計《はか》る「レート・アワー・サッパー・サーヴイス」。十二時迄ア・ラ・カートで一品料理を味覚本位で食べさせて呉《く》れるのが、とても嬉しい、そしてこの所謂《いわゆる》アフター・セアター・サーヴィスの完全を期することがデルモニコの最大の特徴でもある。入口のボーイさんが愛想よく迎えて呉れる、気持のよい絨毯を踏んで地下室へ、ヴェスチエアー※1（帽子外套預り場）で外套をぬぐ。静かなオーケストラの音が何処《どこ》からか洩《も》れてくる、蓄音機全盛の今日のレストランに、これはまた「生の音楽」を聴かせて呉れる丈《だけ》でも有難い、食堂へ這入《はい》る手前右側がバーである、このバーの洋酒は伊勢支配人の自慢の一つで、さて、食堂だが、中央に噴水あり、五彩の光りに照らされて玉《たま》と散る美しさ、壁の電燈は何《いず》れもハート型なのは聊《いさ》か稚気《ちき》愛すべきでないこともない。テーブルクロス、花瓶の花、常に清楚なのも快い。料理への批評は読者の味覚に譲るとするが、伊勢支配人は嘗《かつ》て天金《てんきん》隣り「タバン」で御承知の方も少くないだろう、故小山内薫《おさないかおる》、土方与志《ひじかたよし》※2両氏などは伊勢氏作る処《ところ》の料理に舌鼓を打っていたものだし、帝国ホテル宿泊の外人などもよく「タバン」まで態々《わざ〱》食べに来たことから推《お》しても解ろうというもの、チップは勘定書に一割を含めてくるから心配無用、帰りにヴェスチエアー多少の心附けでも置いてくるのもよいであろう、女給さんは九時まで、以後は女っ気のない料理本位、家族連れには別室の設備もあり。殊《こと》に婦人のテイ・パーティには特別の便宜がある相《そう》である。

銀座松坂屋食堂

「今日は一つ、絵え、描くものと、字い書くものと、替《かわ》ろやないか」「そや〳〵」と繰出《くりだ》す面々見てあれば、喰《た》べなくても喰べたような（太股《ふともゝ》がハムになる）SとM。喰べても喰べないような（スープのダシにしか使えない）Kと久夫。上《あが》るエレベーターがアレハイサのサ（せまいのでいつも混んでいる）で銀座は松坂屋《まつざかや》の食堂。

Mが気取ってネクタイを直したと思ったら、眼の前を泳ぐモガの背中二つ。（一人は下着がゾロリと喰《は》み出している）S「さあ〳〵見立てゝ下さい」例の如くSが音頭をとると、一同「ヘエイ」急に職業意識を取戻《とりもど》して、万引眼《まんびきまなこ》凄《すさま》じく、ガラスの中を睫《ね》めまわし〳〵、しばらくは駄菓子屋へかけ込んだ子供よろしく、あれこれ迷った挙句《あげく》の果《はて》、Sカツレツ丼《どんぶり》五十銭に鮎《あゆ》ずし四十銭。M強飯《こわめし》三十銭とフルーツゼリー十五銭、飛入りのK子供ランチ四十銭、白玉十銭、久、御子様ずし二十銭、パ、イヤ十五銭、子供が二人出来る。

M「あの女給さんの靴下はいやな色ですね。（全体から見て）上衣《うわぎ》との調和を考えてのことだろうけれど

※1 クローク（手荷物等預り所）のフランス語、ヴェスティエール（vestiaire）か。
※2 小山内薫（1881-1928）は劇作家・演出家、土方与志（1898-1959）は演出家。土方は、小山内らとともに新劇団、及び日本初の新劇専門の劇場、築地小劇場を創設した。

……」と云《い》いながらMが慣れない手付《てつ》きで女給さんとお客を手分けしてスケッチはじめる。S「このカツ丼は諸君の食べているような家庭向のもの〻多いこの食堂に相応《ふさ》わしいしろものでこの程度なら家《うち》のお台所でも作れ相《そう》な気がするね」久「鮎鮨はどうです?」S「材料はい〻けれど味がなっていないね」アラを云うにも先《ま》ず美点を挙げる。S仲〱《なか〱》親切である。M「この強飯は香の物が貧弱ですね。それに栗をあしらったのは、とり合せが悪い……オンヤ栗だと思ったら馬鈴薯《じゃがいも》だ」「ハ、、、」食堂ではすでに一同を食べ

歩きの一隊だと感づいている。

M「フルーツジェリーは、食紅の味がします」K「子供ランチは、いくら子供でも御飯が少な過ぎますね」小柄なKが云うのだから間違いない。S「お菜《さい》は何です?」ほしそうに覗き込む。K「タンシチュウです。オヤ、ビーフもあります。ビーフの方はまずい」M「白玉は?」K「どこもおんなじでしょう」久「このまぐろは、山葵《わさび》が利《き》いてない」M「子供ずしですよそれは」久「エヘン〳〵。小さくて喰《た》べいゝ。お姫様向きです。パパイヤの種は、少し気味が悪い」S「蛙の卵の孵《かえ》りたてがそんなふうです」K「でも、うまそうに食べてるじゃありませんか」久「なか〳〵香《かおり》がいゝ」

此《こ》の時、H、臨時加入のN後《おく》れ馳《ば》せに参着。H「松坂屋弁当七十銭」N「わたしはプリン十五銭、序《ついで》に蜜《みつ》豆《まめ》十銭」S「甘酒十銭をもらいましょうか」「毎度ありがとう存じます。いらっしゃいまし」女給さん満点。H「食べた物をすぐ片附《かたづ》けてくれるのが嬉しい」M「訓練の届いているのはいゝが、手の空いた女給さんが番兵の様に、柱鏡《はしらかゞみ》をとりまいてつったっているのは混んだ時は格別、平生はチト冷たい感じがする」久「監督(女)さんが腰掛けさせましたよ。ホラ〳〵」M「成程《なるほど》それに子供が食物へ手をつっ込んだら、早速《さつそく》女給さんがナフキンを首にかけてやった心づかいは、ほめてやってもいゝ」いかにも子持《こもち》らしい目のつけどころ。

S「甘酒はまあこんなものでしょう」H「松坂屋ランチは、七十銭の値打《ねうち》がないと思いますね。しかもさしみが氷漬けでブヨ〳〵してるのは新鮮でないからでしょう。お椀付と云えば、体裁がいゝが鱈《たら》のお汁《しる》とは少々シミッタレている。器もシミッタレ。」M「そう云えば蜜豆もよくない。水っぽくて悪甘《わるあま》くて、豆がすくなくて、寒天が多くて餅がベト〴〵で……、パリでは……」H「パリに蜜豆は無いでしょう」M「蜜豆の話ではない。アレ何を云おうとしたんだか忘れちまった」

S「プリンはどう?」K「アッ、うっかり食べちまった」M「むこうの丸まげを御覧なさい、茶椀のいとじりを五本の指で差上《さしあ》げてお茶を飲んでいます」K「お酒を呑む手つきですね。左手で……」S「そのむこうのは、断髪ですか?」久「耳かくしです」M「フォークを槍投げの手つきで豆をつゝいている処《ところ》はいゝ」とにかくどこへ行っても同じ程度のものばかり食べさせられるので食べ歩きもあんまり楽な仕事ではない。殊《こと》に食欲不振の今日此頃《このごろ》。入梅《にゅうばい》は本格だそうだ。まだ降っている。

銀座松屋食堂

25〕 銀座松屋

ずらりと並んだ食べ物の見本棚、洋食、和食、支那食《しなしょく》、雑といった風《ふう》に大体分類してある、時分時《じぶんどき》だからその前は押すな〳〵の騒ぎだ。「アレトアレを食べて、幾《いく》ら〳〵だからアレの方を止《よ》してコレの方にすると幾らになるからコレトアレにしよう」って風な胸算用をしている奥さんお嬢さん、見本棚の前を行《ゆ》きつもどりつする、それでもお互《たがい》に前に並んでいる相手が食べ物だから、多少うら恥ずかしさが伴うと見えて、身体を斜《なゝめ》にして見たり、見て見ぬ風で次から次へ食べ物を追うて素早く視線を移して行《ゆ》く処《ところ》など、却々《なか〳〵》面白い。

其処《そこ》へ行くと、男連中は平気な物だ、殊《こと》に同行四人、S、H、M、漫画の久夫、いずれも根が気どらないたち（つまりお上品でないんだな）の上に、今日は食べ歩きというお役目（も変だが）を傘に着ての上なんだから、あつかましいの何のって、先《ま》ず第一線に立って硝子戸《がらすど》に鼻を押つける様にして、巨細《きよさい》に検分し、大はビフテキの寸法から、小はみつ豆の豆の数まで四人がかりで調べあげた結果、選び出した数品、支那料理は「おいしくない」というSの意見で割愛、おい〳〵他《ほか》の店の悪口も書いてゆくつもりだが、一体に百貨店の支那料理はうまくない、子供だましに過ぎない。見本棚に並べた処《ところ》を見ると、如何《いか》にも綺麗で食欲を起させるが、内容も味も伴わない。

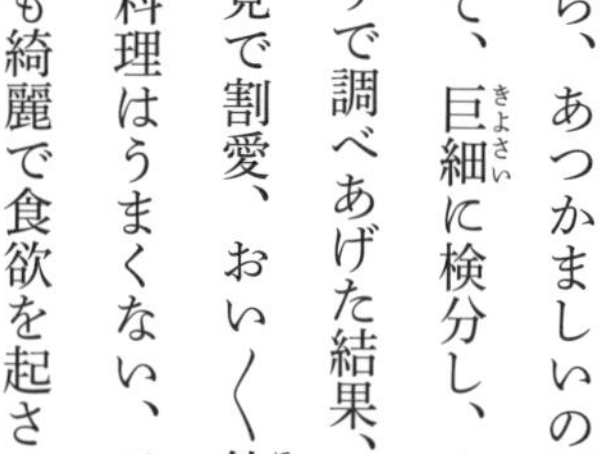

型の如く入口で札を買って入る、却々《なか〳〵》空席が見当らない、大の男四人さん〴〵間誤《まご》ついて漸く席を見附ける、いゝ加減顔の皮の厚い私達でも多少照れたんだから（女の人が多い所へいきなり入ったせいかもしれないが）お嬢さん、奥さん達はさぞ困るだろうと想った（いや却《かえっ》てそうじゃあないかな）此《こ》れだけの広さだったら、せめて二人位気の利いたマネージャーかスチュワードが入口に立っていて絶えず席の按配《あんばい》を考えて新しい客に食堂の中を一廻《まわ》りさせる様な不体裁をさせぬ様にして貰いたい、食べている方でも、二人連三人連と席の廻《まわ》りをウロ〳〵されるのは不愉快である、女給さん達は却々《なか〳〵》テキパキしている、それだけ客扱いが荒

っぽいとも云《い》える。

持って来られた註文の品、Sはビーフステーキ御飯付（八十銭）Hは親子丼御椀付（五十銭）Mはマカロニチーズパン付（四十銭）久夫は支那饅頭十五銭、それ〴〵四人の前に置かれる、四人を代表してMが批評の筆を持つ、ビフテキは相当に食べられる分量も多い、値段に比較して上乗である、マカロニの下にハムライスが少しばかり入っている、変な取合せである、味は中の下、付物《つきもの》のパン二切《きれ》の中《うち》、一切がブドウの入った菓子パンであることは可笑《おかし》なものである、これはパンを止《よ》して取合せは変だが、チーズとハムライスを別に今少し分量を増して出した方が宜《よ》い様《よう》に思われる。支那饅頭は前に云った支那料理の総評に当《あて》はまる物、親子丼は丼の底がガタ〴〵でHは片方の手で丼を抱きしめて（大げさかな）漸く食べ終った、分量は少《すくな》い味は中位《ちゅうくらい》、附物《つきもの》のお椀は申訳《もうしわけ》だけ、唯《たゞ》お新香はおいしかった。

食堂を見廻すと大部分は女客、M「亭主が会社や役所でアクセク働いて居《い》る暇《ひま》に、女房連《にょうぼうれん》はこうやっていゝ気になってアレやコレやと食べてるかと思うとウンザリする」S「男の連中は普段何でも食べられるから別にこういう処《ところ》へ来てもアセラないが（変な言葉だが）女連《おんなれん》は一生懸命で普段食べられないで食べたい〳〵と思って居るものを目の前に並べられるのだから勢いこうしたことになるんでしょうね」

久「子供を連れて来て種《いろ》んなものを註文してやって、頭をはねて居るお母さんが随分ありますよ」向うの卓《たく》のお婆さんがマカロニチースを食べて居る、却々《なかなか》鮮《あざや》かに食べて居たが、途中で草臥《くたび》れたと見えて俄然《がぜん》調子が崩れて来た、附焼刃《つけやきば》だったのである。お茶漬（三十五銭）は御飯に香りのいゝ番茶を添えて鮭、時雨蛤《しぐれはまぐり》等々《とう〳〵》に香の物を添えて江戸前に洒落ている。

東海道と西海名物

弥次喜多《やじきた》でお馴染の東海道丸子《まるこ》の宿《しゆく》の麦とろが銀座で食べられる――と聞いた食べ歩きの一行、何條《なんじよう》見逃すべき陣容を整えると、場所は銀座、忽《たちま》ち出現！　銀座松屋《ぎんざまつや》七階で開催中の「良い食べ物の会」目掛けてエレベーターで一気に上る。ごった返した会場を掻《か》きわけて、急造の食堂新道《しんみち》へ、粋な竹格子の小窓、紺の暖簾越しに桃割《もゝわれ》の娘さんの見えるみつ豆やを横目で見て、麦とろやへ、覗いて見ると狭い店の中はぎっしりの満員、隣の寿司屋も同じく、一方は芝居の書き割《わり》よろしくのペンキ画の店並びで如何《いかん》とも難《がた》し、エプロン姿の女給さんが麦とろを盆に乗せて運ぶのを見て「出前をしてくれるんだよ」誰かゞ感心する、で一行会場一隅《ぐう》の所謂《いわゆる》試食室に収まる。同じ卓にお母さん連《づれ》のお嬢さん、鯛茶、おでん、茶めしと健啖振《けんたんぶり》を発揮するのを一行いと勇ましく傍観する、註文の品々《しなぐ》卓上にずらりと並ぶ、麦とろ（十銭）洒落た器に麦めしを四分方《しぶかた》盛ってとろゝを掛けてある、麦の加減とろゝの味、わざ〳〵出掛けて来たゞけの事はある、が分量は頗《すこぶ》る貧弱鯛茶（三十銭）之《これ》も分量は少い。味も平凡、なまぬるいのが感心しない。蘆辺《あしべ》ずし（三十銭）本式の大阪ずし、飯の味つけ具合、タネも上等、おでん茶めし（十五銭）細長く切った焼豆腐、こんにゃく、はんぺん、「おでんはやっぱり屋台で食べる方がいゝな」一行下賎の本音を吐く「みつ豆が美味し相《そう》だな」Hが註文追加、平たい硝子の皿に見た目宜《よろ》しく盛られてある「煮あずきですよ」Hがつぶやく、黙って食べた所を見ると及第らしい、満腹した一行、之《これ》も宣伝のさやま茶を満喫、香りの宜《よ》いのを讃えて引上《ひきあ》げ、鰹節、焼きちくわ、チョコレート、さやま茶の製造行程の実演に感心「さやま茶の狭山って何処《どこ》だい？」Hが正直に尋《たず》ねる「静岡県さ」久夫が物知り顔をする「丹波《たんば》ですよ」Sが笹山《さゝやま》をもじる、M「ウフッ」と笑う、「狭山は埼玉県入《いる》間郡《まぐん》にあり」と早くも宣伝係の女工さんに聞いておいたからである。食べて了《しま》って用のない（正直な話）松屋を出て、昼の銀座へ、京橋を渡ると右側、諸国自慢美味公開、つたやという看板に吸いよせられる、珍し好きの一行、忽《たちま》ち首を突っこむ、西海《さいかい》名物、大友宗麟《おおともそうりん》直伝と銘打った「黄飯《おうはん》※1」五十銭を試食する。小さい黒塗りの飯櫃《めしびつ》に盛られた黄色い飯、味は何の変哲もない、主人に教えられて、椀の中に盛られた種々《しゅぐ》の野菜の煮たのを混ぜて食べる、くらげの三杯酢とほうれん草のごまよごしが附いている、たいして感心した物ではないが、珍し物好きには一寸《ちょっと》喜ばれよう、定食五十銭は刺身に、くらげの三杯酢に乾大根《ほしだいこん》の味噌汁、黄飯という献立、他に桜鯛の浜焼《はまやき》や、鯛茶、魚《うお》じますしが出来る、香煎《こうせん》は落花生の味、コップに入れて来たのはちと殺風景だ。一行兎《と》に角《かく》東海道と西海の名物を短時間に食べて、流石都の有難さと感心引上げる。

京橋幸寿司

夕方、京橋《きょうばし》の幸寿司《こうずし》へ出掛《でかけ》、屋台でおやじが握っている。「一つゝまみたいなア」と云《い》うのをSとMは「家族連れで立ちが出来ますか、さア店へ這入《はい》ったり」でHつゝかれて店内へ。

成る程、店の中は恰度《ちょうど》夕食ときとは云え四人がけの十脚ほどあるテーブルは皆《み》んなふさがって、其《その》半数位が家族連れだ、幸寿司も随分家庭的に進出したものだと一驚する、如何《いか》にもお寿司やらしい小女が二人、別に愛嬌もないが、まめ〳〵しく働いている。昼時のちらしに限りおつゆを附ける旨、書き出されてある。「寿司やのおつゆは少々変だア」と、M。「けれど仲々《なか〳〵》勉強じゃないか」と、S。「まぐろが安いんだ勉強するに越したことはない」とH。

でSはちらし（四十銭）（昼時でないのでおつゆなし）小が武はてっか（四十銭）MとHはにぎり（四十銭）ちらしには赤貝、玉子、あわび、穴子、まぐろ、量から云っても質にしても四十銭の価値は充分と、先《ま》

※1　大分県臼杵市の郷土料理で、クチナシで色を付けた黄色い飯のこと。臼杵藩はキリシタン大名で知られる大友宗麟が治めていた。

ずSは折紙をつける、黙々としてほうばることのみにこれつとめていた小が武、これもどうやら満足物《まんぞくもの》だったが「ワサビをもう少々利かして欲しい」と云う。にぎりはあなご1、まぐろ2、玉子1、赤貝1、それに香《こう》ずしが2。M「うまい」H「まぐろのめしが冷たいぜ。握り置きをまぜやアがった」M「ほんとだ。けち〳〵するねえ」M少々いゝきになってペロリ〳〵。胃拡張愈々《いよ〳〵》猛威をふるう。

高島屋食堂

S、M、Hと漫画の久夫、高島屋《たかしまや》※1二階食堂。ハヤシ・ライス、ビフテキ、香の物、寿司、果物、コーヒー、オレンジ水《すい》試食。

H「先《ま》ず室内の感じは瀟洒《しょうしゃ》と迄《まで》ゆかなくとも清楚《せいそ》だね」

M「夏向きで涼しそうでいゝ」四人がけのテーブルが二十、食事時間には少々遅い二時頃だが客足薄く二三のテーブルがふさがっているに過ぎない。S「こゝは何時も、どう云《い》う訳か閑散としているんだ」H「百貨店としては落ちつけるいゝ食堂ですが、これでは余り可哀想ですね」S「うん……」久「女給さんの服装もいゝじゃアありませんか」M「エプロンも仲々《なかなか》洒落ている」S「何処《どこ》迄も少女らしい感じでいゝ」

あつらえ物そこへ到着。M「君の顔にこぶたんが出来ているよ」少女給仕「……」H「手にもひっかきゝずがあるじゃないか」M「喧嘩でもしたんだろ?」久「こんな小さい子にからかっちゃ悪いや」少女ニコニコっ

※1 原本の表記は、見出しも含め「高嶋屋」だったが、同書に掲載されていた同店の広告の表記に従って「高島屋」と改めた。

として退席、愛嬌満点と云う処《ところ》だ。S「さあ……」で、箸、フォークを採って暫く無言。

S「香の物寿司はこの食堂の名物だが、Mさんどうです?」M「名物に甘《うま》い物なしの譬《たとえ》に漏れませんね、香の物の味つけに今一工《く》風《ふう》して欲しい所と、もう僅かばかり厚味《あつみ》が有ってい丶と思う、だがお上品な点、器の凝っている処《ところ》など高島屋のお客さんには持ってこいですね」H「ビフテキは御飯又はパン付で五十銭、定価から云ったらこの程度かも知れないが、家庭料理の域を出ない、先ず〱と云う処《ところ》でしょう」S「ハヤシライスは可もなく不可もないとでもしましょう」久「この林檎はペッ〱だ」H「いまの林檎はもう駄目でしょう、今時果物に林檎を出すなんてとんちきだね、それにバナヽをあしらうなんて、果物と季節を知らな過ぎる」M「このオレンジ水もシロップだ」H「コーヒーもシロップさ」M「シロップ一点張りはごめんこうむりたい」S「十銭だからね、先ず大衆的と云う一点から押《おし》てゆくんだろう」

H「こゝの食堂などはもう少し、ある特徴をだしていゝかと思いますね、よその百貨店の食堂を真似ずに特殊なメニューを作る方がいゝんじゃア……」M「って云うと高島屋のお客さんを特殊扱いにするわけですね、実際客種《きやくだね》は他の店と変っているに違いありませんが、却《かえつ》てそういうお上品なお客さん達がみつ豆やシュウマイを要求するのが時代でそれに応ずるのが百貨店の食堂では無いんでしょうか、その意味からいうと特殊なお客を持つ此《こ》の店などもっと一般化、普及化を必要とするわけになりますね」S「僕はそうは思わない。高島屋など百貨店の中では比較的個性の出ている方と思う、その個性と云うのは京風で、その匂《におい》を慕《した》って来るお客が多いようだから、食堂なぞも成るべくそうしたお客を満足させる工夫があってよいと思いますね、そう云えば香の物ずしとか白糸豆腐《しらいととうふ》なぞ大分《だいぶ》特殊な関西料理があり、江戸ッ子のてっかが東《あずま》ずしとあるなどもこゝの店らしい」H「しかし、一番こゝの感じのよいのは女給さんの客あしらいがいゝことでしょうね、それを大いに推賞してやりたい」

日本橋白木屋食堂

S、M、H、久夫にNが加わって白木《しろき》屋《や》の食堂へ、H「見本棚の冷し汁粉を見てきたかね。しるこの上の氷の積《つも》りだろうが、綿《わた》がのっていたのを……」S「うん、それにあの見本棚のすし類は昨日一昨日のものか鯛ずし

にかびが生えていた。……で先ず女給さんの服装、百貨店の食堂としてはよその店と全く調子が違うが、どうかね」久「いゝですね。小松食堂風《こまつしよくどうふう》で」H「白木屋気分がよく出ている。客がどうしても下町の人だし、色々の点からして女給さんの服装はよいと思う」と、片隅に大辻司郎《おおつじしろう》※1君が食事していた。S「あすこにいるのは大辻君じゃないかね」H「エ？　やアそうだ」先方でも気がついたらしい。M、H「やア」大辻「やア」司郎君赤飯をパクついている。一つ赤飯の批評を聞こうと云《い》うことになってH「やア、どうですねお赤飯の味は？」大辻「ムニャ〱、有難く戴《いたゞ》けるね」M「今頃からこんな処《ところ》で独り者は哀れ深しって処《ところ》で

すね」（当時司郎君未だ独り者の物の哀れさをかこっていた当時〔ママ〕でした）大辻「テヘ、そんなに皆《み》んなで寄って見てられちゃアお赤飯の栄養価が吸いとられちゃア」そこへ五人の口へ運ばれるもの到着、暫《しばら》くは手と口の運動よろしくあって後《のち》、S「鯛寿司（五十銭）は醤油がほしい位の味加減だが、それも握りを食べつけている習慣かも知れない、すし米《まい》は及第。」M「冷むぎ（二十銭）はお汁《つゆ》の味もよく、器も凝ったもの、盛《もり》もたっぷり、桜ん坊を二つあしらった処《ところ》などが愛嬌だ」H「天ぷら御飯（五十銭）は大いに推賞する。伊勢海老――但《ただ》し小さいが――一つ、魚、芋、みつばの天婦羅、油もよくて軽くてうまい、お値段の割には上乗だ、尤《もっと》もお香物《こうもの》にたくわん、ならづけの半切《はんきれ》は気になった」久「大阪ちらし（三十五銭）は甘味《あまあじ》だが……」M「ちらしは女が喰《た》べるもので甘いのは定《きま》ってらア」久（テへへと笑って）「横槍《よこやり》を入れるのが流行って来たのかしら……ウヘッ、ではSさんを真似て先《ま》ず及第として置こう」S「大分《だいぶ》こゝの食堂は好評だね。Nさんフルーツポンチとみつまめはどうかね」N「フルーツポンチ（十銭）はお値段から云ってこんなものでしょう、欲を云えばオレンジはすじだらけで、林檎の肉は色が変っていたのが少々おしい、汁《つゆ》は悪甘《わるあま》いや」H「みつまめはどうです?」N「みつまめは豆が多少固過《かたす》ぎますが、蜜《みつ》は大変結構でした、嬉しいのはパイナップルが三切れ這入《はい》っていることだ」S「で兎《と》に角《かく》こゝの喰《た》べ物は一般にいゝと云うことにするかね」一同「賛成」久

※1　（1896-1952）東京出身の活動弁士、漫談家。

「それから女給さんの美人揃いだってこともゝう一度……」

一同「わかったよ〳〵」

キャフテリア　白木屋地下室

「一寸《ちよつと》、御覧よ！　奥さんまでがお盆に洋食をのっけて、行列になってまるで震災時の配給品を思い出すじゃないの……」均一白木屋キャフテリアの入口で金春《こんぱる》芸者のさゝやき。「でも面白そうね、やってみましょうよ」初結《はつゆい》の高嶋田《たかしまだ》が行列にはいる。で僕もその次へ……右側のアルミのお盆が次々にならべられてエスカレーターのように左へ〳〵動いてゆく。やがてお料理、ハンバークステーキ、カツレツ、スチュービーフ、ロースポークオムレツ、魚《うお》フライ等々の前にくると各々が食欲と蟇口《がまぐち》と相談してお好みの品をお盆に取りよせる……ところが非常に食通の金春姐《ねえ》さん、忽《たちま》ち食欲錯乱……てんやわんやで金紗《きんしや》の袂《たもと》が見本のシチューにベットリ……とも知らず、次々に押されてゆくとヤサイサラダがある。ケーキ、コーヒー果物がうまそうな色で現われる。その間にはさまれて紳士が偉大なる盆にライスカレーの一皿をのせてゆく……。この行列の終

キャフテリアの行列
武

りにボーイが居てお盆の品物をみて素早く支払い伝票にハサミを入れて渡す。列をはなれてさて見渡すところ、どのテーブルも満員だ。又《また》堂々めぐりをして、やっと片隅に落付く。そこでライスカレーを一口……オンヤスプーンをどこかに落しちまった。入口の行列を知らずに、いきなりテーブルに腰かけキョロ〱している田舎者がお料理を抱えている某婦人を給仕とまちがえ「ヨーおらほに持ってきたんかねー」そこへ本物の給仕が飛んできて、頭をペコ〱。ホークの音。お盆の音。下駄の音。とても、にぎやかだ。お盆の持ち方に恐ろしく、くろうとじみた婦人がいる。どうやら格構《かっこう》が牛屋《ぎゅうや》の姐《ねえ》さんらしい。下女は軽々と持ち令嬢は真赤《まっか》になってフラ〱支えている。坊やが大人並みに大きな盆にカステラの一皿を載せて得意そうなのは可《か》愛《あ》いゝ、ところで喰《た》べ終えた僕、やっぱり、お盆も、めい〱で下げるのだろうと、又抱えると、給仕が小声に「もし〱、これからは、てまえ共《ども》で片づけますよ……」

食傷新道

「妙な事をお尋ね致しますが香《こう》ずしのある所を御存知じゃあないでしょうか（ウム困ったな女中さん笑ってらあ）エッお宅から中通《なかどお》りへ出て二つ目のハアハアヤアどうも有難う存じました」ガチャリ、受話器を掛けたMが流石に照れている。名物巡りに日本橋の香ずしを選んだのだが、肝腎の在り場所が分らないので思い出してラジオの小唄でお馴染の日本橋の朝居《あさい》丸子《まるこ》※1さんのお宅へ電話を掛けて尋ねて見《み》たわけである。どうやら見当が附いたので、メグリの一行陣形を整えて日本橋へ直行、わけなく目附《めつ》かった、香ずし一行入口に立って「食べさして貰えるのかい」と奥の方をジロリジロリ「ヘエ手前共《てまえども》は出前専門なのでお気の毒様」「ウヘッ」で一行本当にお気の毒様みたいな顔となって引下《ひきさが》る。来た次《つ》い手《で》だ素手《すで》？　で帰るも間が悪いし……で思いついた木原店食傷新道《きはらだなしよくしようしんみち》の「赤行燈《あかあんどん》」へ向う。白木屋の裏口を左に見て木原店へ入る、鰻まむしの「重亭《じゆうてい》」「お座敷洋食瓢《ひさご》や」「東橋庵《とうきようあん》」「中華亭《ちゆうかてい》」「木原《きはら》ずし」「利休《りきゆう》せんべい今木屋《いまきや》」「蒲焼《かばやき》しん川《かわ》」「とり沼田《ぬまだ》」等々《とう〳〵》と両側にずらりと並ぶ、右側のはずれつまり日本橋の通りから入れば左側のトッツキ「いしだ」と暖簾に書いて

※1　浅草オペラの劇中歌「おてくさん」で人気を博した歌手。のちに小唄浅井派を設立。

ある「赤行燈が無いな」Sがつぶやく「だけども此所《こゝ》ですよ」Mが保証する（香ずしが食べられないで、赤行燈が無くなってたら面目丸つぶれだワイ）入ると右側は坐って食べられる様《よう》になっていて、左側は土間にずらりと椅子テーブルが並ぶ。昼時なので相当客も入っている。献立の黒板《くろいた》が壁にズラリと並んでいる、一行評議よろしくあっておあつらえを通す。待つこと分時《ふんじ》直《すぐ》に運ばれる、早いのは急がしい人間に取《と》って何よりである。器は余り上等で無いが値段は安い、いりとり、あんかけ、しのだ各七銭、あんかけは大きな赤塗《あかぬり》の椀にたっぷりあって味も宜《い》い。添えられた辛子もよく利く。いりとりは牛蒡《ごぼう》、蒟蒻《こんにゃく》、とり数片《すうきれ》いささか貧弱だが値段を考えては文句は無い。むきしゃこ（二十銭）材料は宜《い》いが汁の味、しみ加減やゝ物足りぬ、鰕《えび》（三

十銭）具足煮《ぐそくに》を考えていた註文主のH、パラ〳〵と盛られた小鰕《こえび》の数匹を前にいとも物寂しい顔をする、味はしゃこの批評と同断、いい蛸桜煮《さくらに》（三十銭）はやゝ可《か》なりだが推称する迄《まで》には行《ゆ》かぬ、蛤鍋《はまぐりなべ》（三十銭）は材料も味噌の味も上乗、あんかけ豆腐と共に推称に価《あたい》する、茶飯（一人前十銭）の味も宜《い》い加減だった。「姐《ねえ》さん赤行燈って今は云《い》わないのかい」Sが食べ乍《なが》らフト不確かになった調子で突然聞き訊《たゞ》す「赤行燈はやっぱり表に出ていますよ」の返事に安心、一同箸を置いてお茶を啜《すゝ》る、見ていると飛びこんで来てあんかけ一椀で茶めしを食べて帰る客がある、御勘定十七銭也、成程《なるほど》日本橋の真中《まんなか》だって食べようと思やあ昼飯二十銭でお釣が来るんだと一同感心する、膨れた腹をさすり乍ら外套の襟を立てゝカラッ風がまともに吹きつけて来る表へ出た一行、期せずして上を仰いで屋《や》の棟《むね》に下《さが》っている硝子《がらす》の赤行燈を見て「ナール程《ほど》」

日本橋はなむら

M、H、久夫「一遍位《ぐらい》は先達《せんだつ》無しで出掛けてもかまわないだろう」と相談一決春らしい明《あ》かるい陽射しがポカポカと暖かい午後を狙って（三人とも寒がりでは負けず劣らずなんです）ノコノコと出動しました。目的地は日本橋の花村《はなむら》「予算の関係もあるだろうし倹約して」と不在のS先達の懐中《ふところ》を慮《おもんぱか》って一行殊勝にも丸ビルを横切って、東京駅前の三越の自動車の発着点へ待つ事二三分、赤塗りの車へゆったりと落付く、円太郎《えんたろう》※1や青バスより早く来るし、ゆれ方も少い、第一（小声だが）ロハなのがいゝ。三越の前をぐるりと廻って横手入口へピタリと着く、降りた客に釣られてゾロ〳〵と店内へ入って了《しま》う、気が付いて店内をあっさり横切って表口《おもてぐち》から外へ、此《こ》ん麼《な》客ばかりでは三越もやり切れないわけである。三越の並び、日本橋寄り、花村《はなむら》、家の造りも、純日本式なのが嬉しい、暖簾の紺の香《か》も新しい。入ると半分は土間になっていて、長い卓が四つ程並んでいる、何もかも新しづくめで気持が宜《い》い、座敷の方《ほう》は女中さんが受持っていて、土間の方は若い衆が受持っている。この若い衆中々《なかなか》気がきいていて、万事の行動頗《すこぶ》る要領を得ていて嬉しい、品書は大きな黒塗りの板に書かれて壁に懸《か》けられてある、蠣鍋《かきなべ》二人前、刺身一人前、木の芽田楽一人前、はんぺん椀三人前、お新香三人前、御飯三人前と註文を通す、刺身の生《い》きのいゝのと品の宜《い》いのは流石と感心、はんぺん椀は昔ながらに宜《い》い味だ。木の芽田楽は少し気取り過ぎて野育ちの我等に聊《いささ》か物足りず、蠣鍋は品も選んであるし汁加減も宜《い》い、汁が煮つまって来ると直ぐに若い衆が汁を足してくれるのが嬉しい。お新香の胡瓜、細《ほそ》根《ね》白菜等《はくさいとう》取合せも漬け具合も宜《い》い。顎《あご》に長い髭《ひげ》を生やした伝馬町辺《でんまちょうへん》の商家の御隠居と見える品のいゝ老人が、

〔45〕 日本橋はなむら

アンコウ鍋でチビ〳〵独酌《どくしゃく》でやっている風情も宜《い》いし、東京駅へ昼頃着いたと見える女を混ぜた旅帰りの四人連れが、はんぺん汁、新香で簡単な飯を済ましているのも気が利いている。

懐《ふところ》中手薄のH、ぼそ〳〵と囁《さゝや》くH「大丈夫だろうか、五円で」M「大丈夫さ、と想うね」中学生時代に兄貴に連れられて御馳走になった時そんなに取られたらしい様子が無かったのをぼんやりと想い浮かべ乍《なが》ら、たよりなく答える、足りなかったら社へ電話をかけて助けを求めるばかりだと観念する、「勘定」Hがびく〳〵云《い》う「ヘエ」若い衆暫《しば》く胸算用していたが「二円三十五銭頂きます」でH、M顔見合してニタリ、何も知らない久夫はちび〳〵やっている老人の横顔写生に余念が無い。H、M安心してゆっくりお茶を飲んで、大きな顔をして「毎度有難う御座い」景気の宜《い》い声に送られて表へ、顔見合せて「安いね」円太郎で帰社、風に煽《あお》られて「クションクション」。

※1　大正十二年の関東大震災で被災した路面電車に代わる輸送手段として東京市が導入した乗合自動車の通称。

三越本店食堂

「随分大きいなア、田舎者はびっくりするな」登り出したエレベーターの中で、自分のびっくりを棚に上げた久夫の独り言。五階の食堂に先《ま》ず足を入れる。食堂の面積に比して入口が狭過ぎる、食品見本棚の配置、土産物見本棚の位置も一層入口を狭《せば》めている。手洗い所への通路を特に入口脇に附けその上別に洗面所の設備があるのは良いが、折角だからもっとはっきり存在を認めさせる様《よう》に一工風《くふう》して貰いたい。

見本棚の前で検分之《こ》れ勤めていたMを置き去りに、一行食堂内へ影を没《ぼっ》す、近眼のM大慌て、先ず悠々《ゆう〳〵》と度胸を据て食堂真中《まんなか》の通路に立って、丹念《たんねん》に探し始めたものである、が却々《なか〳〵》目附《めつ》からない、不図《ふと》思いついたのは去《い》んぬる春の中旬《なかば》の頃（何だか変だな）Sと此《こ》の食堂へ来た事がある、犯罪者は必ずその犯罪の場所へ帰る（食堂へ来るのが犯罪と早合点してくれては困る、つまり例ですな）というからと……その方向を見ると、いたいた遥《はるか》に例の人相書通りの首が並んでいる。Mが幸いにして犯罪学の知識が有り新聞記者としての第六感を備えていたから見附かったものゝそうでなければ恐らく近眼の悲しさ皆が食事を終って小楊子《こようじ》を使

47 〕 堂食店本越三

っている頃漸《ようや》く食卓へ辿りついた事であろう（というのはどうせ遅れた仲間を探しに戻ってくれる手合《てあい》ではないから）三越《みつこし》さん、あれだけの食堂には入口へ一人や二人のしっかりした人を立たせておいて、空いた席や後から来る連衆《つれしゅう》の案内を兼ねて、食堂内の整理を総括して下すった方が宜《よ》いですよ。Mの受持《うけもち》（ランチ五十銭）「若鶏一対《つい》、野菜サラダ、見た所は値段の割に安い。先ずスープ、塩がきいてる、田舎の駅前のレストランのスープを想い起させる、若鶏

骨っぽくて飯の菜に成らぬ、味もよくない、皿に就いた部分にヘットの凝結したのがこってり着いている所「私《わた》しゃヘットで焼かれたワイナア」と鶏は正直である。胡椒を惜んだか、若鶏固有のプンとした臭気が伴う、値打はあるが実が伴わぬ、ライスも百貨店の特色？　通り美味《おいし》くない、どこの店でも附けてくるライスの端の福神漬は有らずもがなである」Sの受持（柳川《やながわ》なべ）「味は多少淡々《たん〳〵》とし過ぎる嫌いはあるが先《まず》普通添えものゝお汁もこんなものだろう」飛び入りNの受持（ビフテキ）「量もあり味も相当よいですよ」と半分位も喰《た》べてから「但《たゞし》随分固い、それに焼き過ぎてる」H（稲荷ずし）「味が甘い、女子供向《むき》と云ったものであろう、色の附いた生姜は、色なきに如《し》かず」S「お稲荷の生姜は握りと違って紅生姜が本格だろう、しかし日本一の三越ともあろうものが染めの割箸を使っているのは困りものだね」食堂の広い事流石日本一の百貨店だけある、これで柱や天井の装飾が整い、椅子の宜《よ》いのを並べたら申し分ない。男ボーイが女給仕の手の足りぬ所を補っているのは宜《よ》い、勘定をしに来る女店員も客扱い叮嚀《ていねい》申し分ないが、一般の女給は慣れ過ぎていさゝか、ぶっきら棒で、事務そのまゝの客扱いが暖か味を欠く。食堂内の喫煙を許さず、出た所に喫煙室があるが、少し狭過ぎる。広くして、も少し居心地よい設備をして貰いたい、六階に上ると五階と同じ通りの食堂がある、内容も略《ほゞ》同じだから覗きこんで割愛、一気に地下室へ降りる。裏側の片隅に簡単な喫茶部がある、狭くて暑い、必要在って置いてあるのだろうが、もう少し何とかして貰いたい。S「ストロベリーサンデー（三十銭）はまず値段丈《だ》けのことはある。それにプレンソーダは嬉しいね」H「アイスクリーム言語道断」久夫「サンデーにプレンソーダを附けて来て、クリームには水もくれぬはこれ如何《いかん》」

催促して持って来た水ナマぬるし、それにアイスクリーム二つの所へ水四つ、冷しコーヒー（十銭）を飲んでいた、NとMの前へも並ぶ。

N・M「この上うすくしろとはあんまりだ」。

近代風景酒場のぞき

「銀座銀座と通う奴は馬鹿な……」の銀座へ行《ゆ》くと云《い》ったらいつもは出不精の久夫が返事もせずに（返事をする暇も惜《おし》かったらしい）机の上を片附《かたづ》け始めた。銀座の魅力恐るべしである。で「銀座を振出《ふりだ》しに市内の変ったカフェーを四五軒廻《まわ》って見ようじゃあないか」と正月気分も手伝い、柄《がら》になく新時代の空気に触れて見たい謀《む》反気《ほんき》のあるSの提案で、食べ歩き一寸此《ちょっとこ》の辺で息休《いきやす》めの態《てい》、先ず銀座へと現われたのである。今夜はふんだんに綺麗なマダムやウェイトレスを見るんだ、先《ま》ずそのつもりで腹から作ってと、松坂屋筋向《すじむこ》うのおでんの屋台に一行四人首を突っこんで（あんまり大きな声では云えませんね）兵糧を詰《つめ》こむ。先ず第一に目指したのがジュンバー、人ぞ知る舞台をぷっつり止めて残《のこ》んの色香《いろか》を銀座裏に返り咲きの渡瀬淳子《わたせじゅんこ》※1経営、尾張町《おわりちょう》から数寄屋橋《すきやばし》の方へ二つ目の横丁を、京橋《きょうばし》の方へ曲ってゆくと左り側に大きくジュンという看板が見える、表から種々《いろ〱》な酒瓶を並べた棚が見えるのが面白い、中へ入ると狭い所を巧みに扱って変った気分を出している。わざと煉瓦の肌をむき出しにしたオンドル風の暖炉が面白い、壁にかけられた布《きれ》も風情がある。女給さんも美人揃い、マダムも若返って先頭に立ってキビ〱と客に応待している、旧知Sに此《こ》の店を開く迄の苦心を物語る、成程《なるほど》女一人が始める仕事の並々《なみ〱》で無い事が分《わか》

る、久夫は一寸した話のきっかけから「観音様の御利益」長講一席を伺わせられた。所在無いMはコクテルをちび〳〵嘗《な》め、Hは南京豆をポリポリやりながらオレンジエードを飲む。「子供には時々逢いとうなります」マダム・ジュンしんみりする。Sがなだめる、こゝの会計一円八十銭（コクテル一杯オレンジエード二杯）心付《こゝろづけ》はこの以外と知るべし。

ユングフラウ、銀座松坂屋の横丁左側、こゝもSの友人上野《うえの》出《で》の洋画家宮武辰夫《みやたけたつお》※2氏の夫人経営、甘党にこうした知り合いの多いのは皮肉だ。暗い落着いた感じの中《うち》にコクテルを嘗《な》める気分は悪くない、女給さんもしとやかで宜《い》い、煙草の煙《けむ》が立ちこめるのを避ける工風《くふう》がして欲しい。主人夫妻は留守で逢えず、又の日を期し、会計コクテル二杯一円四十銭、オレンジエード二杯一円二十銭心付略、以下も同前。アオイ、入って左側がスタンド右側にソファが並べてある、久夫はマダムと面識の中、で一行非常に観迎される、マダム体格偉大、だが優《ゆう》に優《やさ》しい声を出す、中々《なか〳〵》の意見家《いけんか》らしい、築地《つきじ》の連中や、吉井勇《よしいいさむ》堀口大學《ほりぐちだいがく》等々《とう〳〵》文壇の人達がよく顔を出す相《そう》だ。会計お自慢のコクテ

※1 芸術座女優。島村抱月の芸術座、新国劇、新劇などで活躍。晩年、銀座にカフェーを出店。
※2 宮武（1892-1960）は、東京美術学校（現東京藝術大学）を卒業。世界各地の原始芸術を追い求め、原住民と生活を共にしながら研究を進めたことなどで知られる。

ル二杯二円。

ギャストロ、京橋交叉点から右へ曲った所、スタンドに立っているお峰《みね》さんはすっぽん料理まるやで鳴らした人、彼女の前には日本橋の数多い美妓連《びぎれん》も顔色《がんしょく》なかったと云われる、愛想のよい事天下一品コクテルは自慢で自ら腕を振《ふる》う、妹のお玉《たま》さんは元プランタンにいた人、姉さんの凄艶《せいえん》に対して之《これ》は又豊艶《ほうえん》今が盛りの美しさだ。天井の感じが垢ぬけしていて中々《なか〳〵》宜い、スタンド脇にどっしり下ったビロードのカーテン、その裏に階段がちらりと見える、「あの階段が馬鹿に魅惑的だね」と誰《たれ》かゞ囁く。会計マンハッタン二杯一円二十銭。

「弟は私と違って万事に大まかでしてね、無鉄砲に何でもやっちまうんですよ、そしてどうやらやってゆくんですから、世渡りって結局その方がいゝのかも分りませんね」とは久夫の述懐、でその無鉄砲に始めたというカフェー「白百合《しらゆり》」を見参しに行《ゆ》く、早稲田《わせだ》の公設市場《しじょう》の前通りを入って行って左り側長谷川大将《はせがわたいしょう》※1の邸宅前、バンガロー風の気の利いた建物、正面に窓を切ってあるのが家庭的ないゝ感じを与える、入口は左り側にやゝ斜めについていて入りいゝ、中《なか》は二間《ま》に仕切って小じんまりした中をうまく椅子テーブルが並べてある。女給さんは百合子《ゆりこ》、小夜子《さよこ》の両嬢鄙《ひな》に見る（オッと之は失言）美人で、銀座辺りに出しても恥ずかしくない、ハハア之が繁昌してる一つの原因だなと感心する、お客は学生達が多くお茶やソーダ水で簡単に帰るのが多い、おとなしく紅茶を啜《すゝ》り乍《なが》ら、レコード音楽に耳をすましている所など流石に学生街らしい風情だ。所謂《いわゆる》無鉄砲の弟さんがコクテルに、料理に腕を振う、流石学生相手だけに、料理の量はたっぷりある、味も中々《なか〳〵》上等だ、○○ライス（五十銭）一皿で満腹した。室内の装飾その他簡単だが全体に変な商売気の無いのが嬉しい、従って家庭的な柔《やわら》か味と暖《あたゝか》さを与えてくれる。この辺のコツを飲みこんでやってるとしたらこの弟さん中々《なか〳〵》無鉄砲じゃあないわいと心中《しんちゅう》甚だ感心して引上《ひきあげ》る、銀座に倦《あ》きて、学生街情緒を味《あじわ》いに（それから久夫画伯の云う無鉄砲の弟さんの無鉄砲ならぬ無鉄砲の商売振りを見に）わざ〳〵出掛けるも亦一興《またいっきょう》ではないでしょうか。

上野松坂屋

ひょっこり上野《うえの》の山下《やました》へ現われた四人連、S、H、Mに漫画の久夫という例の顔触れである「今日は方面を変えてみようじゃあないか」というひょんな気まぐれ風の吹廻《ふきまわ》しで上野の山へ真直《まっすぐ》に吹《ふき》つけられたわけである。広やかなホール一杯に食べ物の見本がずらりと並んでいる場面が展開された、食べ物の見本はかなり

※1　長谷川好道《よしみち》（1850-1924）明治・大正時代の軍人。陸軍大将、元帥、朝鮮総督などを務める。

小児用椅子

豊富にある、お土産から御叮嚀《ていねい》に御祝儀のお料理迄《まで》揃っている、例に寄《よ》って見本棚の前で品定め、Sが松坂《まつざか》ランチ七十銭、Hがチャーハン三十五銭、シューマイ二十銭、Mが都御飯《みやこごはん》七十銭、久夫（珍しく食欲旺盛）洋食弁当一円と決定。食卓に就《つ》く、大きな卓に大勢座らせる方針で、小卓は少い、子供の為の椅子が多数に用意されているのは嬉しい。客種《きゃくだね》は一目見て堅実な中産階級を想わせる、で大きな卓に一緒に座らせられても隣人に気兼ねしないのかも知れぬ。女給の監督には年配の婦人と男ボーイがいる。女給の服装は平凡、態度サーヴィスは普通、註文の品を持って来る時に、洋食のライスの皿に指を入れて来たのは気になった。大きな盆に乗せるか、皿の持ち方を教えた方が宜《よ》い。先《ま》ず一同箸とフォーク、ナイフをちゃんぽんに執《と》る、分別のある顔をして喰《た》べ終る。腹膨《はらふく》るれば物言う譬《たとえ》（少し変かな）で、さて一気に批評が連発する。S「ランチの肉は堅いが、ライスは比較的宜《よ》い」久夫「僕は大事《だいじ》を執って中々《なか〱》批評しないが、ゴタゴタと並べられた

のは美術的観念に欠けている、附物《つけもの》のネーブルはこれこの通り」前置きに似ぬ辛辣な所《ところ》、先ず売出しの漫画家応分、ナイフでネーブルをゴソ〳〵やる、ネーブルはしかめっ面で押されている、でも余り辛辣すぎたかと想ったか、曰く「でも日増《ひまし》のネーブルは甘いんだってネ」H「チャーハンの分量お皿に七分目、盛《もり》とは違って値段は高い、シューマイ味は普通」M「都御飯、サワラの清汁《すまし》サヨリの酢の物、御飯の上へ鳥のソボロに玉子、ハモを乗せたもの、取合せは凝ってはいるが田舎育ちの大宮人《おおみやびと》って好みで御飯の分量はそれだけに豊富、先ず値頃かな」。

上野麦とろ

すっかり暖かくなりました。外套が要らなくなりました、春の帽子が欲しい午下り《ひるさが》です。メグリの一行がトロヽを食べに行く《ゆ》気になりました。地下鉄の工事でごった返しているお成道《なりみち》を、自動車が上野の山目がけて突ッ走りました。広小路《ひろこうじ》手前の交番の横を左へ切れて直ぐ右側の角に、小じんまりした小粋な構え、創業明治十七年を看板にしている麦登路《むぎとろ》は此所《こゝ》なんです。門を入って細長い石畳を真直《まっす》ぐに玄関へ、八つの靴を脱ぎ棄てました。広間の表寄りの方には客が二組、一組の方は同朋町の粋な姐さん連、柳川らしい鍋が煮えつまっています。小女《こおんな》が小さい器に微塵《みじん》に切った葱《ねぎ》と、つまみ物のハリハリを持って来ました。註文を通して暫く待ってる間に、久夫がSにそゝのかされて台所を覗きに行きましたが「ハッハッハッいきなり覗いたらびっくりしました、随分長いスリコギですね」と笑い乍《なが》ら感心し乍《なが》ら帰って来ました。壁に「御註文により一々調製致しますので暫くお待ち願います。出前は御容捨《ごようしや》下さい」云々《うんぬん》と書き出してあります。成程待たせるわいと一同感心? 出来上って来た註文の品、先ずむぎとろ（八銭）は看板に偽り無しで麦めしの加減、上《うえ》へかけたとろゝの味、宜《よ》く調和してペロリと美味《おいし》く平《たい》げられました。上にパラリと振りかけられた青海苔は別の器へ盛って来て客に随意にかけさせた方が宜《よ》い、蜜柑《みかん》の皮の細かく刻んだのも添えてくれるといゝ。小女《こおんな》が茶碗の中へ指をつっこんで出すのはいさゝか気になる、盆のまゝ差出して貰いたい、すいとろ（八銭）一人前が茶碗に二杯ずつ、味加減上乗、すましむぎ（十五銭）は黒塗のお椀に麦とすまし汁、海苔が浮いている、中々《なかなか》洒落ている。ぬた（三十五銭）は先ず普通、鮪山《まぐろやま》かけ（六十銭）は聊《いさゝ》かお値段が張り過ぎる、うまに（三十銭）は蓮根、八つ頭、生麩《なまふ》、章魚《たこ》等々《とう〳〵》、之《これ》は味の具合、品の吟味傑作である、「おいしいおいしい」で一同突っつき合って忽《たちま》ちペロリ、「お代り」と註文すると小女、にべも無く「お時間が取れます」で一同ダア、あきらめてお新香を貰う、大根に胡瓜、漬《つけ》菜《な》という取合せ、漬菜の漬き具合《ぐあい》が宜《よ》い。S、M、久夫むぎとろ三杯をお代りして、未だ物足りなさ相《そう》、H、三人の食欲旺盛に驚嘆の面持《おももち》。S「一度どの位食べられるか食べ競べをしてみませんか」M「そうですね、先ず十杯は大丈夫でしょうね」H脅《おびや》かされて目をパチパチ、太ったお腹が大きくなって玄関で靴を穿《は》くに「ウンウン」大騒ぎ。H、久夫素早く靴穿いて涼しい顔、靴だけに飛んだ所で揚げ足を取られたわけである。「あんまり暖かだから彼岸桜が膨らんだろう」というので、一同上野の山を一廻りしてまっしぐら丸の内へ。

揚げ出し、水戸屋

上野が蓮の花で人を集めていた頃、パアーンと開く軽快な花の音にいゝ気になって、朝靄《あさもや》も漸《ようや》く晴れ上って陽の光がちらりと覗いて出る時分に、こうした雅客《がかく》の間に評判だった揚出《あげだ》し、また法事の帰り途《みち》などに僕なぞも子供の時分よく伴《つ》れられて来たことがあった。不忍池畔《しのばずちはん》の揚出し、名物と云《い》ったって——名物価値で決して落第点を頂く筈がないところである、と云う訳で上野山下まで車を飛ばせた、同行Sと、Mに代ってのKとHと病気全快の久夫の四人。さて揚出しの前につったって見ると、どうやら近頃の揚出しは子供時分と大分《だいぶ》様子が変ってそう安直に済まされないような店構え、飛び石伝《づた》いにぐっと奥へ這入《はい》ってゆくと「イラッシャーアイ」。こゝへ来る前に実を云うと二人は上野博品館前の大衆名物水戸屋《みとや》「おあと一杯アガッタヨオー」に立寄って来たものである、相変らず文字通り十年一日「おあと一杯アガッタヨオー」のバス声が厳然として店の空気をゆるがしている「どうだいあのおやじの声には昔も今も変りはないが、恐ろしいことには、あの声のためにおやじの顔がひどく痩せ細って了《しま》ったじゃアないか」とS「けれども身代《しんだい》は肥《ふと》る一方らしく、

店も立派に出来たもんですね」とH「声（肥料）が利けば肥《ふと》る訳さ」とKが云う、甘酒《あまざけ》、煮あずきが一杯五銭はこれも相変らず安いもので、Kが八銭の汁粉一杯を持て余《あま》して二人で喰《く》っても余ると云う。（Kの二人という意味は決して我々のうちの一人を含ませての二人でないことを……K曰く黙って〳〵）。さて水戸屋での小女の「イラッシャイ」とは全く違った粋な黒襟《くろえり》の姐《ねえ》さんの「イラッシャーアイ」に迎えられて揚出しの池の端寄り広縁《ひろえん》にどっかと陣取ったものである、この広縁は小さい衝立《ついたて》で幾《いく》つもの小座敷《こざしき》風《ふう》にし切ってある、先《ま》ず第一に「揚出し」をこれは豆腐を軽く油でいためたもので、久夫は「うまい〳〵」でぺろりと平《たい》げる。Sはしゞみ汁が存外うまいと讃めている。久夫は病気あがりだから、ゆばうまにがいゝだろう。Hは磯焼《いそやき》どうふ、一寸油揚《あぶらあ》げを焼いて磯巻のように海苔をかぶせたものだがしゃれたもので、これも亦《また》

うまいという、Kはやわらか煮鳥《にどり》とうふ、精々《せいぐ》滋養分を摂ろうという魂胆であるらしい、Sは頻《しき》りに卯の花ふぶきに箸を往復させているのだった。飯は御勝手にというあいそっ気なしで女中は向うで火鉢を抱えて世間話に花を咲かせている。さては「御心附《おこゝろづけ》」を呉《く》れぬお客と見られたらしいのである。が、それもふりの客には却《かえっ》て気安くて有難い。客は他《た》にも皆無だった。師走の押《おし》せまった時も少々過ぎた頃で呑気に揚出しあたりにくつろいでいる客のないのも当然かも知れぬが、うら寂しい気持ちになる、一寸《ちょっと》昼食などごく安直に食べられるし、料理も却々《なか〱》乙《おつ》であるのだから創業以来二百五十余年という今日の揚出しは入口などを少しく模様替えしてもっと大衆的に進出をはかってはと人事乍《ひとごとなが》ら気になった。

田楽餅と江戸っ子

「婦女界」の佐久間《さくま》氏が「隠れたる名物を御紹介しましょう」というのでメグリ一行の先達となって、今日《こんにち》は黒門町《くろもんちょう》へ車を飛ばせた。恰度《ちょうど》黒門町と広小路《ひろこうじ》電停《でんてい》の中間、万世橋《まんせいばし》から上野方面へ向うとすると左側一寸《ちょっと》見かけは「ナッチョラン」処《ところ》の「みつ豆」「煮あずき」「大福」などの名前に連らなって福田屋《ふくだや》と赤字で染抜《そめぬ》いたのれんが、間口二間《けん》程の店先につる下っていようという。先ずどうみても紳士淑女方《がた》は店へ這入るに二の足を踏むであろう、と云《い》って、別に汚れ腐っただじるこ屋の面影を想像して頂いてはいけないのですが、兎《と》に角《かく》店構えが一割無趣味で損である、その福田屋なる店前で一行は車を棄てたのである。「どうです。此処《こゝ》ですよ」と佐久間氏「成程《なるほど》これじゃあね」と、S「震災前《しんさいぜん》はこれでも江戸趣味の小粋《こいき》な店だったんですがね」。兎に角、一行ドカ〳〵とのれんを潜《くゞ》るともう狭い店のうちの半分は占領して了《しま》う始末。店のうちの雰囲気は、先ず下町の「喫茶とみつ豆」屋を想像して頂けば間違いはない。片壁《かたかべ》に鏡、そしてテーブル椅子、正面に定価表が鴨居《かもい》から吊るさがって。その下がカウンター「でんがく餅を下さい。」「へエーイ」小女《こおんな》の応答、やがて餅の焼ける匂い、味噌の香《にお》い。「お待ち遠《どお》さま」一皿六個のでんがく餅。形態は久夫の挿絵に見て頂くとして、餅の大きさ直径一寸五分位、味噌の味は甘からで、餅の粘着力と味噌の香《にお》いと味とがからんで素晴らしくうまいものである。本石町《ほんこくちょう》辺りにもこのでんがく餅の店はあるんだが、こゝのが東京中で一番うまいんですよと佐久間氏頻《しき》りに讃《ほ》めるのである。

「友達がね、妻君孝行でしてね。――まあ聞いて下さい――このでんがく餅を土産に買って行ったもんですよ。いつぞやね、そいつ、その儘《まゝ》すなおに妻君の処《ところ》へ帰れば話もなんにもなかったんですが、まあ春でね、帰宅が十二時も廻っていたのですから妻君かん〴〵にふくれていたもんでさあ。「土産だよ、うまいぜ」って云うんで、このでんがく餅の折詰が妻君へ渡されたと思って下さい、こんな折詰なんかでだまそうったって……という始末で、まあやき餅まぎれに、いきなり折詰を亭主めがけて、投《ほう》りつけたっていうんですからね妻君がね、そいつ亭主はまあ物《もの》の美事《みごと》に（？）よけましたがね、壁へあたってくだけて、大いに味噌をつけたっていう珍談があるんですが、どうです」。「へゝ」と、S、久夫、H、殊《こと》に目下お目出度の仕度中らしい久夫感嘆これを久しくして、秘かにこう思ったというのである。「でんがく餅うまいが、土産には禁物だ」。

上野《うえの》松坂屋《まつざかや》の筋向う、御徒町《おかちまち》寄りの「江戸っ子《えどこ》」へ

江戸ッ子

河岸《かし》を変《か》えよう。「高いが一寸うまいよ」っていうのが食通仲間の評判である「江戸っ子」、下は腰掛けだが、落ついたいゝ店だ。鯉こく（四十銭）車えびおろし合《あい》（六十銭）いか竹の子木《この》め合《あい》（六十銭）穴子蒲焼（七十銭）何《いず》れも量はたっぷり、質《たち》でこいといったすべて食通向きの凝った料理。久夫曰く「女中さんがいゝよ几帳面でね。着物でもきちんときこなして、くずれを見せないし、客扱いも馬鹿に叮嚀《ていねい》で親切じゃないか」久夫が大分《だいぶ》女中さんに気をとられて三杯目をそっと出す時分、Sは「フフ」と苦笑いを洩《も》らしたのである。それも道理、どうやら食べ歩き一行の正体とうに露見《ろけん》に及んでいるものらしいのであった。「あれ食べ歩きの人達よ、ほら日曜漫画の……」女中さん達片隅《かたすみ》へよってひそ〳〵話、「テヘッ、こいつはまずいや」で、一行帆《ほ》を上《あ》げて匆々《そう〳〵》逃げだすことになったが、勘定を済ますと「毎度御贔屓に有難うございます」とばかり、女中さん二人入口格子戸を開けて、両側に立《たち》ならぶと「お静かにいらっしゃいまし」「うへッ」とH気の遠くなるのを「しっかりせよ」と、S、久夫に抱《かゝ》えられて広小路の十字路へ。

根岸笹の雪

第一景　こゝの処《ところ》暫《しばら》くこってりとしたものが続いたので、一つあっさりした名物をということで（仲々《なか〳〵》喰《た》べあるきも楽ではない。読者諸君のお毒《どく》（読《どく》）味《み》にも変化がなくてはいけないなんてことも、これでも考えているんだから）で、根岸《ねぎし》の里は「笹《さゝ》の雪《ゆき》」へと足を伸《の》ばした。処《ところ》が、根岸の里という枠で気分が出るんだが、これが、道路がコンクリートで、街並もモダンなら、どこを索《もと》めてもすっかり昔日《せきじつ》の面影が消え失せているのだから驚いた、これじゃア「御行《おぎょう》の松《まつ》」がかれ朽《く》ちて了《しま》ったのも、蓋《けだ》し時勢を知ったものと讃《ほ》めていゝかも知れないのである。そこで「笹の雪」に上《あが》ったのであるが、これがまた吃驚《びっくり》したことには、こゝへ近頃「ハコ」が這入《はい》るんだと云《い》うのである。成る程云われてみると、姐《ねえ》さんも何処《どこ》か垢抜けているし、久夫が「いまお眼醒《めざ》めなんで……」とせい〴〵扱い馴れたってえ、マセタ処《ところ》を見せようとすると「えゝ、そうなんですよ」澄まし返って笑顔《わらいがお》一つ見せない。久夫全く顔まけの態《てい》（但《たゞ》し久夫は顔負けしてテレたのではないと云う、マセ方《かた》が足りないんだろう）。が、まア折角こゝ迄《まで》来たんだからとSが先頭でトントントン二階奥まった十畳の座敷にM、H四人は押通《おしとお》った。M「淋しいね」姐さん曰く「どうしても晩でないと」H「ダアー」

第二景　十畳の座敷には、先《ま》ず一間《けん》の床の間が型の通りは結構だが、懸物《かけもの》に至ってひどくお粗末である。隠れたる天才筆《てんさいふで》になる一軸《じく》〇円也のそれも三本、肩を並べてずらりと連《つ》らなっている前に「千両」がほこり

を浴びて、ぽっつり赤く投入れてあると云った安直さである、こゝで一わたり「昔はあゝだった」「こうだった」と懐旧談に花が咲いたが、時代とともに、こうした所謂《いわゆる》名物が滅びてゆくのも、(こゝの処《ところ》芝居の科白《せりふ》よろしく)はてぜひもねえ。S「とに角《かく》、飯を」というので、笹の雪あんかけ豆腐ゆどうふ、M「ひやゝっこ」がいゝなど註文を出したが、S「寒かろう」というのでこれがいりどうふに変り、煮豆腐に変じかき玉わんとなって、あらわれた頃には、さっきの姐さんも、不粋の客と見てとってか、今度はお給仕に桃割《もゝわ》れの、久夫曰く「夏川静江《なつかわしずえ》※1に似ているね」の小《こ》

女《おんな》と変じてあらわれた。

第三景　S例の肥満そのものゝような腹を抱えて（まア御行儀の悪い、と云い給うなかれ、Sは一行中での最上君子、Hとともに）伸びをしている。苦し相《そう》に。Mは相変らず茶漬をさら〱かっ込んでいる。健啖《けんたん》振《ぶ》りを誇らかに。久夫、写生帳と首っ引き。Hお上品にお茶を戴いている。S「何《いず》れも結構に頂けたな」と伸びを了《お》わると腹をさすって「流石に味はよい」小女すかさず「毎日おとうふはうちでつくります」M「君が豆を引くんだね」小女「いゝえわたしは……オホホ」S、久夫「ハハハ……」S、久夫その愛嬌がひどく気に入ったらしい。挿絵にもし、この小女の存在が描かれていたなら、久夫この嬌美《きようび》に感嘆したものと、読者諸君推察して下さい。M「チェッ、H、早く幕にしろよ。」H「合点だ」カチ〱、打出《うちだ》しを早めまして幕、四人でお会計は四円十六銭也。「こうしてご飯だけをたべに来て頂けるお客様が、多くなると、わたし共もでよいんですが」とこれは帰り際の夏川静江嬢のお土産言葉。

日暮里、羽二重団子

※1　夏川静枝（静江は旧芸名、1909-1999）大正、昭和期の女優。

日暮里《にっぽり》の「食べ歩き」の愛読者から葉書が舞い込んで来た、そして芋坂《いもさか》の羽二重《はぶたえ》団子の名を知る春日遅々《しゅんじつちゝ》水ぬるむ午後である、例の一行東京駅から省線《しょうせん》※1に乗る、田舎の女学生らしい一団がドヤ〳〵と勇ましく車内に進入、一行圧倒されて隅に小さくなる、麗《うらゝ》かな陽ざしが大東京の上を明るく輝らして、省線の窓をかすめる風も和《なご》やかである。上野に着いて女学生の一団が降りる、ぼんやり窓の外を見ていた先生取り残されて、発車間際に生徒達のいなくなったに気が附き「上野ですか」と隣席の人に聞いて慌てゝ降りて行ったのは御愛嬌、春はどこ迄も長閑《のどか》である。日暮里下車ガードを渡って根岸方面の出口から出る、駅前を横に通る道、かなり賑やかである、岸に沿うて汚い大泥溝《おおどぶ》が、流れるでもなく淀《よど》んでいる、「昔からあるんですが、本当に之《これ》こそおハグロ泥溝《どぶ》と云っても宜《い》い位ですね」Sが眉をひそめる、道を右に取って進む、右側にちんまりとした洒落た門構えの家《うち》、Hが立停《たちど》まって「岡野《おかの》かおるさんの逝《な》くなった、弟さん※2の居た家《うち》ですよ」と若くして逝った劇作家の面影を追憶する様《よう》な調子で云う。閑楚《かんそ》な家《うち》がちらほらと見える、左側に寺の塀があって、道が突《つ》き当《あた》って右と左へ別れる、右へ折れると芋坂、左は寺の門を見て先へ延びている、その突き当りの家は左り半分格子作り、正面に古風な屋台があって、右側に硝子《がらす》の入った障子戸《しょうじど》、庭の塀へ続いている。一寸《ちよつと》団子屋とは気が附かぬ、まして表に酒類販売の看板がかゝって外から見える所に酒樽が並んでるんですからね。

一行通り過ぎようとしたが、葉書の地図で見れば確かに此《こ》の家なので、障子を明《あ》ける。店の土間と庭前《ていぜん》へかけて縁台が数個置かれて、正面の上《あが》り框《がまち》の所で上品なお祖母《ばあ》さんが大きな木鉢を脇に、団子に餡をつけている、一行途《と》まどいして桃太郎の家《うち》へ飛びこんだ様な気がした、庭を見た日当りの宜《よ》い縁台に腰を降《お》ろす、太い柱、天井に見えるはり、上から下りる大戸《おおど》、随分古い家らしい、庭もかなり物寂《ものさ》びて、シーソーが一つ昔ばなれを見せてるだけで万事が大まかな風情に満たされているのが嬉しい。「何だか随分遠い所へ来てる様な気がしますね」Hがのんびりした気持になる。やがて運ばれて来た団子、大きな木盆《きぼん》に一人前餡と醤油と二本ずつ、団子は平べったく延ばされた小判型、先ず餡を口にする、上品な宜《よ》い味である、餅は看板に偽りの無い羽二重餅、しっとりとした歯ごたえがある、醤油の方は宜《よ》い品を使っていると見えてこんがり焼けた風味が棄て難い、一盆《ぼん》代価金十銭也、一行昼飯前だったがかなり堪能する。見ていると一円、一円五十銭と買いに来る客が大分《だいぶ》ある、その度《たび》に桃太郎のお祖母さん大車輪、手が廻らなくなると娘さんらしいの、孫さんらしいのが奥から出て応援する、団子にふくらんだ腹を撫でゝ茶を啜《すゝ》る、暖かい日ざし、見上ると今迄気がつかなかったが上はあけび棚、葉が青々《あお〱》と花も膨らみ、房も大分《だいぶ》に延びている。すっかりのんびりした気持になって表へ出る。気をつけて見ると薄くなった字で「羽二重だんご」と古風な看板が吊るされてある。名

※1　鉄道省、運輸通信省、運輸省時代の官営鉄道の俗称。日本国有鉄道の前身。
※2　岡野馨（1893-1941）は、フランス文学者、陸軍大学校教授。その弟の木川恵二郎（1898-1924）は劇作家、戯曲「破れ暦」の作者。二人の父は俳人の岡野知十。

物とするだけの値打ちがあるのを一行認めて、満足して駅へ。「羽二重だんご」谷中《やなか》、根岸にふさわしい名物である。

浅草味覚極楽

愈々《いよ〱》味覚極楽食通の殿堂浅草《あさくさ》へメグル事となった。食欲頓《とみ》に衰えを来《きた》したS、胃拡張のM、夏痩せのH、食《た》べ歩き開始以来数旬《すうじゅん》、思えばよく身体が続いて来たものである——の三人には今宵《こよい》の浅草は大敵である、極楽ならぬ地獄である。なるべくあっさりと片付けようと云《い》い合さねど同じ思いの三人と小が武「此《こ》の店は知っているよ」「暫《しばら》く来ないが此《こ》の店も変りはないね」であっさり素通り、以下要領よく書きつゞける。

仲店裏《なかみせうら》の「花家《はなや》」「都《みやこ》」「若竹《わかたけ》」は左党の見逃せぬ家、「都」のお竹《たけ》さん文士連折角の結婚禁止同盟の甲斐なく嫁《か》して今無く、「若竹」に押され気味、名村春操《なむらしゅんそう》※1経営の「カフェー春秋座《しゅんじゅうざ》」は手軽な食事飲み物に、家族連にも適するが、少女給《しょうじょきゅう》の洋装は余りに喜劇過ぎる。芝居の閉場《はね》る頃には春秋座の女優さん達の顔が見られる。

※1　俳優。東京都出身。「ノンキナトウサン　活動の巻」などに出演。

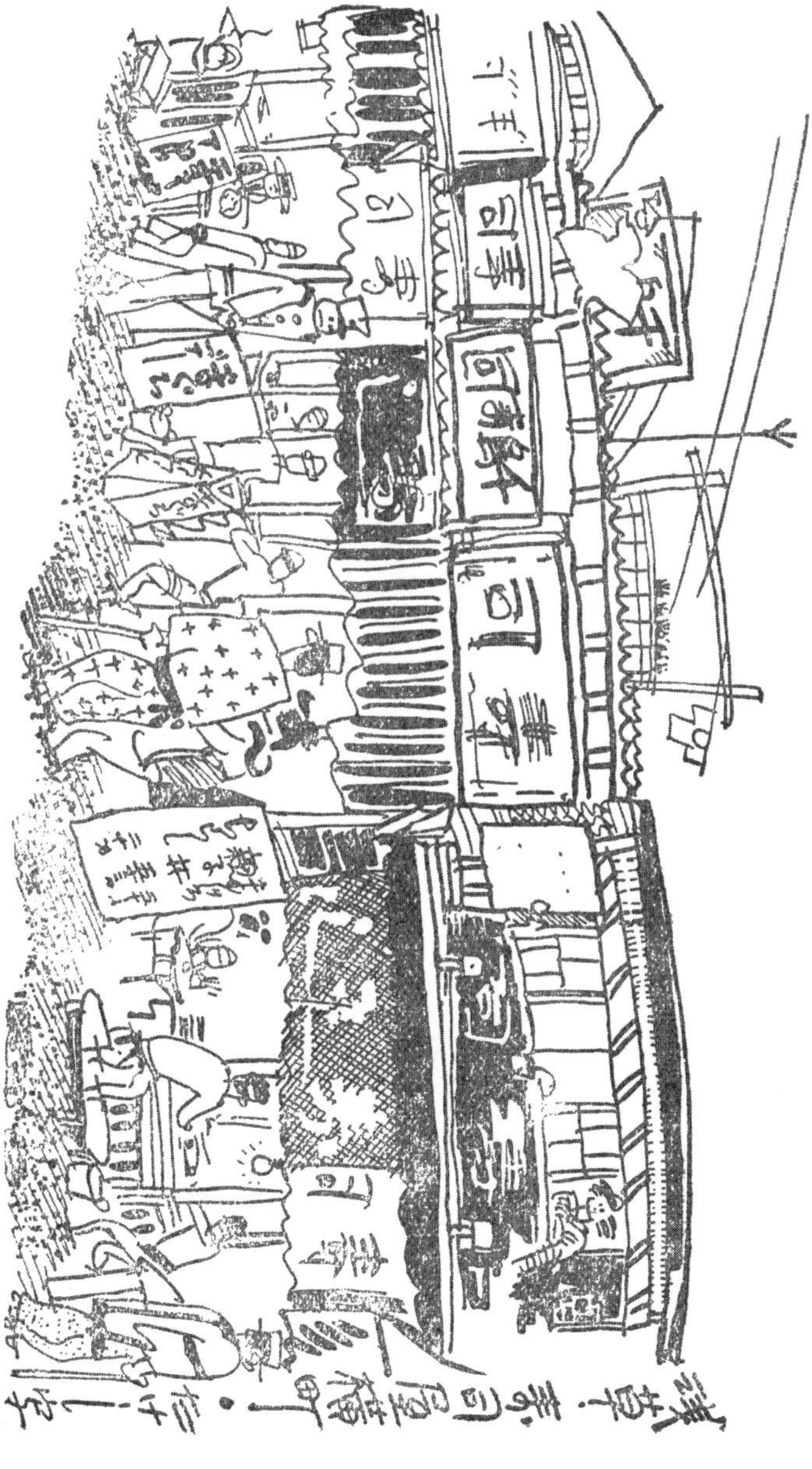

「ときわ」「大増《だいます》」宴会向、家族連にも宜《い》い、伝法院前《でんぽういんまえ》の「大黒屋《だいこくや》」天丼、親子丼の量と質で客を引く。「中清《なかせい》」新築成《な》って馬力《ばりき》をかけて勉強している、自慢の蝦《えび》は昔ながらに美味《おいし》い、「天遊《てんゆう》」も却々《なか〱》流行る。池《いけ》の端《はた》の「白《はく》十字《じゅうじ》」安い洋菓子と飲み物に浅草のハイカラ組の集まる所「万盛庵《まんせいあん》」蕎麦の凋落《ちょうらく》を思わす「來々軒《らい〱けん》」区画整理を終って相不変《あいかわらず》味覚神経と嗅覚神経が交錯して混沌として押すな〱と来る客に混沌たる支那料理を食べさせている。すし屋横丁「すし清《せい》」を筆頭に、ずらりっと両側に、まぐろ、こはだと妍《けん》を競《きそ》う、大概の店が大量生産のせいか、握りに外側の少し固くなった様《よう》なのを食べさせるのは閉口、握りは浅草式で飽《あ》く迄《まで》大きい、公園劇場の前には「須田町《すだちょう》食堂」の建物が、物凄《ものすご》くも大きく聳《そび》える。「五十番《ごじゅうばん》」は少女給の無作法さを売物と考えているのは考え物だ、向側は「上海亭《しゃんはいてい》」鰻の「神田屋《かんだや》」は相当客を呼ぶ、肉屋の「大國《だいこく》」は安いが売り物「今半《いまはん》」「平川《ひらかわ》」も相似《あいに》たり「野田屋《のだや》」は昔日《せきじつ》の評判が無い「宝家《たからや》」の天丼（二十銭）はいつも押すな〱である。「たつみ食堂」「やっこ食堂」「本郷《ほんごう》バー」「野田屋《のだや》食堂」夫々《それ〴〵》客の好みに任せるが相似たるもの「下総《しもうさ》屋《や》」「三好野《みよしの》」は甘党の寄る所「ちんや」は家族連でも入り安《やす》い「オリエント」「よか楼《ろう》」何《いず》れも家族連に不向《ふむき》「三定《さんさだ》」は手軽安直、そばの「萬屋《よろづや》」ソーダ水や、アイスクリームを出す様《よう》になって味も落ちた気がする。鳥の「金田《かねだ》」は東京屈指の店、鍋は他に及ぶ所が無いと云っても過言ではない、「だるま」は早くから家族本位の店を標榜している「秋茂登《あきもと》」「松村《まつむら》」は一部甘党を惹《ひ》きつける。「岡田《おかだ》」「すがの亭」「大金《たいきん》」「一直《いちなお》」「草津《くさつ》」「松嶋《まつしま》」等《ら》の中では昔ながらに「大金」が光っている、改正《かいせい》道路を挟んでうし料理「大川《おおかわ》」鳥の「銀《ぎん》なべ」「すゞめ」「のんきそば」「三勝《さんかつ》」「しのぶ」等々《とう〳〵》。肉屋《にくや》新道《しんみち》の「牛鍋《ぎゅうなべ》」「あづま」安値の量に客を奪い合う。ざっと廻《まわ》って以上、流石に疲れて天麩羅の揚げたてを食べさせる「志美津《しみづ》」へ入る、半分土間で腰掛になっている、五十銭の丼はメゴチ一尾、蝦《えび》二匹、胃拡張のMペロリと平らげて物足らぬ顔、Sが烏賊《いか》、Hが蝦かき揚げ、小武メゴチ、三人で御飯が四杯上シンコで丼と合せて合計一円七十五銭、安くて美味しくさっぱりとして推奨出来る、女中さんもはき〳〵していて中々《なか〳〵》宜《よ》い。「梅園《うめぞの》」はすっかり綺麗になった、昔ながらの小女《こおんな》が一寸そぐわない、汁粉の味は定評の有る所今更ほめるにも当るまい、クリームサンデーに附《つ》けて小型のコップにプレンソーダ水を添えて来たのはうれしいが、唯《たゞ》のアイスクリームにも何なら附《つ》けて貰いたい。歩き疲れ、食べ疲れて一行ヘト〳〵クタ〳〵になって、雷門《かみなりもん》にホット息を吐《つ》く、「思えば果敢《はか》ない」チョン、「身《み》の上《うえ》じゃなあ」大向《おおむこ》う「うまいもん食って、歎《なげ》くなんて贅沢過ぎるぞ」「デハ変って御覧《ごらん》なさい、想った程楽なもんじゃありませんよ」。

仲見世宇治の里

「**プロローグ**」浅草仲店《あさくさなかみせ》のこの人盛りは！　六区映画街《まち》からのさんざめきと和《わ》して、石だゝみを踏む足駄《あしだ》の音の交響楽。一際《ひときわ》突拍子もなく疳高《かんだか》いクラリネットの狂音《きょうおん》は、右手仲店裏の「娘曲馬団《むすめきょくばだん》」の客呼びの楽隊屋《がくたいや》さん。毒々しい絵看板の挑発的センジュアリズム[※1]。肉襦袢《にくじゅばん》一枚の豊麗（？）なる曲線の乱舞、おっと脱線しては一大事、うらゝかに晴れ上った大空には、くっきり高く五重の塔の尖端《せんたん》が大銀杏《おおいちょう》と仁王門《におうもん》と鼎立《ていりつ》して、そこを鳩群《きゅうぐん》が見事な円陣を描いて飛んでいます。仲店右側の横丁、鳥の金田《かねだ》。すっかり本建築が出来上って堂々たる店構え、下足番《げそくばん》のおじさんが端然《たんぜん》と控えているのに、一行少々おそれをなして、素通りを演じて了《しま》った、なんと一行気の弱いったら！

「**君恋し**」宵闇《よいやみ》せまれば　なやみははてなし　みだるゝ　こゝろに　うつるは誰《た》が影《かげ》

桜も散りそめる晩春の浅草街《あさくさまち》はこの一篇の流行唄《りゅうこううた》に近頃の浅草情調を代表されているようです。金田を素通りして了《しま》った、S、久夫、Hは仲店裏通りを漫然と歩き乍《なが》ら「宇治《うじ》の里《さと》」の小粋な店先迄《まで》やってくると、女中さんの溜り場からでしょう。

君恋し　ともしび　うすれて　臙脂《えんじ》の紅帯《べにおび》　ゆるむも　さびしや

メロディが哀切を極めてと云《い》いたい処《ところ》ですが、調子っぱずれの金切声で流れてくるのです。

「**献立表**」にしめ（十五銭）わんもり（十三銭）ゆばうまに（十三銭）かき玉わん（二十銭）茶わんもり（三十銭）ぬた（三十銭）玉子焼（三十五銭）いかやき（四十銭）うまに（四十五銭）さしみ（五十銭）赤貝すのもの（五十銭）すがい（五十銭）はしらわさび（六十銭）親子やき（五十銭）むつの子うまに（五十銭）塩やき（五十銭）てりやき（五十銭）小だい塩やき（六十銭）新栗きんとん（五十銭）口取（一円）きゅうりしんこ（十五銭）

「**お座敷**」　Sが座敷を拝見しようじゃないか、と云うので「えゝどうぞ」の銀杏返《いちょうがえ》しの垢抜《あかぬ》けした女中さんの黒繻子《くろじゅす》の帯に連らなってぞろ〱。四畳半の立切《たてき》った小部屋が内庭《うちにわ》に面して、丸窓《まるまど》をみせて二つ。これから壁を隔てゝ、中宴会場の広間、奥庭《おくにわ》に向いては床間《とこのま》附きの小部屋数種、拭き込んだ廻廊《かいろう》を中に挟んで小座《こざ》敷《しき》の配置はいかにも瀟洒《しょうしゃ》で小綺麗で、存外店の見かけよりは奥行のある小座敷の数《すう》に驚かされます。

「**ぶどう豆**」「おあつらえは？」で、色々一品ずつ取り寄せて見ることにしましたが、お通し物のぶどう豆が洒落ていておいしく戴けたのは嬉しい。ぶどう豆で一ぱい（お茶ですがね）戴いて料理を待つなんて、何処《どこ》

※1　センシュアリズム（感覚主義、官能主義）か。

迄も関西流で乙《おつ》じゃないかとSはニコ〳〵しています。いかやきがうまいと久夫、ゆばうまに、かき玉わん、にしめの高野豆腐等《とう》、こゝの定評ある処《ところ》で流石に戴けるねとS、又ひとしきり女中さん溜り場からは「君恋し」の合唱が……。

八ツ目鰻

春とは云《い》えど名のみにて……歌の文句ならねど、東京名物カラッ風が八百八町を吹き廻って、未だ火の気が恋しいという早春の一宵何の話から飛んだのか、八ツ目鰻の味の可否、思い立ったが吉日《きちにち》、早速今夜試食しようと云う提議に否《ひ》とは云わぬ同行三人、円タク※1雇って浅草目がけて一目散――田原町《たわらまち》で自動車を棄てゝ松竹座の方へ進むと、右側五六軒目の新道の角に目ざす家がある、区画整理が済んだ一画とて、店構いも整い木の香《か》も新しい、大通りに面した方には陳列台に料理一通りの見本が並べられて、値段もつけてある。店を入った所に水漕があって生きた八ツ目鰻が沢山飼ってある。物見高い人が沢山集まって、水族館でも見る気になって、水漕の手すりにもたれてのぞき込んでいる。その中にまじって生まれて初めて八ツ目鰻に見参する、鰻と変らないが、頭が扁平《へんぺい》で、その頭の先の口で岩に吸いつき、岩に吸いつけぬのは、他人様の身体にぶしつけに吸いついている、胸には成る程ずらりと並んだ目の様《よう》なものがあって、薄気味悪い、決して見たら食べたくなる様な代物ではない――処《どころ》か此処《こゝ》迄《まで》出掛けて来た勇気が少しくじけて食欲が一寸《ちょっと》減退した位《くらい》である。見物の集まるのを待って、店の中から男が一人立ち上って「アイヤお立会《たちあい》」とそろ〳〵八ツ目鰻の宣伝を始めそうな様子だったので、効能を聞いて入るがものもあるまいと、御免蒙《ごめんこうむ》って店の中へ入る、土間に卓、椅子が並べられてあって、奥まった所は上《あが》って坐りながら食べられる様になっている。先ずおいしいと伝え聞いた味噌汁を註文する、小さな洒落《しゃれ》た瀬戸碗に入れられて持って来られた汁はドンヨリと薄黒くよどんでいる。汁の上に粉山椒がまいてあって、プンと香味が鼻を突く、勇気を鼓《こ》して一吸《す》い、アッと思った程のうまさだった、第一コクがある、第二今迄の味覚神経がぶつかった事のない様な濃厚な、そして、日本的な味である、大げさに云えば東洋的神秘さを持った醍醐味である。汁の中には肝《きも》が入っていたがこれは鰻より少し淡白と思ったゞけで大した変《かわ》りはない、一碗を勇敢に吸い終った私達の前に、小鍋が用意された、次《つ》ぎに註文した八ツ目鍋？である、ブツキリになった身が皿の上に並べて運ばれた、真赤《まっか》な血が毒々しい、皮の方を裏にしたのは例の八ツ目を気にする人が多いからであろう。取合せに三つ葉、焼豆腐、白滝が型の

※1　一円タクシーの略。大正末期〜昭和初期にかけて、一円均一で市内の特定地域を走ったタクシー。

如く運ばれた、教えられる儘《まゝ》に、身を入れ、取合せを入れ、砂糖と醤油で味を附《つけ》る、やがて炭火はカン〱とおこって、赤い身が段々と薄白くなって来た。煮えたらしいので一片を恐る〱挟んで口へ入れて見る、思ったより軽い味で、鰻よりクドくなく、鱧よりは濃厚だ、身は割合にしまっていて皮はシコ〱して歯ごたえがある、三人の箸が速度を加えられて、鍋の上に交錯した程三人は初対面の八ツ目鰻に、顔見知りせず近づいた、少し煮え詰って来たら、クドクなって来た「八ツ目鰻は煮過ぎたらまずい」などゝもう一かどの通《つう》になった様な事を云う。次《つ》ぎは八ツ目鰻の蒲焼で御飯、之《これ》は黙って食べさせられたら普通の鰻と思わせられるであろう程、味も姿もその儘《まゝ》だ、満腹した三人、生きた八ツ目鰻のお仲間に顔合せるが恐ろしく横手の新道へ出る出入口から表へ。暖まったせいか寒くない「流石は八ツ目鰻だ、身体中が温まった」のだと思いながら、大通りへ出たら真向きに一吹きカラッ風が砂塵を揚《あ》げてビューッ「アッやっぱり寒い今いた所は新道だったのだ。」

米久（本店）

「雲水《うんすい》へ行《ゆ》こう」と病気上りのMが（余程イカモノ喰いにこりたと見えて）めずらしく精進料理を発案したので、久夫にH（Sは本日不参）賛成。車は向嶋《むこうじま》の土堤《どて》を飛んだが、あわれメグリ一行殊勝らしい精進料理には向うから嫌われたと見えて「本日は休ませて頂きます雲水」のお断り書きが門前にチョコナンと吊り下っていた。悪食《あくじき》の仲間正《まさ》に山門に入《い》るを禁じられた次第である。仕方がないので浅草公園迄舞い戻どろうということになった、で浅草公園をぶらりっと一廻りしてから「米久《よねきゅう》」へ上《あが》ろうというので、映画街電気館裏までやってくると「君恋し」の総本家二村定一《ふたむらていいち》※1君が舞台を了《おわ》って、一息新鮮な空気でも入れるつもりでか楽屋入口前で深呼吸をしている。「ヤア」「ヤア」というので、Hがなにやら喋口《しゃべ》っていたが今度は浅草劇場前へやってくると伊井《いい》浪晴《ろうせい》君とレヴィユウの春野《はるの》道代《みちよ》嬢がHをつかまえて盛んに駄《だ》べる、久夫、Hをつっついて春野嬢に紹介しろというのであるが、新婚前の久夫破談になってはとMが心配していゝように久夫

※1 （1900-1948）昭和初期を代表する歌手でボードビリアン。愛称は「べーちゃん」。

を丸めて（久夫曰く丸められやしないよ）米久へ急ぐことになった。

処《ところ》が瓢箪池前《ひょうたんいけ》でいとも奇異な超モボ青年にめぐり遭ったもんで――白粉《おしろい》に口紅、白リンネルのスプリングオーバー。バンドが頸根《くびね》っこの辺りへ飛び上り、覗いているパンツは七八本の足がゆうにすっぽり這入《はい》ろうという大幅《おおはゞ》もの、久夫のカットをご参照願いたいもんで――そいつが意気揚々と闊歩してくるんだから久夫とHが「テヘッ！」とアッケラカンとしたのは尤《もっと》もである。「澤《さわ》マセロ、改名して澤カオル[※1]だよあれは……」とHの註に「あれが……」でM、久夫、浅草モボの奇態に二度吃驚《びっくり》仰天したのである。米久――店も新築なって素晴らしい構えだ「イラッシャーイ」の姐《ねえ》さんに案内されて階下大広間と云うと体裁《ていさい》がいゝが、追い込みの大部屋で、けれど正面大瀧、池水、植込みの妙をみせた（？）庭園の一杯に展《ひら》けた見晴らしのよい一角へ案内されて、先ずは座敷へ収まった訳である。「お酒ですか、おビール？」「ウンニャ」「ゴハン！」この姐さんの大声にイカクされて久夫、M、Hちゞこまって了《しま》う。庭では十四五人の姐さん達のうち手すきの十人許《ばか》りが、「おんぶしてお呉《く》れよ、お玉《たま》さんてば……」なんて奇声を連発して戯《たわむ》れている……「この皮硬いね。皆《み》んな歯が悪いんだから、ヒレを下さい」M最初に来た肉が馬鹿に硬いんで皮肉ると、姐さんイヤな客だねってな顔を見せて、「何人前？」……それでもヒレはうまかった。

※1　浅草オペラなどに出演した俳優。

駒形どぜう

「何処《どこ》へ行《ゆ》くんです?」Hが心配相《そう》に聞く、「サア」Sがニヤリとして隣席の久夫の顔を見る、行先を知ってるMが擽《くす》ぐった相《そう》な顔をする。雷門《かみなりもん》へ向って進んでいた自動車が道路工事の所へ掛って徐行する、「アゝ其《そ》処《こ》々々」Sが運転手に声を掛ける、暖簾に大きく「どぜう」と書いてある店の前へピタリと停る、音に聞こえた駒形《こまがた》のどぜう屋である、Mがイヤな顔をする（註に曰くH長物《ながもの》一切嫌いなり但故《たゞしゆえ》あって絶《た》ち物《もの》としているのかは疑問）、揃って暖簾をくゞる、Mが先ず勢いよく靴を脱ぐ、上《あが》り端《ばた》がグルリと食卓に成って土足の儘《まゝ》でたべられる様《よう》になっているのは随分《ずいぶん》変っている。座敷——といっても大広間一つ——には縦に二筋《すじ》と奥の壁際に横に一筋長い幅尺余《はばしやくよ》の食卓が畳の上に置いてある、元は縫物《ぬいもの》の断ち板の様なのが置いてあったが今は形は同じだが赤銅《しやくどう》張りの厳丈な物になって益々《ます〱》永久性を帯びさせてある、向って右側の食卓の端に四人向き合って坐《すわ》る、食卓は甚《はなは》だお綺麗で無い、前の客の食べ残しらしいどじょうの下半身《したはんしん》がこぼれた煮汁の上に残骸をさらしている。正面に大きくお値段表が掲げられてある、どぜう鍋二十銭、同汁《どうしる》四銭、くじら鍋二十銭、同汁十銭、なまず鍋三十八銭、玉子汁、生玉子各十銭、御はん八銭以上で内容極めて簡単、先ずどぜう鍋、なまず鍋、くじら汁、玉子汁を註文する、四人の前へ二つの混炉《こんろ》が運ばれる、どじょうは小さな鉄鍋の上へ十二三尾《びき》ダシ汁の中に押し合っている、ぐじ〳〵煮えて来た上に、蕎麦屋の薬味箱の様な細長い箱の中から、ミジンに切った葱と、胡椒、唐辛子を振りかけて食べる、流石にどじょうの質も味も宜《よ》い、ふっくらした長さ鉛筆位（職掌柄《しょくしょうがら》だけあるな）のをあぐりと頭から囓《か》じる、たまらない。Hが「浅ましい人達だ」と云《い》った風《ふう》に怖る〳〵SとMの勇敢に食べる様《さま》を横目で睨んで、玉子汁を掻廻《かきまわ》す、久夫は「僕、どじょう位平気さ」と豪語したが、なるべく小柄なのを一尾《ぴき》挟み上げるとおず〳〵と尻尾の方を一口噛むとそっと上半身《かみはんしん》を下に置く、目敏《めざと》く見附《みつ》けたHが「ズルイヤ〳〵」と非難する、久夫「ウ……」と目を白黒さす、なまずもそろ〳〵煮えて来た、妙に骨がいかつい、味は泥くさくって大して有難くない「骨はカルシウムがあっていゝし……」とSが宣伝しながら矢つぎ早にどじょうを口へ運ぶ、Mがそれに釣られて箸を動かす中《うち》カルシウムの固《かた》いのが喉につかえたか、「ウフンウフ」妙な咳をする、カルシウム注入も中々《なか〳〵》骨が折れる。くじら汁濃厚に過ぎる傾《かたむ》きはあるが栄養価絶大という感がする。玉子汁と生玉子でどじょうくじらに辛くも対抗しているHに同情してSM漸《ようや》く箸を置く、三人前数にして無量四十尾、S、Mの腹中に惨《いた》ましくも葬り去られたわけである。カラッ風が広い駒形橋《こまがたばし》を渡って真縦《またて》に吹き捲《ま》くってくる往来へ出て円太郎《えんたろう》を待つ間小楊子《こようじ》を使っていたMが「歯の空間《あきま》がカルシウムだらけだ」とつぶやけば久夫が「本当にねどじょうは骨が多いね」相槌《あいづち》を打つ、H曰く「チェッ、尻尾の先を一口食べただけなのに、豪相《えらそう》な」S「円太郎が来ましたよ」で四人、途中白木屋の地下室のカフェーテリヤへ寄ってアイスクリーム、焼林檎、スチュードプラムを突つき合って仲直り無事散会。

向嶋さくら餅

第一場　言問橋　隅田《すみだ》の流れが近年益々汚濁の色を増してどんより流れている。有名な言問《こととい》の渡しが廃止になって、もとの渡し場と吾妻橋《あづまばし》との中間にかゝった鉄筋コンクリートの巨大な言問橋《ことといばし》「でも素晴らしい橋だわい」と久夫の感嘆の独白《せりふ》があってS、M、H、久夫を乗せた自動車が辷《すべ》るように橋を渡ってゆく。

第二場　堤裏の新開大通り　桜、ボートレースでお馴染の堤は目下工事中で通行禁止、よんどころなく堤裏の新開大通《しんかいおおどお》りを車が走ってゆく。車の目指す目的地は「言問団子《ことといだんご》」である。「あすこが澤田《さわだ》の家」とSが感慨深そうに指《ゆびさ》して見せる。一同の眼がSの指先を辿って飛んでゆく。粋筋《いきすじ》の家が大分《だいぶ》ちら〳〵と見える。

第三場　「言問団子」店の前　メグリ一同唖然たる形で幕があく。言問のお団子屋が、これはしたり、言問橋と同じ鉄筋コンクリートの二層建、がちとした洋館で目下普請中、近く開店の旨の看板が埃っぽい陽を受けて立っている。普請中ではよんどころない。(今はもう出来上《あが》ったろうが)では何処《どこ》へ行《ゆ》こうかと一行顔を見合せると、Mが団子屋前の交番へ飛んでゆく。

第四場　交番前　M「この近所に長命寺《ちょうめいじ》の桜餅っていう名物がありましたが……」巡査「そこじゃないか！」M「へえ？」巡査「解らん奴だな、そこだよ」M「あの……ハイカラな洋館が……？」巡査「そ、そうです」M「いや、どうも」

第五場　長命寺桜餅屋の前　言問団子の真向《まむこ》うを鍵の手に曲った処《ところ》が、舞台から遠景に言問団子屋も見える。久夫頻《しき》りに写生している。H「こりゃなんと、こゝも分離派式のコンクリートの洋館建か」S「桜餅の看板が横書きのハイカラ文字で小さいが出ているからいゝようなものゝ、これがなかったら、洋食屋かなぞと間違えて了《しま》う」一行重ねゞゝ茫然たる態《てい》で、こわゞゝ洋館の戸を引《ひ》いて這入《はい》る、舞台暗転。

第六場　同店の内部　未だ店の内はすっかり出来上《あが》っていないらしく、テーブル椅子などの設備なく、コンクリートで固めた六坪程のがらんとした広場、壁際に畳つきの腰掛、これへ苦しそうに四人が腰を下《おろ》している。箱に総計九つ也の桜餅が入って二箱。束髪《そくはつ》の年齢三十五六のモダンおかみさんによってサーヴされる。S、M「うまいね」H、久夫「うん」桜の葉の匂いがぷーんとほのかに四人の鼻を衝《つ》く。流石にうら懐しい淡い感情を呼び醒されたように、暫《しば》らく一同沈黙、勘定は四人前桜餅十八個お茶附きで四十銭。おかみさん「なにしろ堤が御覧の通りの工事で、四月一杯は続くというのですから、この分じゃ花時《はなどき》の商売も上《あが》ったりですよ」S「この店の裏手辺りに長命寺は未だあるんでしょうね」おかみさん「えゝ、もう名ばかりですよ」S「いや、どうもお邪魔しました」「おそまつ様で」の声に一同送り出される。

第七場　長命寺墓地　桜餅屋のすぐ崖下。幾多故人の石碑が雑然と塵埃《じんあい》にまみれてならんで居る。有名な長命井戸がこれもくちかけて残骸を白日にさらして居る。凡《すべ》てが滅びゆくものゝみじめさを感ぜしめる。

大詰　堤の上　S、M、H、久夫、川に面して立っている。「これじゃ懐古趣味もなにもあったもんじゃない。総てが驚く計《ばか》り近代化だね」とS。「どんな河畔公園がこゝへ出来上《あが》るものかなア」M。と堤一面には土《ど》工《こう》の群《むれ》が懸命に立ち働いている。桜の若木も土工と一緒になって埃にまみれている。S「時勢とはいえ、この堤《どて》の……」M「昔を偲《しの》ぶすべもなく」H「変り果てゆく姿こそ」久夫「哀れ儚《はか》なき」一同「ものだわイ」で、ひょうしぎ幕といたしましょう。兎《と》に角《かく》隅田の堤一円の変り方《かた》には杖《つえ》をたのみに持参でもしなければ、お年寄りの方は腰を抜かして了《しま》いますと一言附加《ふか》。

向嶋雲水

先日、はる〴〵出掛けたのに「今日は休ませて戴きます」を喰《く》って引下《ひきさが》ったメグリ一行、初志貫徹の意気込で陣容を整え再び向嶋《むこうじま》へ。言問橋を渡って左に折れ、三圍神社《みめぐりじんじゃ》を左に見て長命寺《ちょうめいじ》の角から土手に出る。行《ゆ》くこと二三丁、左側の土手下に風雅な門構え、建札《たてふだ》に「雲水《うんすい》」とある、一行ぞろ〴〵と門をくゞる、「今晩は宴会で貸切ですから」左手の板場《いたば》？　から主人らしいのが声をかける、一行唖然、よっぽど精進に縁の無い生臭い一同と見える。土手の上に戻ってどうしようかと鳩首協議《きゅうしゅきょうぎ》、思い切れぬH、思いこんだ風情で独り戻って門をくゞる、待つ事寸時《すんじ》、どう外交手腕を発揮したか「オーライ」と土手下からさし招く。門をくゞると風雅な庭、左手は建て増したと見える新築の座敷、宴会のざんざめきが障子を洩《も》れる、右手の座敷へ案内される、上《あが》った所の狭い部屋に力士連中が五六人窮屈相《そう》にしている、その隣りの六畳、つまり力士連中の合宿部屋に通された訳である、床の間に黒塗りの葛籠《つゞら》が積み上げられている。出された座蒲団もちぐはぐで万事甚《はなは》だ殺風景だが無理に割り込ませて貰った手前、一同殊勝らしく、いつもなら口喧《くちやかま》しい不平も言わぬ。うす汚い灰色の腰衣《こしごろも》を着た小坊主が、先《ま》ず薄茶《うすちゃ》と「松風《まつかぜ》」を持って来る。茶碗は黒地で一様に富士山の絵が箇略に描かれている。順々に運ばれて来た料理を列挙して見ると。酢の物（胡瓜、ウド、きのこ）お多福豆、吸物（ウド、海苔、みょうが、椎茸）甘煮《うまに》（竹ノ子、椎茸、生麩、高野豆腐、ゆば青豌豆《あおえんどう》）吸《すい》とろ、三ツばしたし、野菜各種かき揚げ、漬物、という内容で酢の物は砂糖が勝ってか少し悪甘《わるあま》くお多福豆は反対に甘味《あまみ》が少く、吸物は先《ま》ず〲、甘煮は高野豆腐、ゆばの具合も先ずいたゞける、吸とろ普通、野菜かき揚《あげ》は分量豊富、中へ充分火が通らないのが二三あったのは遺憾、兎《と》に角《かく》分量は豊富、たいしてうまくなくとも一寸《ちょっと》変った精進料理、一度は行っても

損はありますまい、給仕の小坊主、とても無愛想で運んで来た品をほとんどつきつけんばかりだが、その風貌、態度一脈の禅味《ぜんみ》が有《も》って却《かえ》って嬉しい、その一例として一同との会話の一節、S「この品（丼を指して）の名はなんというんだね」小僧「どんぶりです」S「料理の名だよ」小僧「精進料理です」M「君怒ってるんじゃあないかい」小僧「怒ってません、なぜですか」M「ウ……」久夫「眠いんだろう」小僧「眠くありません、なぜですか」久夫「ウ……」小僧「明いた鉢を此方《こっち》へ返して下さい」で一行完全に牛耳られて二の句が出ず退却、持って来た請求書印刷した位牌《いはい》の中へ金四円六十銭也と戒名風に書いた物。M「君にチップ、じゃないお布施っていうのかい、上《あ》げるのかい」小僧「要りません」S「マアそういわず取っとき給え」盆の上に残された銀貨を受取って相変らずの仏頂面で黙々《もくもく》と引下《ひきさ》がる、一行隣りの部屋の力士連中に「お邪魔さん」と声を掛けて庭に出る、板場からか何所《どこ》からか姿は見せぬが「有難う存じます」と二三人の声、エ、びっくりさせる、すっかり暗くなった向嶋土手、玉《たま》の井《い》通いの乗合《のりあい》自動車が時折《ときおり》凸凹《でこぼこ》の道を輝《てら》し出してゆく他《ほか》、昔ならさしずめ、辻切《つじぎり》、追い落としでも出そうな淋しさだった。

新宿駅附近

夕方からメグリの一行新宿《しんじゆく》へ車を飛ばせた、帰途MとH、図《はか》らずも矢張《やは》り車のことで非常なる不快を感じるに至るなど夢にも知らずに——新宿の夜、今更乍《なが》ら土地の発展とおびたゞしい人出に驚嘆する、夜店の賑い、軒を並べた飲食店、明治製菓が小ざっぱりした店構えで繁昌している。Sがホットランチ（五十銭）これはオムレツ・オン・トーストと云《い》ったようなもので、これにコーヒー附《つ》き、少々値段程の食べものではない憾《うら》みがあった。Mがコールド・ランチ、これはハムサラダにパン、牛乳付《つき》で（五十銭）これも余り美味し相《そう》な喰《た》べっ振《ぷ》りでないのをHは傍観していた。

M「但《たゞし》牛乳だけは流石に自慢ものでいゝ、サラダのバナヽには悩

まされた」こゝの二階には中央亭《ちゅうおうてい》の別店、筋向うに有明堂《ゆうめいどう》、上海料理の「芳明《ほうめい》」「吾妻《あづま》バー」が如何《いか》にも大衆食堂らしく、三好野《みよしの》がこれまた氷あずき等々《とう〳〵》に人気を集めている。同様にフク家《や》。旧武蔵野館《むさしのかん》横には銀座毛利《もうり》の売店。純然たる大阪式、或《ある》いは大阪好《この》みといってもいゝカフェー、ミハト。不二家《ふじや》は武蔵野館帰りのモボ、モガを集める、早川亭《はやかわてい》の真向《まっこ》うには万亀《まんかめ》食堂が百貨店式食堂振りを見せ、中村屋《なかむらや》がカレーライス一円で「どんなものだ」と云った感あり、高野《たかの》フルーツ・パーラーが一休みには好適、東京《とうきょう》パンが軽い食事を採《と》ろうという客に喜ばれている。Hと小ガ武、ランチ（五十銭）「ハムライスとボイルした鮭一切れ、パン、コーヒー付き、これも五十銭のランチとしてはお粗末過ぎはしないか」と小ガ武呟《つぶや》けば、H「確かにね。それに男暮しにうじが湧くとかなんとか云うが、どうも床やテーブルが小汚い」次は、一同新宿駅脇の「模範家庭料理」と看板をかけた日魯《にちろ》食堂階上の一隅《いちぐう》に陣取る、日魯ランチ（五十銭）は芙蓉蟹《ふようはい》に貝のサラダにライス、コーヒー附きで、量質ともに先ず申分《もうしぶん》ないようで、M、Hがカニ焼飯（三十銭）にサーモンコロッケ（二十銭）焼飯は大変おいしかったが、久夫もM、Hのカニ焼飯に食指大いに動いたか、「ねえSさん、われ〳〵も焼飯をもう一皿喰《く》おうではありませんか！」で、図《はか》らずも平常《へいぜい》小食家をもって鳴《な》る久夫こゝに俄然《がぜん》驚くべき健啖振《けんたんぶ》りを発揮してSを煙にまいた、なお郊外発展の中心地、新宿のことゝてその他喫茶店、小料理屋、氷屋、寿司屋、そばや、ずらりと盛観を極めている、到底一軒々々の評判は書尽《かきつく》せ相《そう》もないのでメグリその発展振りを一見して引きさがることにする。と、帰途である、不快至極の事件がMHの身にふりかゝった。場所は新宿駅の然《しか》も駅公認自動車。それがずらりと並んで、焉然ポン引《びき》の如《ごと》く「自動車ですか〳〵」と客を呼んでいる、MH遂に公認と云うので安心もし構内タクシーに乗る気になって白山《はくさん》迄（事件の正確を期するため明記して置く）いくらだと念をおすと「安くして置きます。八十銭」MH流石に公認だけにボラないと安心して車内に乗り込む。M「八十銭とは安いね」と、ポン引——いや乗客係の件《くだん》の男に云えば「八十銭、じょう談でしょう一円八十銭ですぜ」と来た。M「一円がつく、いま八十銭だと云ったじゃないか」ポン「じょ、じょう談でしょう……（この男人間万事じょう談だとでも思っているらしく盛んに連発する）じょう談でしょう。白山まで八十銭で行《ゆ》かれるもんですか」M「じゃアよそう」変なトリックが気にさわってMH車から降りる。こゝには駅公認として実用、構内、東電、公認の四タクシーが

一列をなして列《な》らんでいるのだが、今度はH、左端《さたん》の公認を呼ぶ積《つ》もりでH「その車空いてるかね」と尋ねれば、公認タクシーの運転手MHと構内タクとのいきさつをさっきから横眼《よこめ》で見ていたっけが、そこは商売上の歩調一致とでも心得てか「エヘッヘエ！　こちらは高級車です」と云う。構内タクと物別れをするケチなお客は、こちらでもお断りだと云わぬ許《ばか》りだ、その上電車停留場へ引《ひ》っかえして行《ゆ》くMとHの後から、一《ひと》溜《たま》りとなった乗客係運転手助手諸君、大声あげて「ヤァーイ」「誰が白山迄八十銭で行《ゆ》くか」「とんちきめ！」と絡《から》んでからかってくる。これが郊外発展で重要位置を占める新宿駅、その門戸に列ぶ交通機関の一つ、民衆化しつゝある自動車やの態度かと思うとぞっとした。あの踏切りの危険注意の立札を移してせめて婦女子のためにもこの自動車溜《だま》り場傍《ばわき》へ立てゝ置きたいものだとしみ〴〵感じた。

新宿三越分店

お恥しい話だが（たいした恥でも無いかな）此《こ》の店へ入るのは始めてゞある、その始めてが食べ歩きのお役目の為《ため》とは、大三越《だいみつこし》の支店に対して少しく敬意？を失する話、入って見て驚いたのは案外に店内の狭い事と、狭い所に何でもかでも置こうとしているため、総《すべ》ての商品が豊富でない事である。オヤ入るなり飛《と》んだ脱線をして了《しま》った、行《ゆ》く先は五階の食堂だっけ、エレベーターの前の狭い場所の押すな〳〵に閉口して、一行四人目白押しに階段を登ってゆく（目白押しの表現が大袈裟じゃあないんだ、階段が狭過ぎるんだ）辿り着いた五階、半分が浴衣の陳列で半分が目指す食堂である。入口が両側に狭っこく着《つ》いているのは狭い所を猶《なお》一層狭く思わせる。正面入口と想われる方へ廻《まわ》る、満員と成ると閉めて了《しま》うらしい入口の扉が寄せかけてあるのに「売切れ」の札が取付《とりつ》けたまゝ附《つ》いているのは入る人に妙に他所《よそ》々々しい感じを与える、見えぬ所なら兎《と》も角《かく》どうしても目に入る所に麗《れい》々しく附《つ》け放しになっているのは一寸《ちよつと》した事に手を惜んでいる様《よう》でみっともない。食堂へ入ると、左側にお定まりの見本棚、洋食はカレーライス一品で代表させて、簡単に片附《かたづ》け支那料理は全然ないので甚だ淋しい、その代りにそば類が申訳的《もうしわけてき》に並べられて肩身を狭く控えている。先ず試食する事にしてSは茶めしおでん（三十銭）Hはお弁当（お碗付五十銭）Mは天麩羅そば（三十銭）を註文する。先に札《ふだ》を買わずに註文品を持って来る時に札を置いてゆくのが松屋高島屋などゝは変っている、卓の上のお茶は客毎《ごと》に持って来る、土瓶もお茶碗も仲《なか》々しっかりしている、お茶の味も之迄《これまで》の店の中で一番良い、先ず此《こ》の辺は感心する。テーブルクロースも割合に注意が払われていると見えて相当綺麗である、女給の外《ほか》に男ボーイがいて何かと女給の至らぬ所に気を附けている、年配の婦人の監督もいて取締っている。目の早い久夫が女給のエプロンの後に垂れた両肩から来ている紐の端《は》しを女給の夫々《それ〲》が持《も》ち扱《あつか》った様《よう》に、円《まる》めてみたり、バンドに挟んで見たりしているのを気にする。受持《うけもち》の女給をつかまえて早速臆面もなく（得意の）そのわけを尋ねる。「エプロンを度々《たび〱》洗濯に出すものですから、ボタンが取れて了《しま》うのです。本当はボタンに嵌《は》めておくのです」とこの女給さん言語明晰はき〱した態度で答える、流石《さすが》の久夫顔まけのした態《てい》で「僕もそうだと思った」ですって。洗濯結構、清潔結構だがボタンのある所へはボタンを面倒でも附ける様に気をつけてやって下さい、監督の小母《おば》さん、でないと可哀相に可愛い女給さん達、ボタンに収められない紐の端《は》しを案配《あんばい》するのが一苦労でしょうから。註文の品々卓の上

に並ぶ。S「茶めしの御飯がおいしくない」H「僕の御弁当も不味《まず》い」M「おそばの汁が辛い、量が少い天麩羅の蝦《えび》は申訳ばかり、おそばもポツン〳〵だ」清潔さと女給さんの態度、お茶の味に感心していたのが肝腎の食べ物にぶつかって五割減、此《こ》の店だけではない、どの百貨店の食堂もそうだが御飯のたき方、味に不親切なのは一考を煩《わづら》わしたい。お弁当、そばの分量に満足しないHM今度はHがくず餅（十銭）Mがおだんご（十銭）を註文する。M「おだんごは見本棚で見たゞけの方が値打《ねうち》がある」H「このくず餅は傑作ですよ。一つ食べて見給え」M「ウムこれは上等だ、これの方がよかった」と陳列の見本に誘惑されてだんごを註文して了《しま》ったM残念がる。M「だけど黄粉《きなこ》が少し塩からすぎる、砂糖を恐ろしく倹約したものだなあ」H「つまり我々を甘く見ないわけさ」お客に女学生の多いのが目立つ。こゝが多分彼女達の安易なお茶のみ場所となっているのであろう。

ほてい屋

ほてい屋の食堂も五階にある、H「どうも百貨店が食堂というと建物の上の方へ設けるのは、どうかね一ケ所位《ぐらい》二階あたりへ食堂を設備した店があってもよかろう」S「云《い》わば食堂の進出ですね、百貨店の食堂と云うものは最初ほんの試み的に設けたのが今日の発達を見たのだから、自然位置も不便なわけさ、しかし今日のように繁昌しては、もうそろ〳〵下の方へ降りて来そうなものだね」M「それにいずこも同じ献立でね。が、まアこの豊富さを見給え食品八十品にナン〳〵としている」成程こゝの見本棚は食べ物の百貨である、支那五もくめし（三十五銭）など盛り上るようなゴハンの山である、Sはお好みずし（四十銭）と支那そば（十五銭）Mは支那ランチ（五十銭）Hはランチ（五十銭）久夫はアイスクリームを試みることゝして食卓に就く、S「女給さんをご覧なさい。あの服はどうです」M「ひどいなア」H「ベツ〳〵」破れたり布を当《あて》たりそれもさっぱり洗濯でもしてあるならまだしも、いろ〳〵の汁でよごれくさった服に不粋《ぶすい》なエプロン、穴のあいた靴下と一ケ月も磨いたことのないような靴、その上御丁寧に片手には煮出したような手拭いをぶらさげている。H「これじゃア食欲がなくなる」S「むしろ女給さんが気の毒な位だ、恰度《ちょうど》あの服は連隊旗のように如何《いか》に彼女達が勤勉なるかを立証するようなものだがしかしこゝは食堂だからね、監督の不注

意も甚だしい」M「先ずサーヴィス零点と云う処《ところ》だ」全く感じが大切な食堂のことだから、如何に薄利多売の実利主義のほてい屋でももっと責任者の周到な注意が欲しい。

M「支那ランチ、内容から云ったら先《ま》ず結構、五十銭相当の喰《た》べ物だろう、但《たゞし》シュウマイだけは与太《よた》で頂けない」S「お好みずし、まぐろとてっかの盛合せ、支那そばも先ずはよかろう」H「ランチ、五十銭は値打なし、洋食だと思うと大間違い。もっとコック場の改良が望ましい、大体こゝの食堂に限らず洋食はどうも感心されない、それにお値段も（甚ださもしい量見《りようけん》と笑われるかも知れぬが）一々《いち〱》数え立《たて》て見るとそんなにお安い方ではないようだ、例えばこの洋食——なにもこの店の洋食に限らず、凡《すべ》ての百貨店の洋食——は、これが洋食屋として店を張っている処《ところ》の品物だとしたら、恐らくその洋食屋は客足が少しもつかなかろう」客が余りに百貨店は（安い）と云うあやまった先入観念にわざわいされ過ぎているのと、今一つ安易な心持《こゝろもち》で這入《はい》れるためにお客がなだれるように集まるものだからいゝ気になって改良しようとしない当事者の良心を呼び起したい。H「それにコーヒーもシロップ使用は是非廃止してもらいたい。十銭は安いと思う人があるかも知れぬがシロップ使用で十銭は決して安くはない、店構えその他凡《すべ》てに気の利いたほていい屋だ、是非《ぜひ》〱洋食部と飲料水だけはせめてなんとかして欲しい」S「卓上に胡椒七色《なゝいろ》唐辛子など用意して置くのはこゝの食堂だけらしい」M「結構ですが容器をも少し小綺麗に……蓋のないものもある」S「註文を長く待たせないのはいゝ」MH「賛成」——註現在は増築されて場所もずっと広くなり、服装などもさっぱりして非常に気持よくなった。

京王電車地下室食堂

いつぞやの新宿の三越分店へ行った帰り覗いて見たが満腹の為《た》め、視察する勇気を失って帰って来た京王《けいおう》電車《でんしゃ》の地下室食堂を今日槍玉に挙げようと一行四人省線《しょうせん》を新宿で捨てるなりSの発案で駅前から京王電車に飛乗《とびの》る、車中美人多し、切符を切る一区二銭、四人締《しめ》て計八銭「安過ぎらア」と久夫とMが顔見合せてニタリとするとたん既に終点出口は此方《こつち》へと導かれて階段を下りると地下室左側に食堂とある。入る人と出る人とのごっちゃになるのを除くためかこの出口は一遍《ぺん》階段を降りて更に又階段を登って表へ出る仕掛《しかけ》、かなり頭の悪い設備である。オヤお役目は食べ歩きだったな、その電車から降りると厭応云《いやおうい》わさず前を通らせる入口正面に見本棚、食べ物で中へ釣ろうというのが露骨に見えて一寸《ちよつと》不愉快だ、狭いから無理もないが何とか配置を考える事だ。天井は夕顔棚の装飾、M「夕顔棚とは智慧《ちえ》がないね」と見上げたが「アッ取消し、智慧が有り過ぎる、見給え夕顔棚は天井に縦横に張ってあるスチームその他のパイプ線のボロ蔽《かく》しだったのだ」H「夕顔棚は宜《よ》いが天井から釣《つる》されている蠅取紙は厭《いや》だな」S「でも蠅の多いよりはましでしょう」久「昔から新宿は蠅の名物ですよ、馬方《うまかた》が馬に附《つ》けて来るんですね」呑気な久夫は馬が地下室へライスカレーか何か食べに来る様《よう》な口振りで言いました。S「女給さんは仲々《なか〳〵》小ざっぱりしている、真白《まつしろ》な靴、真白な靴下、感じが宜《い》い」M「然《しか》し服の格好は面白くない」久「どこの食堂でも余りごて〴〵と飾り紐や襷《たすき》をかけさせ過ぎている」H「女給さんの顔を見給え皆家庭向《むき》だよ」久「成程皆小粒揃いだが、良妻賢母になる相《そう》を備えている（小さな声で）だから余り綺麗でないね」S、M（共に独り者に非《あら》ず）「この方《ほう》が宜《い》い」（でもないでしょうと久夫つぶやく）註文に依って運ばれた品々卓上にワンサと並ぶ。S（ランチ五十銭）「大皿に魚のハツシ、ミートパイ、コールドビーフ、サラダ、別にパン二切《きれ》、バタ附《つき》、林檎一個、冷しコーヒー、何しろ安い、味も相当だが、但《たゞし》サラダは零点《れいてん》、林檎は小さいな」M「僕は桜ん坊かと思った（半分食べて見て）だが味は仲々《なか〱》宜い、僕

の受持スブタ三十銭、御飯一皿五銭、スブタを洋食の汁皿《しるざら》へ入れて来《き》た所仲々《なか〱》洒落《しやれ》ている、豚の味は宜《い》い、然《しか》し汁が多過ぎる」H（ヤサイサラダ三十銭）「Sと同感、変味《へんみ》し易いマヨネーズソースを夏場に使うなど頭がないね」久（カレーライス三十銭、フルーツポンチ二十五銭）「カレーライ

スに添えて別の器にラッキョ、紅生姜、福神漬をフンダンに持って来て呉《く》れるのは嬉しい。冷たい水を備えたも宜《い》い、然《しか》しカレーをいきなり真向《まつこう》にライスの上へぶっかけられたのは一寸食欲を減ずる、フルーツポンチは先ず値頃かな」西洋料理二十四種皆二十五銭均一、支那料理九種三十銭均一は宜《い》い、支那そば十銭も安い、他の百貨店食堂と違って生ビールから洋酒、日本酒カクテール迄《まで》揃って居《い》る所《ところ》左利きは安心、それに午前七時から十一時迄特別朝食スープパン外《ほか》一品附《つき》三十銭というのが気が利いて居る。朝早く郊外から出て来る独り者には便利である。少しほめ過ぎた（でもないかな）傾《かたむ》きだから悪口《あくこう》一言《ごん》、ボーイ頭《がしら》みたいなモボが客席近くで煙草《たばこ》をふかして居たこと、会計の網の中に居る係が払いに行く度にひょっと顔を表わして客席をねめ廻すこと、感じ悪し以上。いつぞや女給の服装の汚いのでこき下《おろ》したほてい屋がどうなったと云う興味を抱いて一行、ほてい屋食堂を覗く、お馴染の卓上の七色唐辛子入れがなつかしい、女給さんは皆清楚な夏服に変っている、持っている布にもふきんという字が鮮かに見える。女給さんの監督の小母さんが見廻って手の至らぬ所を手伝っている、男ボーイの姿も見える、一同すっかり安心、それに風通しがよくて仲々《なかく》涼しい。

丸ビル丸菱食堂

見本棚の前。S「Hの云《い》い草じゃアないが、このカレーライスの見本は見たゞけで食欲が減殺されそうだ。さア夫々《それ〴〵》見立《みたて》たり〱、先ず小生は鳥鍋（五十銭）としよう」M「余り食欲もないから、ちらし五もく（三十五銭）」H「支那ランチ甲乙あるが、シュウマイ・ランチ（五十銭）を戴こう」N「洋食ランチ、これも二種あるがB（五十銭）とする」久「いなりずし（十銭）とクリーム・コーヒー（十五銭）」S「見立てが済んだらと……（食券を買う）……さア席へつこう」食堂内。S「どうですね。こゝのテーブルは石だが」M「矢張《やは》り木でクロースをかけておく方がいゝ。本格的で」H「それに落ちつけてね」片隅にすしの屋台が出来ている。立ち喰《ぐ》い相当に繁昌しているのが嬉しい。給仕の一少女五人の夫々《それ〴〵》違った註文を間違いなく運んで来る。M「頭はいゝね」H「先《ま》ず満点だ。けれどこうしてひと渡り見廻すとこゝの少女はマセてるよ。それにどうやら不良じみたのもいる――つくりがね」S「丸ビル・タイプだよ」M「確かにね」S「瀟洒《しょうしゃ》なワンピースの服は結構だが裾が馬鹿げて短い」M「恰度《ちょうど》伸びる盛りだから」H「それにしてもヒザッコゾがむき出して後《うしろ》の尻切《しりき》れとんぼのような裾から下着が覗いている、なんかどうにかして貰いたい」久「桃色の靴下でも穿《は》かせておけば受けるぜ」M「正《まさ》に久夫趣味だ」N「煙草ご自由もいゝじゃアないか。我々愛煙家には？」……この処暫《ところしばら》く食事中。食後、S「鳥鍋は味は悪くはないが、ニューム※1の鍋には感心しない、お鍋の中に閑散と肉がころがっているなんざ確《たしか》に食味をそぐね」M「ちらし、見た目も華やか、使っている材料も宜《い》いが、かまぼこの薄いのは当世の人情の如し魚の味つけ今一工夫、御飯は先ず〳〵、盛《もり》は手頃」N「シチューに飯を盛上《もりあ》げたBランチは結構戴ける、汁もうまいし、肉も柔《やわらか》い、但《たゞし》飯の盛り方は少し足りない、まだあと稲荷鮨が三つ位《ぐらい》平気で喰《た》べられる、まあお茶でも飲んで我慢しとこう」H「支那ランチはシューマイ五個に肉団子七個、これに豚の肉切れ一個、青豆五個の汁碗、ご飯つき。先ず汁碗はスープの積《つも》りだそうだが評する価値はない、シューマイは先ずMの云い方を採って及第、肉団子はあくどい紅色《べにいろ》がいっていて眼に不快だし、喰《く》い割《わ》って見て一層いやだ」久「飲みものは普通」H「で

※1　アルミニウムの略。

もないでしょう。二三日前冷《ひやし》ココア（十銭）を飲んだが、ひどく悪あまかったもんだが……」久「うん、程度を低めての普通だが、悪く云えば確かに悪あまくて、クリームコーヒーとは云ってもシロップにコンデンスミルクを交《ま》ぜたものさ」S「いなりずしは、パラピン紙に包んで箱入りになって、仲々《なかなか》凝ったものだが、味は……」久「別にとやかく云う程じゃアなく、一寸郊外へでも遊びに行《ゆ》くにお弁当代りにいゝと云う処《ところ》でしょう。五個這入《はい》っているが、包みはドウナツの袋入りでも真似て見たらしいなア。思いつきじゃアないですか」そこへ女給監督らしい娘さんあらわれ無言の裡《うち》にアイスクリームを置いて行《ゆ》く。S「とう〳〵我々の正体が、露《あら》わされたよ。早く退却しよう」人相書きで手が廻ってか丸菱食堂こゝ二三日警戒していたらしい。

丸ビルの地下室食堂、花月と中央亭

余り高い所に在る食堂ばかりも倦《あ》きたから……というわけでもないが、今日は方面を変えて丸《まる》ビルの地下室、花月《かげつ》と中央亭《ちゅうおうてい》を訪れる事にした。約束の時間になっても顔を見せぬ久夫を待ちあぐんで、S、H、Mに飛び入りKという四人連で出発、丸ビル内の十字路近くへ差掛《さしかゝ》ると、ヒョッコリやって来たのが久夫、一行の顔を見ると慌てゝ退却、横道から逃げるは〳〵跡白浪《あとしらなみ》。S「遅れたので合せる顔がないと思ったんだろうか」H「花月か中央亭かに行くのにバツが悪い事があるらしい」M「丸ビルというと一緒に来るのを嫌う所、ハテ面妖《めんよう》な」痛くない腹を探られる原因を撒いた久夫を、その儘《まゝ》に、一行地下室へ。先《ま》ず向い合って同じ構えの右側花月からと見本棚の前に立つ、見本棚が奥の方に在って、品定めをするのが、客の一部と、札売場《ふだうりば》のお嬢さん達から後横《あとよこ》が見られる感じなのは宜《よろ》しくない、品数はこゝ数日来《すうじつらい》百貨店の食堂のそれを見慣れた目には甚だ淋しい、食券買って奥へ、通りすがりのボックスに松竹蒲田《しょうちくかまた》の女優、松井潤子《まついじゅんこ》、瀧田静枝《たきたしずえ》の両嬢が何かパクついているのが目についた。塗り物の卓、拭くのが行届《ゆきとゞ》かないと見えて、種々《いろ〳〵》のものが附《つ》いているのが見える。そして折柄《おりから》の梅雨空、ベト〳〵する感じは不愉快至極、天井の低いのは致し方なしとして、装飾その他ほんの間に合せ、高級居酒屋と云った程度、その高級もハイクラス万歳のハイクラスに準ずべきものだ。S弁当（三十五銭）「御飯は流石に百貨店のよりは美味《おいし》い、お菜も値段丈《だ》けのことはある」Kうな丼（六十銭）「私の御飯は柔かい」H天丼（五十銭）「天ぷら落第、御飯は普通」M鶏そば（五十銭）しゅうまい（二十銭）「鶏は糸の如《ごと》く細いのが数條玉葱とどういうつもりか千切の大根（それもすの立ったもの）沢山、そばは豊富だが、味は変に悪甘《わるあま》い、百貨店に於《お》ける最悪の支那料理に兄たり難く弟たり難し、しゅうまいは先ず及第」女給さんの態度零点、昼食時間《ちゆうじき》の急がしさを通った後の気疲れかは知らぬが、お客へのサーヴィスはほんの申訳《もうしわけ》だけ、一組は柱の傍《そば》でコソ〳〵話しては笑いあって客の品定めに余念なく、一組はお化粧、ぽつんと一人坐っているのは鼻くそほじり（本当ですよ）、そしてマネージャーらしい、好《よ》い年の小父《おじ》さんは物々しく客席全般の見える真中《まんなか》へ頑張っているのだからチャンチャラ可《お》笑《か》しい、停車場前の食堂とは云《い》え、東京の花月の名がつく以上、設備、サーヴィス、万端今一層の注意を払って貰いたい、場所柄だけお上《のぼ》りさんだけがお客でも無いでしょうから。出て向う側の中央亭へ入る、見本棚の位置却々《なか〳〵》よい、札売《ふだう》りのお嬢さんも却々愛想がよい。中《なか》の感じも花月より明るくて宜《い》い。茲迄《こゝまで》は無難、卓に就いて、

註文の札、プリン（十五銭）オードーブル（三十銭）ゼリー（十五銭）ババロア（二十五銭）とコーヒー、紅茶（各十銭）を出す、いきなり受持《うけもち》の女給さんが「紅茶ありませんよ」H「無ければ……」いうか云わぬに、エー問答無益という風《ふう》でスタ〳〵と行《ゆ》きかける、慌てたHが渋《じゅう》面《めん》作って「君々《きみ〳〵》済まないが……」こうなると金を払って食べるのか、食べさせて貰うのか分らなくなる、待たされる事《こと》待たされること。その間に見渡すと鏡の前に二人、容姿挙動の研究に余念ない、一人は柱に凭《もた》れて何かの本を見乍《なが》ら、指先手首を妙にくねらして見ている（オイ、こゝは美容院か、オペラの楽屋かいと云いたくなる）そのくせマネージャーは食堂内をぐる〳〵廻って煽風機の故障を丹念に検《しら》べて歩いているのだから有難い。突きつ

ける様《よう》にして食べ物を卓の上に置くと、「アラッ」とか何とか云って今入って来た二人連れのお馴染さんの卓に飛んで行って、指先をくねらしていた先生と研究そのまゝの指先ばかりか、身体全体をくねらせて、愛嬌を振りまく、「チェッ」一行四人、顔見合せて無言、評する元気もないから簡単に片付ける、第一、食べ物はまず無難だが、第二、サーヴィス、マイナス百点、第三、家族連れに適せず、ボーナスを貰った若き会社員に適す、丸ビル一階には洋食のキャッスル、鰻の竹葉《ちくよう》等の他、森永《もりなが》、明治屋《めいじや》、三共《さんきよう》、千疋屋《せんびきや》等の喫茶部、地下室には汁粉、すし、そばや等がある。

丸ノ内錦水

八重洲《やえす》ビルの地下室に浜町錦水《はまちようきんすい》の若主人夫婦が営む錦水食堂。Ｓ「この横手の入口の感じは一寸《ちよつと》バーにでも入ってゆく感じで家族連れには入り憎くはないかな」入った右側奥にお帳場（カウンターというよりそう云《い》った方が感じが出るというのは、粋な若い美しいお内儀さんが坐《すわ》っていたから）があり、左《ひだ》り側にずらりと卓、両側には一角を占領出来る奥まった落附《おちつ》いた場席《ばせき》もしつらえてある、Ｓ、Ｍ、久夫に飛入りのＡ、Ｋ

卓を囲む。Ａ「この塗物の卓子《ていぶる》の感じは宜《い》いね」Ｍ「掃除さえこう行届けば塗物の卓子も悪くは無い、僕はこのお茶碗が気に入った、だがお茶は余り美味《おいし》くない」Ｓ「地下室の割に室内全体の気持は宜《い》い、壁の色や装飾その他かなり苦心している」久夫「観物《みせもの》は街路を通る人の足が見えることですね」Ｍ「気永く待ってモガの通るのでも待つか、オットお茶が冷める」おあつらえ物、女給さんの手で運ばれる、未だ慣れないと見え客扱いは余り感心せぬ、せい〴〵訓練させることですね。Ｓ「容姿はどうです？」Ａ「上《うわ》ッパリが短かすぎる、地も悪いな」Ｍ「働くには短い方が宜《い》いと思う、近頃上《うわ》ッ張《ぱり》の短いのは流行です、スカーツより危険が無くて宜《い》い」Ｓ、Ａ（金ぷら御飯一円）「味は却々《なか〳〵》宜《い》いが一円はちと高いな」Ｍ「此《こ》の弁当八十銭も我々には値が張り過ぎる、然《しか》し、鶏の真《しん》じょ、甘鯛のてり焼、玉子焼、莢豆《（さやまめ）》の白和え、長芋何《いず》れも味は仲々《なか〳〵》宜《い》い、少し甘ったるいが漬物は簡略過ぎる」Ｋ「季節御飯五十銭、親子丼ですよこれは、ヤ青豆が入っている、これが季節物かな、尤《もつと》も味は宜《い》い」衆口一致味は上等、然し値段をもう少し何とかして、一般の人にうまい物を食べさせる工風《くふう》をして貰いたい、花の茶屋がお高くとまる様になって行きにくゝなった丈《だ》け、猶更《なおさら》そうした店の存在を欲しいと感じる、一般向《むき》の安くてうまい物の傍ら値は張っても食べる人は食べるものと併立《へいりつ》してゞもやってみたら……オヤとんだおせっかいになって了《しま》った。丸ビル乗車口の出口に出来た荘司の地下室食堂、

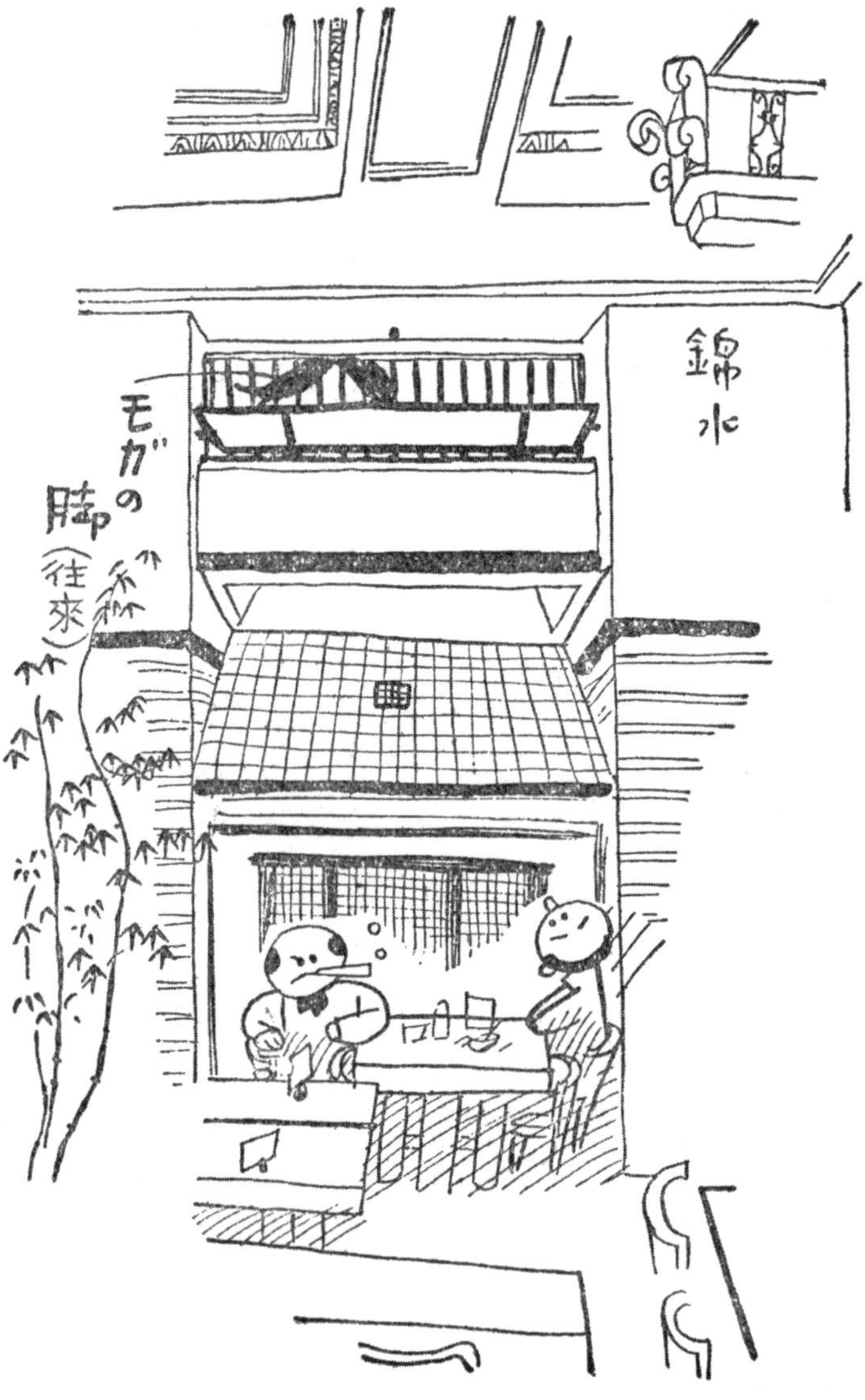

錦水
モガの脚
(往來)

コーヒーの美味しいのと、サンドイッチなど中々《なか〳〵》気が利いている。中通りのパーリスタも一部の客を呼んでいる。

山手の銀座神楽坂

未だ宵の口の神楽坂《かぐらざか》、田《た》原屋《わらや》本店《ほんてん》、果物が、メロンが西瓜が、夏の食欲を唆《そゝ》るように一杯にならんでいる店先、左寄りの小さい入口からS、M、Hに小《お》ガ武《たけ》の四人ずゞっと這《は》入《い》る。余り勢いよく飛び込もうものならつき当りの瀧《たき》、頭からざァーとかぶって（M曰く、あのチョロ〳〵滝（？）が、かね。）滝の落ちる処《ところ》池となって鯉や金魚が泳いでいて、涼味溢《りようみあふ》るゝ計《ばか》り……（S曰く、一寸《ちよつと》待った。池の端には便所が……）すうーっと肌寒く覚えたものであった。が食卓の小綺麗さなぞまずは及第。M「もうその辺で手っ取り早く食べ物の評に移ろうじゃあないか。マカロニチーズ（四十銭）のチーズは却々《なか〳〵》宜《い》いのを使っているが、マカロニは少し分量を倹約し過ぎているが先《ま》ず〳〵之《これ》なら田原屋の名を辱《はずかしめ》る事は無かろう」H「特別カレーライス（六十五銭）お値段も相当だが、流石にうまく第一カレーがいゝや。それに小皿に盛ってくる副菜の洒落ていること大いに推賞《すいしょう》したいね。が、たゞ少々量を増して欲しいと思う。この一皿で食事とするにはどうも少量過ぎるから」S「西瓜（三十銭）の味は無類《むるい》、但《たゞし》この貧弱な匙《さじ》はどうです、頸《くび》が折れ相《そう》でその方に気を取られる、この頃は百貨店でも大抵特別の匙を添えるのだから、果物本職の田原屋にこれはちと受取れない」小ガ武「アイスクリーム（二十銭）は余《あま》りほめられません。どうも果物屋のクリームは千疋屋にしてもうまくないが、こゝも感心しない」S「給仕はボーイさんだがどうかね」M、H「一通りのサーヴィスはよく心得ていて先々《まずく》文句はない処《ところ》でしょう」S「じゃアこの辺で切り上げてオザワに移ろう」どうやら人出も繋《し》げくなって神楽坂気分が出かゝった頃、田原屋前のフランス料理と看板を出したオザワへ。M「仏蘭西語《ふらんすご》でメニュウが書いてあるかと思うと、英語名の片仮名《かたかな》がついている、料理もそれに似たりよったりフランス料理と云うけれど甚《はなは》だ怪しい。オザワライス（七十銭）は先日銀座でぶつかったトルコライスにやゝ兄たる程度のもの、チキンライスにキドニーをあしらったゞけ」S「オザワランチ（一円）スープに鯖《さば》の蒸《むし》もの、ハンバークステーキの三皿とパンにコーヒー附《つき》、なんだか病人料理の観《かん》があるね、それにハンバークは馬鹿に塩辛い」小ガ武「ハムサラダ（五十五銭）ハムは相当としてサラダがすっぱいや」H「こゝは食物よりも飲物の方が得意なのかも知れない」M「それに美しい女給さんのサーヴィスでどうも家族連れという趣旨に合わないか

らこゝらで遠慮しといては」で匆々《そう〱》一同こゝを飛び出すと、既に神楽坂は人の海で流れるようだ。「随分繁華《はんか》なものだなア——」Mしきりに思い入れがある（M曰く但《たゞし》お役目で歩けば唯《たゞ》の神楽坂である）。紅屋《べにや》を覗いてみる。二階も三階も客で一杯だ。中将湯《ちゆうじようとう》みたいなコーヒーを依然として飲ましているが、どうやら甘い物、お汁粉なぞにはおいしく頂けるものが豊富にあった。明治《めいじ》製菓《せいか》の喫茶店ではアイスクリームが一番上等、山本《やまもと》が薄汚い店だが安売りで、こゝも相当客を集めているが、容器の不潔さは一考に価《あたい》しよう。カッフェ・ヤマダ、カフェ・グランド、ユリカ、カッフェ神養軒《しんようけん》など、恐ろしく坂の両側にならんだものである。支那料理陶仙亭《とうせんてい》、須田町食堂《すだちようしよくどう》、カッフェと軒をならべて神楽町《かぐらちよう》はなんと恐ろしく飲食店のふえたこと。白十字《はくじゆうじ》に飛び込んだ。Mは西瓜（二十五銭）小ガ武はボイルドアップル（十五銭）Hはアイスクリーム（二十銭）何《いず》れもそのあま

ったるさにげんなりして顔を見合せれば、化粧室拝見と出掛けたH換気《かんき》法《ほう》の全くない化粧室独有《とくゆう》の悪気《あくき》にむされて「ダアー」。お堀《ほり》っぱたの貸ボートの情景に一同ホット息をついたものである。

麻布永坂更科そば

「さて、今日はどこにしよ」とSが云《い》う、M「うまい物って割に少いもんだ」と首をひねっていたが「麻布《あざぶ》永《なが》坂《さか》の更科《さらしな》はどうでしょう」H「藪《やぶ》と更科と砂場《すなば》、これがそばの三大系統だが、深川《ふかがわ》方面にこの砂場の本家があるって云うが……」S「何処《どこ》だね」M「なんでも亀沢町《かめざわちょう》附近だと聞いたが……」H「委《くわ》しいことは知りませんがね」S「じゃア、砂場は懸案として麻布へ乗り出そう」で、メグリの足は永坂へと伸びた。板塀伝《いたべいづた》いに飛び石を踏んでゆくと、松の好《この》もしい枝振りが覗いている。鍵の手なりの座敷、とっつきの陽当りのよい二間《ま》は既に先客があるらしく、一部屋は会社員らしいのが、四五人で膳をかこんでいる。また一部屋にはノテ※1の奥さんがベビちゃんを連れて独占している。で一行四人はよん処《どころ》なく陰気な、これと反対側の八畳の座敷へ上《あが》った。「お客様だよ」暫《しば》らく経ってから下足番が、我《わ》れらの存在を知って、板前の方へ声をかけた「ハアーイ」小さい姐《ねえ》さんの返事があって障子が開くと、「イラッシャイ」「御註文は？」サーヴィスが大変緩慢だ。

※1　山の手の略。

S「ふと打《うち》と（Mは？）てんぷら（Hは？）茶そば（久夫は？）御膳まアそれだけ持って来て……」姐さん「一人前ずつですね」S「うん」姐さん「ふと打と茶そばは時間がかゝりますが」S「どの位？」姐さん「三十分許《ばか》り……」S「いゝよ」姐さん一人前ずつとは面倒な（またはシケたお客）とでも思ったか、余り愛嬌も見せずに退《さが》って行ったが、やがてまた現われた。「ホウもう出来たのかね」と四人の食欲が動いた。と姐さん「お気の毒ですが、たゞ今板前がたて込んでいますので、ふと打と茶そばは出来兼《かね》ますんで……何かほかのものを」と澄まし返って断りにきたのだ、「これは少々ひどい」「寧《むし》ろ乱暴だね」と、一同黙然《もくねん》と目を見合せた。ふと打、茶そばはこゝのスペッシャルものじゃないか。例え一人前ずつの面倒でも、他の理由ならいざ知らず、板前がたてこんでいるからとのことで、お断りとはあきれ返って物が云えない、待つことは覚悟の上だ。もう少しお客

本位の親切さがあって欲しい。「じゃア御膳にしとこう」とS「おかめ」とH。姐さんは無愛憎《ぶあいそう》に「ハイ」と引き退《さが》って行った、久夫がスケッチ・ブックを取り出して庭先を描いていたが、やゝ暫くしてあつらえ物が運ばれた。「御膳は流石にうまい」とSと久夫「てんぷらも結構」とM。てんぷら一杯では物足らないM。御膳を追加して喰《た》べたが「お汁が甘過ぎる」という。元来藪党のHは、どうも更科は不満顔で無言。Sも鴨南を更にうま相《そう》に平《たい》らげている。Mは更に鬼がらをとり寄せてはと発議して一同これに賛成してパクつく。蓋《けだ》しこの「鬼がら」は秀逸だった。

おつなすし

麻布龍土町《あざぶりゅうどまち》の、おいなりさん——喰《た》べる方のおいなりさんで——と註を入れなくとも、ＳＭＨ久夫の面々なんの信心《しんじん》ごゝろがあろう筈もないんだから、解っていて頂けるかも知れないが、兎《と》に角《かく》おいなりさんで鳴らしているおつな寿司へあらわれる。「おつな寿司のおつなには何《な》にか曰《いわ》く因縁があるらしいて？」と久夫が小さい眼《め》をとんがらせてＳＭＨの顔を見る。顔を見たからと云《い》って、「早解り辞典」面《つら》——物知り顔面《かおづら》をしているではないのだが、こう問いつめられるように顔を見られては黙っている人間でもない。「おつな寿司か、粋《いき》で乙《おつ》だとでもいう次第かね」「お綱《つな》さん！　この店を初めた美しい人の名をその儘《まゝ》とっておつな寿司じゃアないか知《し》ら……」「美しい人？」「まぁそう想像した方がロマンチックだろうよ」で、ひとつ店の若い衆《しゅう》に訊《き》いてみると、おつなの由来は想像通りだということ。「なんだ矢張《やは》りそうか」で一寸《ちょっと》気抜けがした、おいなりさん——流石に評判だけにうまかった、油揚《あぶらあげ》が、これはおつでげしょう——といわぬ許《ばか》りに裏がえしになっている。竟《つま》り油揚の表面が中に這入《はい》ってめしを包んでいるのだ。めしの中には蓮根が小さぎざみになってあしらってある外《ほか》に、ゆずの匂いがぷーんと含まれている……一皿六つの握《にぎ》りがのっていて二十銭。味も至極結構であった。

芝神明太々餅
三田のこ屋

芝神明様《しばしんめいさま》は伊勢大神宮《いせだいじんぐう》の御分社で、商運の守護神として、また江戸八百八町鎮《しず》めの神として名高い御社《おやしろ》である。で、神明様の御利益もあったのか、神明様へ向って左側の太好庵太々餅《たいこうあんだい〳〵もち》は、未だに土地の名物としてその昔から存続している、その昔というのは元和《げんな》四年のことでその時分初めて太好庵はこゝに店を開き、太々神楽《だい〳〵かぐら》挙行の時、こゝから参詣人に御供物《おくもつ》を御分けしたのが太々餅の抑《そもそ》もの由来であるという、というのは太好庵九代目の店主君が店宣伝の印刷物を通していうのである。またかの有名なめ組の喧嘩は実に私共《わたしども》の家根《やね》瓦をめくって戦ったのであります、ともいうのである。なにはともあれ太々餅は、われ〳〵の誕生以前に存在していたことは確かである。店は座敷と腰掛けと何方《どちら》でも御随意式で、這入《はい》ると正面に一幅の額が懸っている。め組の喧嘩時代の神明様と太好庵の絵である。今日は久夫に代って小ガ武がメグリについてきてくれた。S、M、H、武は先《ま》ずテーブルに着いて、さて曰くつきの太々餅を戴くことになったのである。Sが一口に悠々喰《た》べられる処《ところ》を半分に喰《く》いちぎって見て「アワ餅だ」と云《い》う、そのアワ餅を餡《あん》がくるりと包んで、その包みっぷりが、表面女人の肌のようになめらかで芸術的だと武がいう処《ところ》の、縦一寸五分、横一寸、厚さ七分（計った訳ではありませんから）許《ばか》りの太々餅、合計四個が金十銭で木皿に乗ってサーヴされたのである。「くさまき」十五銭というのが、この時（太々餅を喰《た》べ了《お》わった時）眼についた。「くさまき」てえなんだろう？　で、とり寄せてみるとこれは「いそべま

き」だった。転じて今日食べ歩き馬力をかけて、三田《みた》ノコヤへくりこんだ。ノコヤは三田通りの、これも古くからの名物である。ノコヤとは蓋《けだ》し三田ボーイの間での通語であって、一般の方達にはノコヤでは解らぬかも知れぬが、たけのこ飯を喰わせる阿波屋《あわや》である。こゝへは初めてのSとM、入るなりいきなり、古風な店内の造りに「やアこれはいゝ」と感嘆。これを久しくしたものである。片側はアンチョクな腰かけ、片側はテーブルと椅子席が行儀よく連《つ》らなっていて、如何《いか》にも大衆的である。それに何しろ店の間口は二間《けん》位なのに、奥行の深いこと、数十歩を運んでも、未だ裏手勝手口へ至らぬだろうと思われる位、大きな柱時計が神棚の右下に吊るさがっているのと反対側には、これに面して、その裕福さを物語る処《ところ》の大金庫が厳然と控えていて、その大金庫の上にはラジオがちょこなんと置かれている。たけのこ飯は大中小とあって小が十銭で、中大と盛の増加に従って五銭上りである。一行四人、中を試みることになった。恰度《ちょうど》昼時のことで、請負師《うけおいし》らしい男、行商人らしい男、老婆、子供づれのお父さん。註文品届《ちゅうもんひんとどけ》かなんかの中店員《ちゅうてんいん》らしい男等々《とう〱》、仲々《なか〱》に店は繁昌している中に、これはまた不思議三田ボーイの姿が一人も見当らない。飯はすを利かして、たけのこも豊富にあり、香物《こうのもの》には古くからこゝのお定まりであるたくあんの数切れ、先ず十銭では、正《まさ》に大衆的アペタイト並に経済にはもってこいの喰《た》べものである。「こゝのあわ餅もうまいんですよ」と武。けれど何れも満腹の態《てい》で引上《ひきあ》げることになった。「ありがとうございます」チリチリーン、ガチャンのレジスターの音を後《うしろ》に、一行四人赤羽《あかばね》方面へ漫歩すると、このノコヤから四五間《けん》先の白十字《はくじゅうじ》には、これはまた三田ボーイの集団を見出して、何んと時代の推移に一驚したものである。

神田の伊勢丹食堂

伊勢丹《いせたん》の食堂。店の屋体に相応しい手狭な食堂そして見本棚の品数もこれに従《したが》って少数である。あずま丼（四十五銭）まぐろずし（三十五銭）オムレツ（三十銭）トーストパン（十銭）ゼリー（十銭）冷ししるこ（十五銭）カルピス（十銭）ソーダ水（十五銭）＊

＊みつ豆（十銭）卓上の登場品以上。オムレツとトーストパンがイの一番に運ばれて来た。H「このオムレツから想像すると、洋食類はあまりお得意でないらしい、第一バ

125〕 堂食丹勢伊

タが悪い」S「皿は綺麗だがね……」H「が、サラに喰えません」処《ところ》がHが済んでも未だSと久夫の註文、あずま丼とまぐろずしが来ない。S「まぐろを仕入に行ったんだろう」H「芝浦《しばうら》まで行ったのかな」久「べっぴんがいます」S「どれ〱？」M「久夫は眼《め》が早いや」で明神辺《みょうじんあたり》の粋な姐《ねえ》さんのソーダ水をのむ図を久夫が写生して了《しま》った頃、二十分もしてやっと註文品が届いた、或《あるい》はお寿司類の註文は客が来ると附近《ふきん》のすし屋からでも運んで来るのか知れない。S「あずま丼は先《ま》ず頂《いただ》ける」久「このまぐろも握《にぎ》りにハモノを入れて二つにした処《ところ》など不粋《ぶすい》か知れぬが、モダンなんでしょう。味もどうやら悪くはないぞ……ヤッ毛がついてい

る」成程《なるほど》口へ運んだまぐろの一と切れには鮮かにも黒髪の一筋。あわれいゝ気持ちの久夫をしてこの場合に限り髪の一筋が顔を歪めさせた。M「ゼリー、冷ししるこ、評なし。カルピスは少々薄い」久「ソーダ水も一缶六円半位の余り上等なソーダじゃアない」H「みつ豆の材料はいゝが蜜が悪い」S「処《ところ》で部屋の気分は?」久「あのセルロイドのてこへんな飾りはお端午《せつく》の遺物らしいが暑苦しい」M「場所も狭いんだから食堂風に作らず喫茶部として傍《かたわら》簡単な食事もサーヴする方法にしたらどうだ」H「賛成だね」久「この食堂は煙草を喫《す》えるのは愛煙家にとっちゃア幸福だ」S「女給さんの服装に対し、こうした小食堂で兎《と》や角《かく》註文を出すのは無理かも知れぬが、折角のことだから、襟《えり》はつけておく方がいゝ、あれを御覧《ごらん》!」なる程《ほど》女給さんの襟にはカラーがなく、下着のメリヤスのシャツが服の下から覗いていた。M「もう一つ珍奇《ちんき》なみ物がありますがね……あの見本棚のソーダ水の上に綿がのっている、クリームソーダの感じを出そうと云《い》うんだろうが愚劣《ぐれつ》だ」H「どうもどこの百貨店の食堂も同じように見本棚を設けて、喰《た》べ物を陳列しておくのは、親切かも知れぬが、一面智慧《ちえ》のない話だと思う、喰《た》べ物はポツポツと湯気でも出ているか、冷たくひえ切っているか、とに角《かく》出来立てと云う処《ところ》に食欲も唆《そゝ》られるのだが、こうして棚ざらしになっていてはひどく食欲を減殺《げんさつ》される、見本棚など廃止するかさもなくば綺麗な絵かなぞで、あらわしたらどうだろう」

神田の不二家

夕映える、駿河台《するがだい》の白雲《しらくも》が、バラ色に染《そま》る頃、ネキタイ、セビロの新学士が僕を案内して神田《かんだ》の喫茶店横町へ……東京堂の通りを半丁洋品店の角を曲《まが》れば、両側は驚く勿《なか》れ、安ホテル式なテイハウス、エンド、テイハウスの羅列だ。「まあ、そのドアーを開けて見給え」……が、こゝはそうした神田喫茶街（後章参照）のカフェーとはやゝ趣きを異にして、銀座の不二家《ふじや》に似たサーヴィスをしています。しかし、銀座、横浜《よこはま》の不二家とは別に関係はありません。菓子も勿論自製で、近頃ランチ（三十五銭）を試みています。小《こ》ざっ張《ぱ》りした店構え、疲れた足を休める処《ところ》には蓋《けだ》し好適でありましょう。コーヒー、紅茶（十五銭）チョコレート（二十銭）飲みものゝうまいことは、先ず神田第一に挙げられましょう。常に附近《ふきん》の角帽連で賑やかで、ボーイさんも仲々《なかなか》軽快で気持ちがいゝ、余談だが、こゝのおやじには妙な癖があります。おやじカウンターにしがみついて暇さえあれば銀貨をコツコツ磨いて居ます。おやじ余《よ》っ程《ぽど》「スクルージみたいな男だなア」と思っていましたが、或《あ》る時、おやじに訊ねて見ると、お客に釣銭を出す時、綺麗な銀貨を差し上げるのも「サーヴィスの一端かと思って居まさア」これには少々恐縮したものです。このおやじ仲《なか》〳〵飲みもの、菓子などに神経的で、一家言を持ち腕にも覚えがあるらしい。尤《もつと》も近頃は寄る年波のせいか、カウンターは綺麗な女性に委《ま》かせて、店も息子に譲り時々客の少い時など、隅っこのテーブルでチビチビコーヒーを啜《すゝ》っている外《ほか》余り店へ顔も出しません。

岩本家　さくら肉

寒い〳〵晩です、表へ出ると吹いて来る風が耳朶《みゝたぶ》をちぎって行って了《しま》い相《そう》です、何も其麼《そんな》寒い晩に食べ歩きをしなくっても宜《い》いだろうにとお想いでしょうが、勤めとなるとそういうわけには行きません。然《しか》し「せめても暖《あたゝか》い物でも食べて」というので「さくら肉」を食べに行く事にしました、漫画部に遊びに来ていた婦女界の佐久間さんと婦人記者のT嬢をお誘いしたら「其麼柄《そんながら》の悪い物は」と断わられて了《しま》いました、柄の悪い物を食べるのも読者のためと一行、悲壮？な顔をして（前に云《い》った通り寒かったせいもあるでしょうが）出発しました。桜田本郷町《さくらだほんごうちょう》と虎《とら》の門《もん》の間《あいだ》、南佐久間町《みなみさくまちょう》の停留所を愛宕下《あたごした》の方へ曲って角から四五軒目の左側、暖簾に「岩本家《いわもとや》」とあります。随分古くからある家ですが、区画整理で新装成《な》って小じんまりと、小綺麗に出来上っています。昔学生時代に来た事のあるMが「オヽ懐《なつ》かし」と云った調子で、先ず勢いよく暖簾の下をくゞりました。続いてイカ物食《ものく》いでは人後《じんご》に落《お》ちぬS、風邪を引いて休んでいる久夫代理の抜天《ばってん》、最後にHが「イヤーナ」顔をしておず〴〵と入りました。左側に階段右手に卓が六つばかり並んでいます、一番奥の卓に二人連れがメートルを上げているので、表側の方へ腰掛《こしかけ》ました、階段の下に脱いである四五足の穿《は》き物の中にゴム底の足袋《たび》が一足脱いであるのが善意に「ヤレ〳〵」という感じを与えます。「お通し物は」と女中さんにうながされて、先《ま》ずさくら鍋を註文しました、他に鳥豚鍋《とりぶたなべ》、はま鍋、すい鍋等も出来、一寸《ちよつと》した料理も出来ます。やがて卓の上に

二組コンロが置かれました、鍋には牛肉よりやゝ暗紅色《あんこうしよく》の勝った馬肉の片《きれ》が、こし味噌の中にネットリと置かれて別に小皿にザクとタキとそれから……（一寸通《つう》を気取ってみましたが、豆腐は何ていうのでしょうね）その豆腐とが盛られて来ました。「宜《よ》く煮えて

来た程美味しいんだ」とSが通《つう》をいう、待ちかねたMがグツ〳〵煮えて来たのを先《ま》ず一口頬張《ほゝば》る、牛肉よりはやゝ堅いが血と味噌でコッテリと煮えた味は又格別で「身体が暖《あたゝま》る様《よう》だ」といえば、抜天すかさず「血の気が多いからだ」と之《これ》も一口頬張る。宜《よ》く煮えるのを待ってるSは格別、Hは「出来る物なら此《こ》の儘《まゝ》に」と形《けい》勢観望《せいかんぼう》しているのを抜天が、「ズルイヤ〴〵人を動物試験にして」と憤慨する、でH一切《きれ》を挟《はさ》みあげて「ふぐよりも食べる気がしない」と弱音を吐く。然《しか》し一切食べると「ナアーンだ」という顔で二切三切後がつゞく。兎《と》に角《かく》鍋一人前二十五銭で此《こ》の味チョイ〳〵来る気になる、御飯の菜《さい》に鳥の塩むし（四十銭）ともつ焼（三十五銭）を註文する。之《これ》は先《ま》ず〳〵で平凡、女中さんに聞くとやっぱりさくら鍋が一番よく出る相《そう》だ、それ相当馬食党《そうとうばしよくとう》があるものと感心する、御飯は上出来、奈良漬《ならづけ》、お菜《さい》、浅漬のお新香も上乗だった。すっかり暖まって四人、表へ出る、先刻迄《せんこくまで》一番寒がっていたM、スウーッと吹いて来た風に「アヽ宜《い》い気持だ」。

神田の藪

神田連雀町《かんだれんじやくちよう》の藪《やぶ》、先ずそばやとしては代表的な定評ある店の一つだろう。更科《さらしな》のそば愛好家には、あるい

は藪そばは不向《ふむき》かも知れぬが、藪はまた藪でたいした藪党を持っているものである、店構えはちょっくら小粋なもの、縄暖簾をくゞると、相当客で賑やかだ。テーブル椅子式のこしかけと植込みを見せたさっぱりした座敷、円窓《まるまど》寄りに断髪厚化粧のモガが傲然《ごうぜん》と端座して不手際にソバをムシャ〳〵パクついている「やア、円窓へもっていって洋傘《こうもり》をぶらさげて置くなんざア、モガ式だね」とMが感嘆する、成程折角の座敷もそばもモガにかゝっちゃア哀れなりである。「ゴシンキ、天ぷらに山かけ、せいろう二マーイ」小女《こおんな》の澄んだ声、勿論天ぷら（四十銭）は食欲とみに旺盛を来たした（或《ある》いは連日のメグリで胃拡張になった）M。山かけ三十五銭は山芋のような顔をした小ガ武。せいろう（十三銭）はSとH。見渡した処《ところ》、最前のモガ連れの男の外《ほか》に軍人のグループ、会社員連れ、大店《おおだな》の旦那風の男、家族連れの二

三組その他あらゆる種類の人がツル〳〵ツル〳〵喰っているそばは全く大衆的な食べ物である。つゆもよしたねもよし。勿論そばはうまく、薬味のわさびがこれはまた上等で流石に藪だと大体一行感心する、そばずし（二十銭）も試食してみたが、（すしの丶りまきの米をそばにかえたもの、そばっくいには余り香《か》んばしからぬものだが）相当これも戴けた。化粧室の綺麗なことは昔から有名だが、バラック建《だて》とは云え、清潔でよい。

神田橋と昌平橋食堂

神田橋食堂　「百貨店や銀座辺の食堂は僕達には用は無い、一つ僕達行きつけの公衆食堂を巡《まわ》って下さい――一苦学生より」の葉書が係りの机上に舞いこんだ、家族連に適するというモットウに聊《いさゝ》か外れているが、成程一応検分の必要はある。まして投書子《とうしょし》の口吻《こうふん》、聊《いさゝ》か我等食べ歩きの一行をブル階級に堕《だ》せるを諷《ふう》せるものあるに於《おい》てをやである、お役目なればこその日《ひ》毎《ごと》夜《よ》毎《ごと》の贅沢三昧？之《これ》が食べ歩きの肩書取れば、先《ま》ずは身分相応の公衆食堂組なのであるというわけで、一行四人、S、M、Hに久夫代理小が武（病気が治った久夫は旅行中……誰です、さん〴〵食べ廻《まわ》ったから今度は腹ごなしの旅行かなんて云《い》うのは）返り梅雨の鬱陶《うっとう》しい一日、洋傘《こうもり》、蛇《じや》の目《め》とりぐ〳〵に、電車に乗って神田橋《かんだばし》へ、Mの白絣《しろがすり》、絽羽織《ろはおり》が妙に白々《しろぐ〳〵》しい。堂々たる洋館の入口に今日《こんにち》の献立表が黒板に掲示されてある。H「入口の感じ活動写真館を想い出させるな」M「僕は又落語にある「衛生料理《えいせいりようり》」を食べに行く「平民《へいみん》」に成《な》った気がする」献立表を見て一行階段を降りる。S「成程之《なるほどこれ》は映画館だ、切符売り場がある」覗くと事務服を着た娘さんが二人中に坐っている、献立の中から夫々《それぐ〳〵》選んで切符を買って食堂へ入る、却々《なかぐ〳〵》広い、馬蹄型《ばていがた》に並べた長卓《ちようたく》が会議室を想い起させる、奥の方はパン牛乳、うどん等《とう》の食物を扱う所で、一寸《ちよつと》区別がしてある、手洗所の設備があるのはこう云《い》うところとして甚《はなは》だ結構、新聞閲覧所の設《もう》けもある。一行四人おずぐ〳〵と長卓を囲む、やがて夕食時というに割合に閑散である。ボーイが来て切符を無雑作に受け取ると、直ぐに註文の品が卓上へ並ぶ、今日の夕食（十五銭）の献立は薩摩汁《さつまじる》である。丼《どんぶり》に飯一杯他にチョッピリ青菜のお浸しと大根の漬物三切《きれ》。H「味噌汁がから味噌で、少々閉口したが、これは先ず好き嫌いで致し方はなかろうが、中味が貧弱だ。油あげと大根の外にもう少しなんか入れて置いて欲しい、お浸しは結構だが、これも余りに軽少《けいしよう》過ぎる、これで十五銭は決して安くない、第一夕食として栄養価が充分かどうかも疑いたくなる」S（肉うどん十五銭）「汁が馬鹿に塩辛い、肉は比較的沢山のせてあるが風味と云うものゼロ」M（玉子うどん十五銭）「とても辛い汁だ、それにダシがちっとも出てない、

十五銭にしては安くは無い」公衆食堂というからには、市価よりずっと安い値で栄養のある品を美味しく食べさせるものと思って来た一行、聊《いさゝ》かアテがはずれた。値が値だからと当事者は云い訳しようが、浅草辺《へん》の喰《た》べ物屋等に比べて決して安くはない、儲けを度外した十五銭ならもっとどうにかした物を喰《た》べさせられる筈である。それに味や（お茶もそうである）取扱いにもう少し親切さを現わして貰いたい、こういう所で平常《へいぜい》食事する人達に、もっと家庭的な気分に成れる食事を与える事を考えて貰いたい。

昌平橋食堂　此所《こゝ》は定食一点張りである「自転車に気をつけて下さい」の掲示が自転車に乗って来る階級の多い事を如実に示している、切符売場の形式は神田橋と同じだが、ドアを入った感じ、卓の配置その他神田橋よりやゝ暖か味を感じる、ボーイが皆高い下駄《げた》を穿《は》いてガラ〳〵歩くのは少し蛮的《ばんてき》である。註文の品が直ぐ持って来られるのは嬉しいが客から見える所へお膳が用意されてズラリと並べられてあるのは如何《いか》に大衆的とは云え聊《いさゝ》か無常を感じる。お茶も神田橋と比べると、やゝお茶らしい、(いずれにしても今書いていながらお茶じゃなかったかな、麦湯《むぎゆ》だったかしらという疑念が起る程左様《さよう》にお茶としての存在意識不明なものである)定食一点張りなので、四人の前へズラリ一様に会席膳式《かいせきぜんしき》に同じものが並ぶ、丼飯《どんぶりめし》に生漬《なまづけ》の胡瓜四切《きれ》と胡瓜もみ、丼に盛られた茄子と玉葱と玉子にどじょう、どじょうは苦手のHが先《ま》ず棄権する。S「却々《なか〳〵》凝ったものを食べさせるが、折角だが味は宜《よ》くない、これだけのものを食べさせるんだから今一工夫して何とかなり相《そう》なものだがな」M「どじょうにしろ、玉子にしろどうして味が無いのか不審な位だ、つまり折角の材料もダシで壊して了《しま》うんだろうか」H「胡瓜もみに、胡瓜の漬物はつくね《〔ママ〕》、他にも時節柄漬物はあり相《そう》なものを、不親切だなア」哀れやH、胡瓜一切に恨みをこめる。小が武「僕の御飯、鍋底、この通りおこげとベタ〳〵飯、悲観《ひかん》」で一行四人、何だから悲しい気分になって、雨の中をとぼ〳〵と帰りました。

人形町かね萬 ── さい鍋

そぼ降る雨の人形町《にんぎょうちょう》、私達の乗った自動車とすれ〳〵に葬儀用自動車がスウーッと影の様に通る、妙に薄ぼやけた黄色い印象が、雨の街を背景に茫《ぼう》と、ぼやけて行く、時は逢魔《おうま》が時「食べ歩き鰒《ふぐ》を食べに行くって云《い》うのに縁起でもない」と久夫がいま〳〵し相《そう》につぶやく。目指す鰒を食べさせる店を探して徐行していた車がピタリと停《とま》った。暖簾に「ひれ酒」、看板にさい鍋ちりとある、屋号を「かね萬《まん》」と云《い》う、決死隊の意気物凄くMが勇敢に暖簾を掻き分けて飛び込む、階下は土間で椅子テーブルが三四脚、セメントのタヽキの感じがうすら寒い「二階へ上《あが》ろう」Sの音頭でH久夫悲壮な顔をして靴の紐を解く「上《あが》る梯子が針の山」という風に、何《いず》れも上《あが》る脚が重い、「こう景気よくトン〳〵」という調子に行かない、上《あが》った所が三十畳もあろうという細長い広い入れこみの部屋、三四組卓を囲んで鰒のメートルを上げている、その部屋を突切《つゝき》って一段高い六畳間床の間もあるし窓もある「エヘ上段の間に通されたぞ」誰やらが気の宜《い》い顔をする、四人チャブ台を囲む。献立書を見るとさい鍋、ちり各一人前四十銭ずつとある、「何方《どっち》が美味い？」Sが尋ねる。ちりはお酒を上《あが》る方に、お鍋は上《あが》らぬ方に宜敷《よろし》いと女中が答えるので、兎《と》も角《かく》も上《あが》る上《あが》らぬは別問題として、両方二人前ずつ註文する。やがて運ばれた鍋二つ仲宜《なかよ》く卓の上に並ぶ「お鍋」の方は豆腐と鰒の肉と皮がタレに浸って直ぐグズ〱と煮え立ち「ちり」の方はお湯が煮立ってから味を入れて下さい」と女中が注意する、先《ま》ずお鍋の方から煮えたらしい、一切《きれ》をMがそうっと挟み上げる、一口に頬張ると「ウフフウマイ」と云《い》う、暫く見計らったMの一命別状無しと見

てとったSがつゞいて箸をつける、久夫「かくなる上は」と観念したらしく思い入れて一切を口に入れる。「なあんだ美味《うま》いや」と変なほめ方をする、Hが先ず豆腐の一切を箸に載せる、それを久夫が目敏《めざと》く見附《みつ》けて「豆腐とは卑怯だ」と憤慨する、Sが「Hさんこの小さいのを上《あが》って御覧なさい」とすゝめる、怖々《こわ〴〵》口に入れたHも「なあんだ」といった風なケロリとした顔をする。ちり鍋の湯が煮立って来た、皿の中の白い身を三四切中《うち》へ入れる、暫くすると真白になるそれを橙々酢と醤油の二杯酢の中へ薬味のみじん切りのねぎを入れたのへつけて口に入れる「なる程此奴《こやつ》ぁ一杯飲めらぁ」とMが喉を鳴らす。「毒食わば」と云《い》った調子で、一行四人の箸が盛んに動く、とろ〳〵に煮えて来た皮の所などは、口に入れるとゝろりと溶けて了《しま》う様《よう》に美味い、お好みで註文した味噌汁も滅法美味い、「極道に生れて鰒の美味さかな」※1吉井《よしい》さんの句に随《したが》えば、一行四人何《いず》れも極道の資格を充分に備えているわけである。鰒の外《ほか》に蝦《えび》、蟹《かに》等も食べてみたが、新しくて嬉しかった。満腹した四人、ぽか〳〵と温かくなって地獄へと思った梯子を、逆に下りて極楽ならぬ人形町へ「名物の甘酒屋も向う側に御座います」と送り出した女中さんが愛想よく云う「鰒の様に腹が膨れたもう沢山」と誰やらがかぶとを脱ぐ、で甘酒は又の日にゆずって円太郎《えんたろう》で帰途につく、そして「片棒を担ぐ昨夜の鰒仲間」という不祥事も出来ず四人翌朝社で顔を合《あわ》せて「命冥加《いのちみようが》な」でチョン此《こ》の巻終《おわ》り。

※1　歌人、吉井勇（1886-1960）に、「極道に生れて河豚のうまさかな」という句がある。

もゝんじい 豊田屋

久し振りに両国橋《りょうごくばし》を渡りました、寒い晩です、川風が身にしみ〴〵と堪えます。橋詰《はしづめ》の右角もゝんじいの豊田屋《とよだや》、古い店です、陳列窓に猿の頭の黒焼《くろやき》、孫太郎虫《まごたろうむし》※1と薄気味のよくないものが種々《いろ〳〵》列《なら》べられています、入口を入ると新築早々と見えて木の香《か》も新しいばかりです、広い幅の梯子段《はしごだん》を一行六人トン〳〵と勇ましく上《あが》りました。定連のS、M、H、久夫に今宵《こよい》の相手はもゝんじいとあって新手の加勢としてK、N、の二人が加わりました。二階の壁に羆《ひぐま》※2や猪の皮がズラリと物凄く懸《かゝ》っています、上《あが》って右側の部屋、二間ぶっこぬきの奥の間には銚子《ちょうし》通いの蒸汽船の高級船員と云《い》った物凄い連中が四人、湯気の濛々《もう〳〵》と立つ鍋の中へ首を突っこむ様《よう》にして、何かの肉をすさまじい勢いで平《たいら》げています、お尋常《じんじょう》に出来ている一行、多勢と云えどのっけから聊《いさゝ》か圧倒され気味です。「御註文は?」という姐《ねえ》さんに、先ず羆の肉と猿の肉を註文する、やがて別々の鍋に盛られて卓の上

へ並ぶ、見た所羆の肉は黒ずんで、その中に濃い血の色をほの見せる咲き切って地に落ちた寒椿《かんつばき》の日蔭《ひかげ》に、そのまゝ一日二日と経った色である。猿の肉は薄紅《うすくれない》の、淡い血の色が鮮かに浮かぶ、いかにもサラリとした感じである。ぐじ〴〵煮えて来たのを先《ま》ず羆の肉片《にくきれ》を一片《きれ》箸に挟んで、ペロリ舌に載せる、濃厚な脂と獣《けだもの》特有の山野《さんや》の土の香りとでも云いたい様な香りが、混沌として味覚に譬《たとえ》がたない愉悦《ゆえつ》を与える、噛《かみ》しめてコクがある、之迄《これまで》食べた総《すべ》ての肉の中で最上味《さいじようみ》に位《くらい》すべき物であると思った、一人前一円位の値打は確かにある。イカ物喰いのS、Mは云わずもがな、何かというと逡巡するH、久夫さえ珍しく健箸《けんちょ》を振《ふる》う、猿の肉は羆に比べては問題にならな

※1　ヘビトンボの幼虫。民間薬として売られる。
※2　熊（ツキノワグマ）の誤りかと思われる。

い、濃厚さは少しもない、煮過ぎた牛肉を食べる感じだ、コッテリと舌に来ぬ肉さわりもよくない。褒めたりけなしたり、一行瞬く間に二つの鍋を平《たいら》げて了《しま》う。代り合って今度は猪、血の色は鮮かで牡丹《ぼたん》の花を想わせる、須田町《すだちょう》にあったもゝんじい屋の看板に牡丹の花の描いてあったのを不図《ふと》想い浮かべた、肉は流石に美味《うま》い、どこやら豚に似た味のあるのも可笑《おか》し、然《しか》し濃厚と豊饒《ほうじょう》さに於《おい》ては羆のそれには及びもつかぬ、然《しか》し猿の肉と同じ一人前六十銭は高くはない、一通り食べ終ったが、大食のS未だ聊《いさゝ》か物足らぬ風情《ふぜい》「姐《ねえ》さん狐はないのかい」「無い」という返事で、この上狐迄《まで》食わされちゃあと聊《いさゝ》か悲しみの色を見せた久夫ホッとする、で一同牛肉で御飯にする、濃厚な肉を食べた後とてロースが淡々と感じられたのも無理はない。羆、猿、猪と初物《はつもの》を三通り食べて一同七十五日の三倍を生き延びたわけ、そのせいか気ものんべりして、勘定を済まして表へ出ると川から吹いて来る風を背に受けて、ぶらり〲と区画整理の成った本所《ほんじょ》の町を見物がてら歩き廻《まわ》る、石原《いしはら》の電車停留所前、木村屋という喫茶店、所柄《ところがら》とは思われぬハイカラな建物、中の作りも凝っていて銀座へ出しても恥かしくない店構え、一行飛びこんで矢鱈《やたら》に覚えて来た渇《かつ》をソーダ水、紅茶に潤す、濃厚な肉を胞食《ほうしょく》した揚句《あげく》のせいか、ソーダ水の味の美味い事、一行ほっとしてヤレ〱という気分で思い出したら、此処《こゝ》は本所の石原、帰る先はSの世田ケ谷《せたや》、久夫の渋谷《しぶや》、MHの白山《はくさん》と「アッ遠いんだ」で一同慌てゝ店を飛び出して、浅草《あさくさ》行の青バス目がけて一目散。

与兵衛ずしと焼とり

先夜のもゝんじい屋以来の両国橋《りようごくばし》を再渡《また》りました、イルミネーションの点った国技館《こくぎかん》の円《まる》い家根《やね》が、水気《すいき》の多い冬の夜の街空にぽっかりと浮かんでいるのが妙に寂しく見えます、屹度《きつと》お腹の空《へ》ってるせいでしょう、国技館の手前の横町を右に曲って「坊主《ぼうず》しゃも」を右に見て「与兵衛《よへえ》ずし」と看板の出ている細い通りへ入りました。板塀がずうと続いて二階建の堂々たる料理屋風の構えが「すしを食べに来た」我々一行の度肝を奪いました。打ち水のした玄関の敷石を踏んで正面の階段を見て「チェッ又上がるのかな」とMがこぼしました、屹度《きつと》靴下に穴が明《あ》いてたのでしょう。入ると左側に食堂入口とあり硝子戸《がらすど》がはまっています。「コレ〳〵」と一行ぞろ〴〵と其処《そこ》へ入りました、右手の障子を開けて女中さんが一寸《ちよつと》顔を出しましたが、食堂のお客と見て直《すぐ》顔を引込めました、下足の小父《おじ》さんも手持無沙汰の顔をしました。食堂はガランとしています。真中《まんなか》のストーブも火の気がありません。壁に掛けられた十二ケ月すしの図の他は何の趣もありません、献立表を

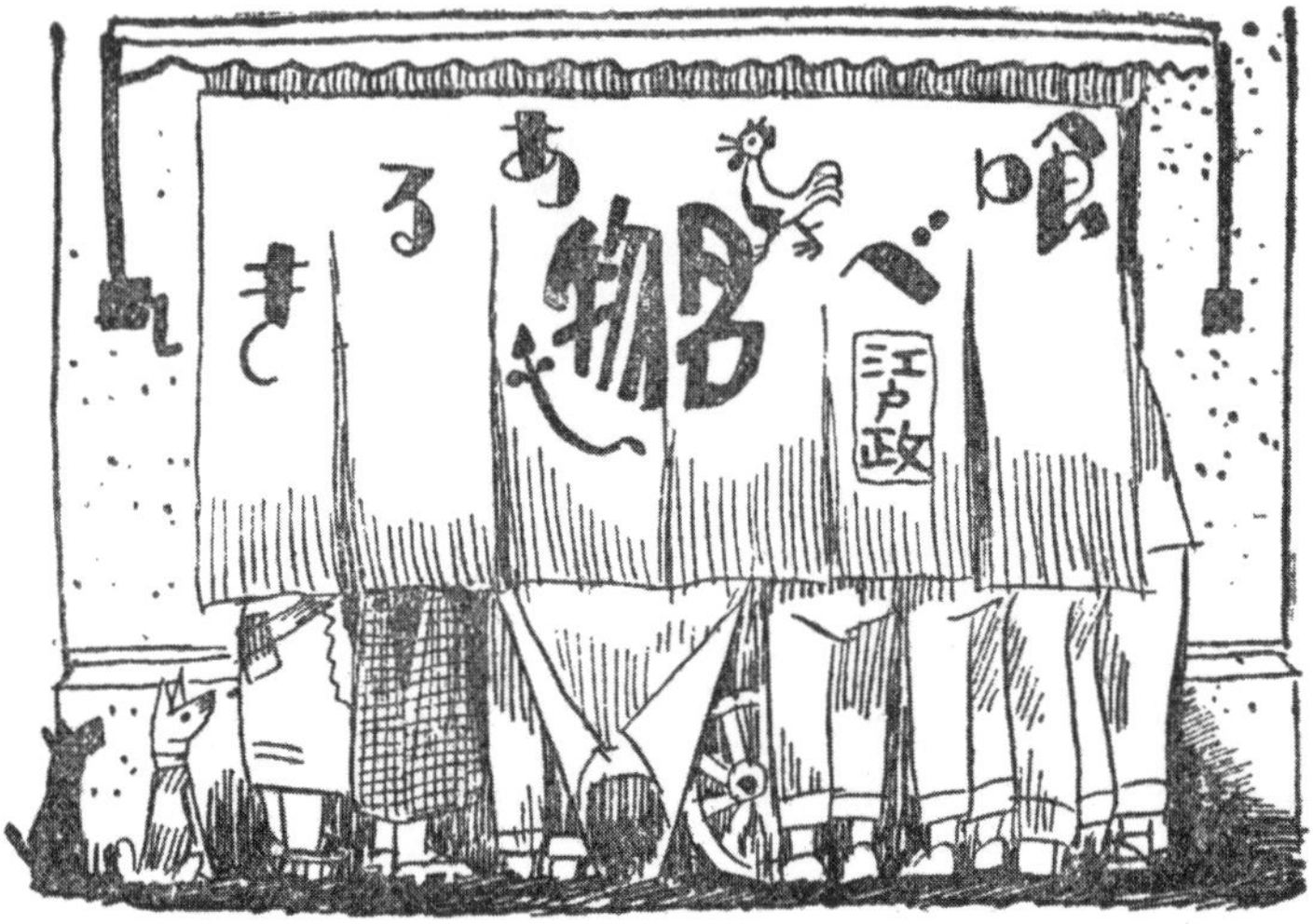

見ると、すし並五十銭、中七十銭、上一円、ちらし並五十銭、上七十銭、まぐろ、てっかまき、てっか丼《どんぶり》各七十銭、細のりまき四十銭、その他に定食、親子、さしみ、金ぷら等《とう》があり、ちらしお土産まげもの入り八十銭とあります。並ずしはのりまき二つ、まぐろ、こはだ、いか、あなごという内容、ちらし並は馬《ば》蹄《てい》型のまげものに、そぼろ、椎茸、玉子焼等が綺麗に列《なら》べられてあります。材料は名物の名に背かぬ極上の物を使っています。御飯の味は甘すぎますが、婦人、子供や甘好《あまず》きの人には喜ばれるでしょう。蒸ずし八十銭洒落たせいろうに簀底《すそこ》の箱が入って洒落たものです、「すしの本来から云《い》ってこうしたものは外道ですね」とSが熱いのをフウ〳〵吹き乍《なが》ら賞玩《しょうがん》する、久夫はまぐろを突ついて「之《これ》はトロって云うんでしょうかね」と頬張って「却々《なかなか》美味いが高い」とほめるのやらけなすやら、熱いお

茶をお代《かわ》りして先ずは一落付《おちつき》落付いたお腹の虫に満足を与えて食堂を出る。大川《おおかわ》を元へと越しました、渡り切って左へ浜町《はまちょう》河岸の方へ向って直ぐ右へ、二筋に成った道の右を取って半町左側に「江戸政《えどまさ》」という暖簾がかゝった屋台があります、元は浅草橋《あさくさばし》から両国の方へ入った所にあったのが区画整理で此所《こゝ》米沢町《よねざわちょう》二丁目二番地へ越して来たわけです、屋台と云っても家の中に置かれてるわけで「今度ァ雨が降っても食べられますぜ」と親父さん威張っています。カン〳〵におこった炭火の上へ、鳥の雑物《ぞうもつ》を五六片《きれ》串にさしたのをズラリと並べて、バタ〳〵と景気よく煽ぎたてます。こんがりと焼き上ったのをズブリとタレの壺へつけて大皿の上に並べます、サラッと胡椒を振ってアングリ口へほうばった味は又格別です、モツの材料のよいのは推称に価《あたい》します。イカモノ嫌いの久夫さえ五六本食べた位です、鰻の肝、雀もあります、鰻の肝のほろ苦い味も宜《よ》い風味です。モツ一本五銭、鰻の肝三銭、焼き立てを食べさせるのと品《しな》の宜《よ》いのが親父の自慢、立喰いは柄が悪いなどゝ仰言《おつしや》らずお出掛けを……オヤ大変提灯を持って了《しま》った、親父さん、あんまり景気よく団扇を使うので皿の上にコレこの通り灰が飛んで来るよ、気をつけておくんなさいよ。

渋谷東横食堂

大阪では名物となっている郊外電車直営の食堂、これが東京での唯一たる東京《とうきょう》——横浜電鉄《よこはまでんてつ》直営の渋谷駅《しぶやえき》構内二階東横《とうよこ》食堂へ。タッタッタと狭い階段を上り切ると「いらっしゃい」とカウンターに陣取った美人（として置く、註但《ただし》久夫の挿絵ほどでなし）二人、仲々《なか〳〵》愛嬌と親切気《しんせつげ》のあることはこの食堂の第一印象をよくさせる。けれど内部はさして広くもなく、装飾家具その他可成《かな》りに安チョクを極めたもので、浅草街《あさくさまち》に散在するバーを思わせる。献立表は凡《すべ》て洋食一点張りでフライ、ビフテキ、カツレツ、コロッケ、オムレツ、タンシチュウ、ハムサラダの七種、これにライスものでライスカレー何《いず》れも三十銭の均一である、飲みものではビールに日本酒のスピリットもの、コーヒー、紅茶その他、先《ま》ず会社通いの郊外シングル生活者が、簡単に朝食晩食《ばんしょく》を済ませるには、それがこの食堂の目的の一つだろうが、もってこいである、恰度《ちょうど》いまは昼中《ひるなか》、渋谷附近の学生が、殊《こと》に農大生などが大入《おおいり》で賑やかなこと——Sはフライに御飯（五銭）紅茶（五銭）Mはビフテキに御飯にレモン茶（十銭）Hはカツレツに御飯にソーダ水（十銭）久夫はライスカレー（コーヒー附）

と註文がきまる。食堂内女っ気なしの少年給仕である。久「少年給仕ははきはきしていていゝねえ」M「あすこに立っている老人じみた男（指さす）マネジャー格だろうがよく気をつかっていて、存在価値充分ある」S「が何によりあのカウンターの女性、仲々《なか〱》客に好感を与えるじゃアないか」いらっしゃい、アリガトウございました。客の出入りの度《た》びに件の美人、まるで発声機械人形のように……黙々《もく〱》として喰うことにこれ熱心だったH、真っ先に食べ了《お》わる、H「カツレツは薄いが、苦手な油身《あぶらみ》がなく、皆戴けるのは結構だし油もそんなに悪くは

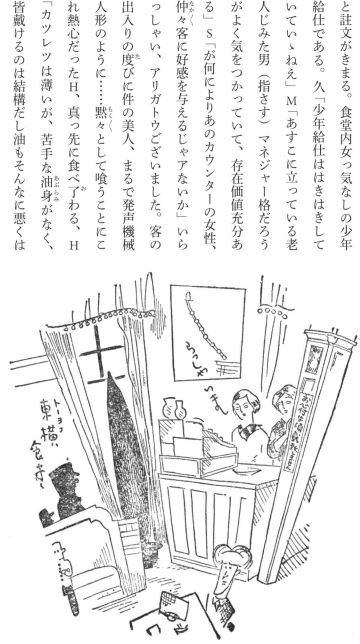

ない。キャベツがヤケに多く盛上げられてあるのもある意味では勉強だろうが欲を云《い》えばキャベツ一点張りでなくもう少しジャガ芋等をあしらったらどうかと思う」M「ビフテキは相当大きい、肉は柔かく味も相当、ポテトフライは少し貧弱だが、何しろこの値でこれだけ食べさせれば申し分ない、僕は値段に比較して七十五点位つける」S「久夫のカレーライスや、僕のフライがM君のテキを大分《だいぶ》負担しているようだぜ、尤《もつと》もフライもこれ丈《だ》けの大きさがあるのだから我慢のならないこともないが、カレーライスはちと高いようだがね」久「肉は少いかも知れぬが牛肉だし、カレーの色もよく味もよく、それに五銭のコーヒーがついて来ているから相当これで三十銭の値はありはしませんか、コーヒーもシロップではなくうまい」M「何処《どこ》もよくやる手だがライスに福神漬をつけてくるのはどうも感じが悪い」H「福神漬は匂いがあって好き嫌いが多いようだから、ライスの横につけてこずに、別に小さい皿にもってくるようにしたらいゝと思う」S「で、先ず大体四品とも無難とし、就中《なかんずく》ビフテキが一番特価ものということにして飲みものはどうだろう」久「コーヒーは前にも云ったように相当うまい」H「ソーダ水は十銭という値段は安いが、安かろうマズかろうで気の抜けかゝったソーダはどうもうまくない」M「レモン茶十銭は安いよ。なにしろレモン一切《きれ》入れてあるなど勉強だ。これでお茶をもう少し濃くしてくれゝば文句はない」S「五銭の紅茶は批評なし、とにかく大阪の阪《はん》急食堂《きゅうしょくどう》などに較《くら》べれば大分《だいぶ》けいていがあるが、一人前五十銭あればビフテキに御飯にコーヒーに果物が喰《た》べられる訳になるから、まず安いもんだね」一同「サンセイ」ありがとうございますの機械発声に送られて東横を出る。

品川三徳

八《や》ツ山下《やましした》、市電と京浜《けいひん》電車の交錯、国道へ走る自動車、トラック、荷馬車、自転車の綾《あや》、ガードの下を突き抜ける、列車、省電の流れ、響音、騒音、雑然、混沌として耳も潰れるばかりだ。お台場《だいば》近く迄《まで》延びた埋立地の向《むこ》う、大小汽船の吐く黒煙《くろけむり》が渦を巻く木挽町《こびきちょう》で橘屋《たちばなや》の助六《すけろく》が宜《い》い気持で「刷毛先《はけさき》の間から覗いて見ろ安房上総《あわかずさ》が浮絵の様《よう》に見える」と気焔《きえん》を上げたのが「ホンに昔は夢の様《よう》」である。春は潮干《しおひ》の品川《しながわ》情緒を味わいに来た、メグリの一行S、M、H、久夫《ま》先ずガードの上で度胆《どぎも》を抜かれる。然《しか》し一歩昔の海道筋に入ると何となく長閑《のどか》な空気となる。宿《しゅく》への入口、左側に熊東《くまとう》その他二三軒の小料理屋が並んで、下足番が勢いよく客を呼び込む所、宿場気分濃厚一行大いに嬉しくなる。道の両側小料理屋、カフェー等《とう》を間に挟んで紺暖廉に大きく店の名を染め出した妓楼《ぎろう》が立ち並ぶ場所柄だけあって、打水《うちみず》、盛塩《もりしお》さっぱりしている。「め組の喧嘩」の芝居で名を知っている「嶋《しま》崎《ざき》」の前にさしかゝった一行、名所見物の気で立止まって楼の足下？から頭？のテッペン迄ジロリ〳〵。元気で愛想のよい下足番の小父《おじ》さんに呼び込《こま》れて一行とにかく小料理店の一軒「三徳《さんとく》」の客となる。入口の左側が板場、右側の大盤台へ赤い蟹が山と積まれてある、上《あが》ると細長い広間、左手に女中さんの溜り、突当《つき》りは硝子戸越しに品海《ひんかい》が見え、お台場が二つ画面の見得《みえ》よろしく納まっている。一行海に近くチャブ台を囲む。溜りから勢いよく立上《たちあが》って来た係の女中さ

ん、大柄の、銀杏返し、お揃いの黒繻子《くろじゅす》の襟、どうしたわけか、右頬上へ大きなアザ「酔っぱらいに投げられちゃってさ」のっけに云《い》い訳したものである。「生れつきで無けりゃ、段々薄くなるよ」久夫が慰める「君を手玉に取るとは豪《えら》い奴もあるものだね、扨《さ》ては何とかの弱身《よわみ》だな」Mが急所を一本さしたつもり「マアこの人見掛けによらない憎まれ口を聞くね」凄く睨まれてMダアとなる。註文した品々追々《おいおい》とチャブ台の上に並ぶ。しゃこわさび（五十銭）場所柄だけ流石に生きがいゝ、取合《とりあわ》せの生ウドも嬉しい、はま鍋（四十銭）分量フンダンで一行聊《いさゝ》か持ちあぐむ、名物の蟹、仔を持っていて却々《なかなか》うまい「此麽《こんな》に冷たいのは困る、それに専門に食べさせる家《うち》だけ蟹専門の箸位《ぐらい》用意して置いて貰いたい」珍しくSから苦情が出る。御飯一人前十五銭はさもしい話だが少しお高い。H相変らず蟹にもシャコにも手が出せぬ「マアこの人、随分神経質なのね」姐さんHを可憐相《かわいそう》に見る。Hたじ〳〵となって、よんどころなく蟹の脚を一本、Mから分けて貰ってしゃぶる。久夫この姐《ねえ》さんの瞳を恐れる様《よう》にびく〳〵しながら蟹の味を無器用にせゝる、朝帰りらしい客が二組お銚子を二三本ずつ並べている外《ほか》至って閑散。女中さん達が種々《いろいろ》な格好で現われるのが一興、久夫忽《たちま》ちノートに控える「姐さん名前は?」「当分アザは消えまいから、アザを目当てに来て下さいよ」ポンと帯の上を叩いて反り身になったもの、「ヨー紀の國ヤー」飛んだ「八ツ山下の茶屋女、寒さを凌ぐ茶碗酒」情緒を浮かび出させてくれたのは嬉しかった、この姐さんと下足番に勢いよく送り出されて、表へ出ると軒並びに射的屋、H、久夫云い合わせた様に中へ入る、S、見物する。Hも久夫も甚だお上手でない、覘《ねら》った玉が台の下をくゞって抜けたり、隣の的《まと》へ飛んで行ったりする。さん〴〵手こずって二人の云い草が宜《い》い「品川の射的は当らない」ですって、一行どうやら品川気分に堪能して陸橋を渡って喧騒の巷へ。

雑司ケ谷芋田楽と雀焼

女子大の放課時、バッと撒かれた紅紫《こうし》の花、時ならぬ春色《しゅんしょく》漂よう目白大路《めじろおおじ》「銀鞍白馬《ぎんあんはくば》に鞭当《むちあ》てゝ」※1ならぬガタ自動車に、長袴高踏《ちょうここうとう》の乙女子《おとめご》等《ら》が眉をひそめさせつゝ、道幅狭し（と実際も狭いのだが）真一文字、高《たか》田《た》の交番で許しを得て右に曲ってダラ〴〵坂、左に曲って右を見ると、見上げる様《よう》な欅《けやき》の大木が両側に天を摩《ま》して数本聳《そび》えている。樹肌《きはだ》も物寂《ものさび》て、懐古的の親しさと和《なご》やかさを与える「此《こ》の樹《こ》の間《ま》秋へと導く」感じである、境内石灯籠の辺《あたり》に車を停める。自動車から降り立ったのは食べ歩きの一行、S、M、久夫の三人連、馬さえ肥ゆるこの秋にふさわしい市内近郊近在の名物食べ歩き、あれか是《これ》かの末に雑司《ぞうし》ケ谷《や》鬼子母神《きしぼじん》の芋田楽《いもでんがく》、雀焼《すずめやき》を選んだわけである。銀杏《いちょう》の葉が黄金と散りしく石畳を踏んで、正面本堂にお詣《まいり》する、夫婦者で子供の無いSは「宜《よ》い子宝が授かります様《よう》に」夫婦者で子供のあるMは「子供が無事に育ちます様に」独身者《ひとりもの》で子供の無い（之《これ》は当り前かな）久夫は「宜《い》い女房が授かってそれから宜《い》い子宝が授かります様に」と、三人三様に拝んで（と思う）からぶらぐと附近を一周りしてから、大澤屋《おおさわや》という看板の出た掛茶屋《かけちゃや》に腰を下す、若夫婦が甲《か》斐《い》々々《〱》しく立働いているのが気持宜《よ》い、先《ま》ず名物の芋田楽《いもでんがく》と串団子《くしだんご》を註文す

※1　李白の七言絶句「少年行」に「銀鞍白馬度春風」（銀鞍白馬、春風を度《わた》る）」とある。

る。やがて大きな皿に山と盛られて来る、里芋を半分に切ったものを四つずつ一串《くし》にさして味噌を塗ってこんがりと焼いた所、中々《なか〱》に野趣があり、口に入れると里芋の甘味と、味噌の味が口の中で渾然として禅味《ぜんみ》とでも云《い》いたい様な面白い味がする「此奴《こやつ》ァ甘党にも辛党にも向くわい」と、如何《いか》にも一ぱし飲め相《そう》な口ぶりで久夫が口を切る、持病の腹痛で相不変《あいかわらず》悩んでいる筈のM、黙々《もく〱》として空串《からくし》を盆の上に並べて行く、Sは一口頬張ってはお茶を飲み、お茶を飲んでは一口頬張り、大いに野趣と禅味の法悦《ほうえつ》に浸っている。串団子も小粒で中々《なか〱》美味しい。若夫婦が姑連れで一組入って来て田楽とお汁粉をあつらえる、姑の進めで子宝を授けて貰いに来たらしい、又一組赤ん坊を背負った若い奥さんと切下《きりさ》げ髪の上品なお婆さん、あつらえたお団子を「サアもう一本お上《あが》り」と嫁女《よめじょ》にすゝめる、至極長閑《のどか》な気分である。一寸《ちよつと》した広場の両角に二軒名物雀焼《すゞめやき》の看板が出ている、茶屋のお内儀《かみ》さんに聞いて先の方が元からある家と確かめて三人揃ってどや〱とその家の前に立つ。「雀焼を食べたいんだが」とSが切出《きりだ》すと出て来た女中、気の毒相《そう》に「昨日は沢山有ったのですが」と断る「昨日来ればよかった」とMが残念がる。前の掛茶屋の前を通ってその旨報告する、お内儀さん「ではもう一軒の方から取って上げましょう」と親切に註文して来てくれる。大分《だいぶ》待たされて出来上って来た雀焼、雀その物の味はないがタレが鰻《うなぎ》のタレと兼用らしくなまぐさいのには閉口した。

亀戸のくず餅

暖かい日射《ひざし》がお濠《ほり》の水を膨らませています。「今日の食べ歩き？」原稿に筆を入れていたＳが頭を上げました。「そうですね、今日はどこか——どうでしょう亀戸《かめいど》のくず餅は」Ｍが書き終えた原稿の端《は》しをキチンと揃えて、クリップで留めながら答えました。窓から見えるお濠の水の上にゆら〳〵ゆれる明るい陽の光りを長《のど》閑《か》な物に感じながら、Ｓが筆を置きました。Ｍと並んでいるＨが机上を片附《かたづ》け始めました。電話を掛けて暫くすると久夫が絵画部からニコ〳〵しながらやって来ました。で一行四人忽《たちま》ち勢揃いすると、一直線亀戸へ、亀戸行《ゆき》の市電が何時《いつ》の間にか出来ているのに驚かされ、橋を渡る、道幅が広くなったので、一寸見当が着《つ》かぬ位の変り様《よう》だ、すぐ左側に石の鳥居が見える「この辺に向き合って二軒くず餅屋が有った筈《はず》だけれど」一同うろ覚えに探すが見当らぬ、あきらめて鳥居をくゞる、両側に土の亀の子、くず餅等《など》のお土産物を商う店が三四軒、中門を入ると、昔ながらの太鼓橋《たいこばし》、一同童心に帰って我れ勝《がち》に橋を登る、その四人の中《うち》三人迄《まで》が立派に髭をはやしているのだから罪は無い、「欄干につかまって下りないと危ないぜ」久夫が弱音を吹く。向

うから飛んで来た、七つ八つを頭に五六人「ヤッ」という掛け声で、一同駈上《かけ》がってつかまりもせず下りてゆく、欄干につかまったり、橋げたの割れ目をしっかり押えていたりした四人のオトナ「ウヘッ」顔負けの態《てい》である。二番目の太鼓橋は低いだけ苦もなく渡って、先ず社殿にお詣りしてから境内を一巡する、石の牛は依然としてあるが、門外一歩狭斜《きょうしゃ》の巷だ、白粉《おしろい》の濃い女が白昼闊歩境内を抜けて行く、一行しり込みして藤棚の下に隠れる、風は寒い、池の水は薄氷に閉《とざ》されている、金魚か緋鯉かその下に朱の色も冷たい。日当りの宜《よ》い池に面した掛け茶屋に一行腰を下《おろ》す、名物くず餅一皿十銭、へぎ盆に六切《きれ》、蜜、黄な粉《きこ》、白砂糖変哲も無く、唯昔《たゞ》ながらの此《こ》の境内に、昔ながらの名物を食べるだけの値打、梅も無く、藤も早い、「臥龍梅《がりゅうばい》の跡には家作《かさく》が立ちましてね」茶店の婆さんの話も淋しい「昔はあゝした円《まる》い橋を造ったのが珍しかったんですね、でも鉄やコンクリートが自由に使える今ではね、子供だって珍しいと思わないでしょうね」Sが、しみぐ〱述懐の口調になる、「鉄筋コンクリートの太鼓橋か、藤の花がよく見たら針金で釣ってあったってね」久夫が慨歎《がいたん》する。蜜と黄な粉が悪甘《わるあま》くなった口を渋茶でそゝいで立上る「洋服の四人連れ、真昼間というのに区画整理のお役人かね、話をきけば与太《よた》だし」茶屋の婆さんが小首を傾げる。鳥居をくゞって元の通りへ、何気なしに見れば出張《でば》っている普請場の蔭《かげ》に隠れて、昔ながらの名物くず餅の看板「アッあった」然《しか》しくず餅のその物よりも、くず餅の亀戸を探るのが目的だった一行、それに悪甘い蜜に堪能して「名物くず餅」健在を喜びながら引上《ひきあげ》る。(附記《ふき》、この記事が掲載されてから食べ損った本物のくず餅や船橋屋《ふなばしや》からくず餅一折届けて来たのを一同試食、茶店で食べたのと雲泥の相違、蜜も黄な粉も上品な物でした)。

目黒栗めし――筍めしもあり

珍しい秋晴れで表へ出るに外套も要らない程の暖かさだ。栗飯の目黒《めぐろ》へ行こうという相談が纏《まと》まって――目黒の栗飯と云《い》わない所が名物食べ歩きの本性を忘れぬ所である――一行四人S、M、H、小ガ武、勢揃いして目黒へ自動車を飛ばす。行人坂《ぎょうにんざか》をくね〳〵と下って左へ切れて不動様《ふどうさま》の入口に車を止める、門前には昔ながら角伊勢《かくいせ》、大國屋《だいこくや》が古い構えでどっしりと構えている。境内に入ると秋の色が深い、左手の見上《みあげ》る様な大銀杏の下には子供が群れ集って石を抛《な》げて実を落している、石畳の上には黄金色の銀杏の葉が点々として折柄《おりから》の明《あか》る い陽ざしを受けて美しい石段を上って本堂にお詣りする、此所《こゝ》から一帯に黄ばんだ雑木林を見下《みおろ》した景色も中々《なか〳〵》宜《よ》い。境内を一巡してから、門を入った所にある掛茶屋《かけちゃや》へゾロ〳〵と入る、池を控えて外から見た風情は中々宜《よ》いが、腰を下《おろ》してみると左程《さほど》でも無い、然《しか》し落ちついて一服しながら境内を見廻すと、のんびりとして悪い気もしない。バッと群れ立った鳩に見上《みあげ》る空は紺碧《こんぺき》に澄み渡って朗らかである。栗めし待つ間にくず餅を食べる、くず餅も黄《き》な粉《こ》も、蜜も気取らない、生《き》の儘《まゝ》で中々美味しい、一行ペロリと平らげる。分量も多く一皿十銭は中々安い、やがて栗めしと竹の子めしが二人前ずつ運ばれる、Sと武は竹の子組、MとHが栗組で一人ずつ、丼《どんぶり》をかゝえる。大丼に一杯盛られた茶めしの上へ竹の子めしは竹の子の煮たの、栗めしは栗の煮たのを夫々《それ〴〵》載せたゞけであるが、変に気取らない丈《だ》け野趣があって嬉しい、Hと武は妥協して竹の子と栗を半分ずつ交換している、つまり栗と竹の子の連合めしをたべているわけである。竹の子は柔かく、栗の味も悪くない、白菜、沢庵、大根の漬物が添え物となっている。やがて空《から》の丼が四つチャブ台に並ぶ、渋茶を飲んで勘定、丼一つが五十銭ずつは余り安い値でも無い、「おつゆ位《ぐらい》附いても宜《よ》い」とつい口がすべる、腹ごなしにと比翼塚《ひよくづか》へ廻《まわ》る、門を出て右へ廻《まわ》って半町ばかり、二道《どう》の角に一角を成して比翼塚がある。五六坪の所に庚申塚《こうしんづか》や、夫婦梅《ふうふばい》や比翼塚を建てた粋な和尚《おしよう》の墓がある、比翼塚は大きなけやきの木の下にある、ドングリが其所等《そこら》一面にちらばっている、開誠直権居士《かいせいちよくごんこじ》、宝操妙顕大姉《ほうそうみようけんだいし》と卒塔婆《そとうば》に書いてある。一方の建札《たてふだ》には因州鳥取浪人白井権八《いんしゅうとつとりろうにんしらいごんぱち》、江戸吉原傾城小紫《えどよしわらけいせいこむらさき》と書出《かきだ》してこの塚の由来が書いてある。当年の不良少年彼権八を追憶して低徊《ていかい》、バットの煙を香煙《こうえん》の代りに其《そ》の辺《あたり》へ漂わす。折柄《おりから》真昼時というに流しの声色屋《こわいろや》、横の新道にずらりと並ぶ芸者家の門《かど》口《ぐち》で「月も朧《おぼろ》に白《しら》魚《うお》の」往来を広告屋が通ると見えて「チン〱ドン〲チンドン〲」飛

んだ合《あい》の手、お嬢吉三《きちさ》の調子が乱れる。のんびりした新開地気分が嬉しく漂よう、で一行堪能して引上《ひきあげ》る。社へ帰るとM、Hの栗めし組「胸が焼ける〳〵」と大騒ぎ、一人ならずお二人故《ゆえ》「目黒の栗めし胸が焼けます」と断定してもよかろう、まさか心の中で権八小紫の仲を焼いた罰《ばち》でもあるまいが。

蒲田、穴守方面

蒲田《かまた》で乗替《のりかえ》た穴守《あなもり》行電車は田甫《たんぼ》の中を走って行く、所々に乾《ほ》されてある海苔《のり》の青さに暖かい冬の陽ざしが一杯に当《あた》っている、時折磯の香りが鼻をかすめる、穴守近く電車は小さな川を渡る、舟宿に「つり舟出ます」の看板が見える、川一筋に見える羽田《はねだ》の海は、潮が一杯に膨《ふく》んで、小波が舷《みよし》に光る釣舟の影も長閑《のどか》だ。電車はやがて穴守に着いた。駅を出ると右へ参道、構内で煙草を買っていたMが出て見ると一行の残る三人S、H、久夫が参道へ曲《まが》らず駅から真直《まつす》ぐの裏道の方へ進みかけている「オーイ道が違うよ此方《こっち》だ〳〵」と呼び返す、渋々戻って来た三人の今迄《まで》影になって見えなかったが、道の向《むこ》うからお披露目廻《まわ》りらしい満艦飾《まんかんしょく》の仇《あだ》姿《すがた》が遣《や》って来るのだった、ナアーンダ「裏通りを行った方が近いよ」と久夫「ウン分った〳〵急ぐんじゃあなし本道からちゃんとお詣りしようよ」Mが依怙地《いこじ》になってとう〳〵一行に参道の敷石を踏ませて了《しま》う。大鳥居をくゞると両側の茶店、土産物屋の表へ出ている女中達が黄色い声、青い?声を張り上げて「ラッシャイ、ヨッテラッシャイ、メシテラッシャイ」中々《なか〳〵》喧《やかま》しい、一行鳥居のトンネル声のトンネルを漸《よう》やくに通り抜けて拝殿近くなる。今度はお供え物の油揚やお供え餅の店「御供え物は此方《こっち》で御座います、メシテラッシャイ」本堂に漸く辿りついた、ヤレ〳〵である。お参りを済ましてから一行拝殿を廻って裏手の築山《つきやま》に出る、下はトンネルになっていて奥にお使い姫の住む穴がある、真暗《まっくら》な穴の中は何がいるのかさっぱり分《わか》らぬ「狐なんかいやあしないよ」と云《い》うのをMが頑強に「いないって法はない」と覗きこむ、然《しか》し中からはコンともスンとも云わない。穴の中に爛々と光る眼玉を想像していたMが失望する。トンネルを出て築山の上へ上がる、「さゞえの殻の様《よう》だ」と口の悪いのが云う。上《あが》っているのだか下《さが》って行くのだか分らない様な変な道を危なかしく通って漸く頂上に出る、海面一帯を眺めた景色は中々風情がある。先刻《さっき》の御披露目の一組が松の樹《こ》の間《ま》を縫ってチラホラする、と此方《こっち》から又一組同じ様な一組が現れる、そして一行の見ている真ッ下の堤の上でバッタリ出逢う「飛んだ梅暦《うめごよみ》の挿画《さしえ》だ」久夫が画家らしい批評をする、山を下って元来た道を通って参道中程《なかほど》の「あら玉《たま》」と看板の出た家へ、「ラッシャイ」の声に呼びこまれて入る。名物らしい物を片ッ端から

註文する。暫《しばら》く待たされて先ずさゞえが来る、あしらい物は何もなく唯《たゞ》さゞえの肉がふんだんに入っている、新しいと見えて磯の味がたっぷりする、味加減も悪くない。はま鍋は中々美味《うま》かった、味噌の味もいゝし、生《いき》のいゝのが何より嬉しい、しゃこ鍋はさまでと思わなかった。蟹は滅法《めっぽう》大きくて、肉もたっぷりある、「今朝程生きていたのを買ったんですから」と女中さんが高からぬ鼻を高くする、「ラッシャイラッシャイって云うのは大変だろう」「エヽ慣れないうちは厭《いや》ですの」「フーム」久夫同情する、Hは貝類も苦手とあってちょび〳〵とほんの味を見る。S、M相変《あいかわ》らず健啖振りを発揮してHの分を補う、久夫シャコを食べられぬを残念がって（Mが蟹シャコは江戸っ子の食い物だと云った手前）食べるふりをして一匹のシャコを長い事持て遊ぶ。食べ倦《あ》き持て遊び倦《あ》きた（之《これ》は久夫の事）一行勘定を払って表へ、さゞえ三十銭その他四十銭ずつは高くもない、美味いというよりはむしろ新《あた》らしさを食べに来る所であろう。お土産、はぜの佃煮、海苔、せんべい、蛤貝《はまがい》等々、何《いず》れも割愛して一本十銭の小さいふぐの玩具《おもちゃ》を買って帰りの電車に乗る、小ふぐの面白く動く玩具を一行交《かわ》り〳〵に楽しみながら東京へ、この一行相変らず罪の無いのは此《こ》の通りです。

堀の内

高円寺《こうえんじ》で、青《あお》バスを降りたのである、今日の目指す本能寺《ほんのうじ》は、とろゝ料理「木瓜庵《ぼけあん》」Mの「洒落たいゝ家《うち》です」にS、久夫、Hつい誘われてうか〳〵とこゝ迄《まで》乗り出して来たのだが、さてMの古戦場、既にその跡を消して「木瓜庵」いくら巡査に、酒やのおかみさんに、魚やの兄ィに訊ねても皆目解らない、恐らくMがその「木瓜庵」に遊んだ時はMにとってロマンチックな月のない闇夜でゞもあったのだろう、ロマンスに酔う月のない晩は、兎角《とかく》人の記憶を混乱せしむるものである、とアナトール・フランスは確か云《い》ったかどうか知らないが――で、さんざ歩き疲れて、先ずSが「腹がへったア」と悲鳴を挙げれば「疲れたねー」「腹がペコ〳〵だア」のバス四重奏、俄然《がぜん》異口同音に発せられ、では、堀《ほり》の内《うち》へ一足伸ばして茶店で一服してゆこうじゃないかと審議一決、大灯籠《おおとうろう》前から再び青バスに揺られる。空腹が車の動揺の度《た》びに悲鳴を挙げること頻《しき》りであった。オソッサマのどう云う縁《ゆか》りの日か知らないが露店でずらりと並んで沿道ざわめいて賑やかである。見世物小屋から蛇が逃げたというので大騒ぎ、竹竿に蛇を挟んで、そいつ挟まれて苦しまぎれにトグロ

を巻いているのを香具師が二人でその竹竿を翳《かざ》してやってくる、そいつに真正面からぶっつかったから堪らない。蛇に限らず——長虫《ながむし》が一切嫌いなHさっと顔色変えて仰天した、そいつをSに久夫とMがケラ〳〵面白そうに笑っていた、空腹でもS、M、久夫の悪童ども人様の困惑は意地悪く笑えるものであるらしい。「シーナ手品〳〵」ガラガラガランでドラを叩いて支那街頭手品師が二組も客を円陣に集めて商売しているかと思うとスッポンの黒焼、万病の快適薬《かいてきやく》でござる、と売っている「ミナサン、コレハ西陣《にしじん》ノ本場モノ、アチラニモアルコチラニモ……」と大丸《おおまる》まげの勇敢なる主婦が（村山《むらやま》トムさんが見たら喜ぶだろう）何を売っ

ているかと思うと一本五銭で帯紐をアキナッテいるのである。昔懐かしい電気アメヤ。六文銭売り、根《こん》の薬ですよ、とお婆さんがイナゴを一皿十銭で売っている（Sが一皿、Mが二皿これをどういう積《つも》りでか買う）梅びしよが堀之内《ほりのうち》の名物お土産で、大きな店では一様に売っている、総じてオソッサマのご縁日は、一昔も前の露店の羅列で面白い。境内絵馬堂には村上彦之丞《むらかみひこのじよう》氏の奉納した日本海々戦の図を初《はじ》め、何《いず》れは曰《いわ》くつきであろう名画が沢山吊る下がっていた、参詣のお人柄がこれがまたアンチモダンのおかみさん連。ざっと本堂を拝んで……「こゝにしよう」というので鳶久《とびきゅう》というチイッポケな掛茶屋へ這入《はい》る。「きぬかつぎがよかろう」との提案で一同、皿へ山盛り（二十銭）のやつを、片っ端から忽《たちま》ち皿をカラにして了《しま》う、「外《ほか》に喰《た》べるものはないかなァ」でSとMが未だ喰《く》い足りなそう（久夫、H、俺たちも喰い足りなかったよ）で、Mが皿を頻《しき》りに弄《もてあそ》んでいるので、こいつを喰いかゝれて了《しま》ってては大変と、S早々勘定を済ませて――

柴又くさ餅

押上《おしあげ》で車を棄てゝ京成《けいせい》電車に乗換えようというのであるが、これはまた恐ろしく駅前の道路工事の乱暴さ、これが夜でゞもあって見ろ！メグリの一行誰かしらんは附近の陥穽《かんせい》に落ち込んで了《しま》ったかも知れぬし（これは少し大袈裟かな）雨の日などは、ずぶ〳〵と膝っ小僧迄《まで》も泥濘《でいねい》に埋《うずま》って、のっぴきならぬはめに陥るかも知れたもんじゃない。駅前の交番所など為《た》めに、その用意でもあるかお神楽堂のように地上一間《けん》も上の方に床を吊り下げているではないか……なんと、この駅前の工事関係者諸氏！（と大見栄を切る訳じゃアないが）もう少し整然たる道路を我々通行人のために開いて下さい。さて押上駅から今日は柴又《しばまた》の帝釈天《たいしゃくてん》までのそうというのである。この間電車賃は十五銭（片道ですよ）相当スプリングも利いている気持のよいクッションに収まって——但《たゞ》し車内の掃除は少々行届《ゆきとゞ》いているとは云《い》えない汚《きた》ならしさだが——十五分途中、窓外《そうがい》変る景色の面白さで一行早くも柴又へ到着したのである。この日天気清朗、好個《こうこ》のお花見日和とて、駅前花見客での混雑芋を洗うが如《ごと》しである。一行ばちがいの芋の如く扱われ、とんちんかん武者振って道を左にとれば

帝釈橋を渡る。もう両側は掛け茶屋で「いらっしゃい〳〵」の黄色い呼び声、俄然騒然たるものである。「羽田《はねだ》の穴守《あなもり》と同じだね」と久夫とＳが顔を見合せてニッコとする、軒並びの掛茶屋、店先には名物の草餅を一様に陳列してわれ〳〵の食欲を唆《そゝ》る。草餅と並んで、壺焼の残骸山積し、天丼、ちらし、親子丼の立看板はどこへ行っても恁《こ》うした場所のお定《き》まりである。「休んで行きましょうか」と久夫。「先ず参詣を済ましてからさ」とＳ。で、一行山門をくゞって御堂へ謹厳なる参拝を了《お》えたのであるが、Ｈ一銭也のお賽銭を山門右手に鎮座ましますお猿さんのお手てに捧げまいらしたのは特筆大書すべきである。帝釈天は寛永《かんえい》六年の草創、本尊の除病延寿悪魔《じよびようえんじゆあくま》降伏《こうふく》の守護神は日蓮上人《にちれんしようにん》の自刻であるそうである。堂宇《どうう》は目下新装中で、堂前三方にぐん〳〵枝を

延ばした見事な老松は一行の目をそばだゝせるに充分だった。「この松は江戸名所図絵にもある奴さ」とS、山門をくり出すと、角の掛け茶屋で先ず名物草餅を喰《た》べる。観察眼の、職業的に発達している(探偵じみるが)S。先刻《さつき》店なみにゝらんで来たものか、どうもこゝの草餅は色が悪いとこぼす、年増の女中さん「ご冗談でしょう。よその店の草餅は色つけで、あんなに緑いんでさ。色が悪いなんて旦那、いやじゃアありませんか」一行「ダア」と参って、なんといやじゃアありませんかと鸚鵡《おうむ》返したのは少々曲《きよく》もなかった。正に一本女中さんにひねられた形である。草餅——折角の名物だ、S「色が悪い」と頭からけなしつけたものだが少しく、これを談じてみると、先ずこうである。お団子風に丸められた草餅が十個、瀬戸物の皿に満載され、その脇にあんこがこれはまた大安売《おおやすうり》しこたま富士山の態《てい》で盛上ってサーヴされる。但《たゞし》あんの山盛《やまもり》はS「あんこをどっさり」と特に註文を出した故《せい》かも知れないことは註に入れなければならぬかも知れない。でこいつを草餅に割箸でなすりつけて喰《た》べるのであるが、流石の健啖家《けんたんか》を以《も》って鳴るメグリ一行も、哀れ一皿二十銭を喰い尽し得なかったことは末代迄《まで》の不覚であった。久夫焼いか、SMH天丼に腹をこさえて「またどうぞ」の声に送られて茶屋を出たが、一つ、江戸川べりの桜でも観て帰ろうかと、帝釈天の裏手道伝いに江戸川提上に漫歩すれば、爛漫たる春色、桜花いまを盛りと乱れ咲いて、対岸国府台《こうのだい》の丘陵一幅の絵のように霞に包まれていた。

太田窪の鰻

「明朝九時に上野を立ちますから」Sの言葉に、寝坊のMH、両名目を白黒さす、でも翌朝、汽車の出る間際に渋い目をしながら二人やって来た、日曜なので漫画部の連中を誘うのを遠慮した一行三人、三等車の片隅につゝましく席を占める、日暮里《にっぽり》——田端《たばた》——赤羽《あかばね》と窓外に、大東京の延びて行く様《さま》を如実に見せられるのを興味深く眺《なが》め乍ら、荒川を越えると流石に都会を離れた気分が味わえて、かりそめの旅気分となれるのも嬉しい、目指す浦和《うらわ》へ着いて改札口を出ると、浦和住《じゅう》の社内N氏が、日曜気分の和服姿で、「ヨー」と現われる、今日の太田《だいた》窪《くぼ》行の御案内を頼んだわけである。導《みちびか》れる儘《まゝ》に一行駅を出て線路に添うて逆戻り、一つ目の踏切を越えると乗合自動車の発着所があるが肝心の自動車が見当らぬ。発着所兼茶店の親父に「自動車直《す》ぐ出るかね」声を掛ける「ハア今出た所でがしてなア」心細い返事だ「何分置きに出るんだね」「一時間置きでがすよ」「ウヘッ」N氏の云《い》う所に依ると歩いて約三十分の道程《みちのり》とある、次の自動車の出るのを待ってる間に行

って帰って来られるわけだ、で思い切って一行テクル事にする。曇り日、風や〻寒いが歩くには却《かえ》って都合が宜《よ》い天気だ、浦和の町は線路の向う側に発展している相《そう》で、此方《こつち》側は直《す》ぐに町が切れる。ぶらり〱と進んで行くと、道が二つに分れる、左を取って行くとぽつり〱と在った家も尽きて全くの田野《でんや》、うら寂しくうすら寒い初冬の野面《のづら》の風情も、大分《だいぶん》の道程にうっすら汗さえ掻いて来た一行にはさのみにも感じない、又《また》元より詩情の持ち合せはない食べ歩きの一行に詩も歌も浮かばない、一叢《ひとむら》茂る樹立《こだち》をくゞって、細い道のある儘《まゝ》に街道を右折する。小高い丘の田面《たづら》へ延びた畠を廻《まわ》ると、雑木の並木だら〱坂、赤黄《あかき》の朽ち葉道に散り敷いて美しい、籠《かご》を背に、鎌を片手に美しい「賤《しづ》の女《め》」が上から下りて来る幻影を柄《がら》に無く浮べる――本当に芝居掛《がゝ》った坂道ですよ――左手の崖の上に洒落た離れ家を建築中

なのを見て目指す鰻の本城へ着く。田舎の古い家其儘《そのまゝ》の前庭では、赤に黒縞《くろしま》のフランネルの稲こき最中《さいちゅう》、家《うち》を間違えたか？と一行三人ぽかんとする、Nさんいきなり声をかける「姉《ねえ》や、鰻はあるかね」慣れたものだ「ある」の返事にやっと安心して奥へ通る、正面主屋《おもや》に広間二間、左側に離れ一棟、混んで来ると庭前《ていぜん》の縁台で食べさせる相《そう》だ、お茶を一杯飲んで料理を註文する、鰻も鯉も食べられぬHのために玉子でもと註文すると玉子は無いとある「玉子焼位《ぐらい》あるさ」と遥々《はるぐゝ》此所迄《まで》連れ出したMをHが恨む事〳〵、で一行料理待つ間に近所へ玉子狩に出掛ける。門を出て高台へ上ると見晴らしの所にあずまやがある。起伏の烈《はげ》しい関東平野の特徴を現わした附近の風景を見下した所棄て難い趣《おもむき》だ。鶏《にわとり》の在る所玉子ありと先《ま》ず一軒を尋ねたが、鶏あれど玉子無しと断られ山裾《やますそ》を廻って先刻《さっき》の樹立《こだち》の中の一軒家を訪れる、若夫婦が甲斐《かい》〴〵しく働いていたが快よく鶏小屋へ入って生み立ての玉子を分けてくれる、軒端《のきば》の裾《すそ》風呂、庭には小鳥籠、盆栽棚、飾らぬ中《うち》の趣深い生活振り一行すっかり羨望する、自然生活の提案者Sなどすっかり共鳴して鶏の餌に就《つ》いて専門的な話等《など》を主人と取交《とりか》わす、玉子を提げて一行鰻も出来た時分と戻って見ると、四人連れの客が既に二組詰め掛けて来ている「少し遅く来ると食べて帰ると夕方になる」とNさんが説明する。早く来た有難さ、早速に先ず鯉の洗いが持ち出される、今《いま》し方《がた》井戸端の盥《たらい》の中に泳いでいた大鯉を料《りょう》ったらしい、プリ〳〵した生きの宜《い》い肉、辛し味噌をたっぷり附《つ》けて一口、「ウウ美味い」ＳＭ口を揃えてほめる、鯉こくも悪くない、名物の鰻は一人前四串ずつ、大概の大食家でも堪能しよう、勿論タレは宜《よ》くないが、質の宜《よ》い鰻がそれを補って余りがある、御飯と白菜の漬物は余り感心しなかった、娘らしい十二三の女の子が無雑作《むぞうさ》に皿を運んで来る気分も飾り気が無くて却《かえ》って嬉しい。満腹した一行、元の街道を浦和目指してブラリ〳〵。皆さん、御夫婦連、家族連の一日の行遊《こうゆう》には興味もあり運動にも成《な》り持ってこいの場所ですよ、但《たゞ》し鰻焼くのを待つ間の長いのに退屈せぬ要心に雑誌でも持ってゆくか（碁、将棋等はありますが）ひょうたん（向うの酒はピンと頭に来ますから）とツマミ物でも提げて行くのですね。

横浜味覚極楽（上）

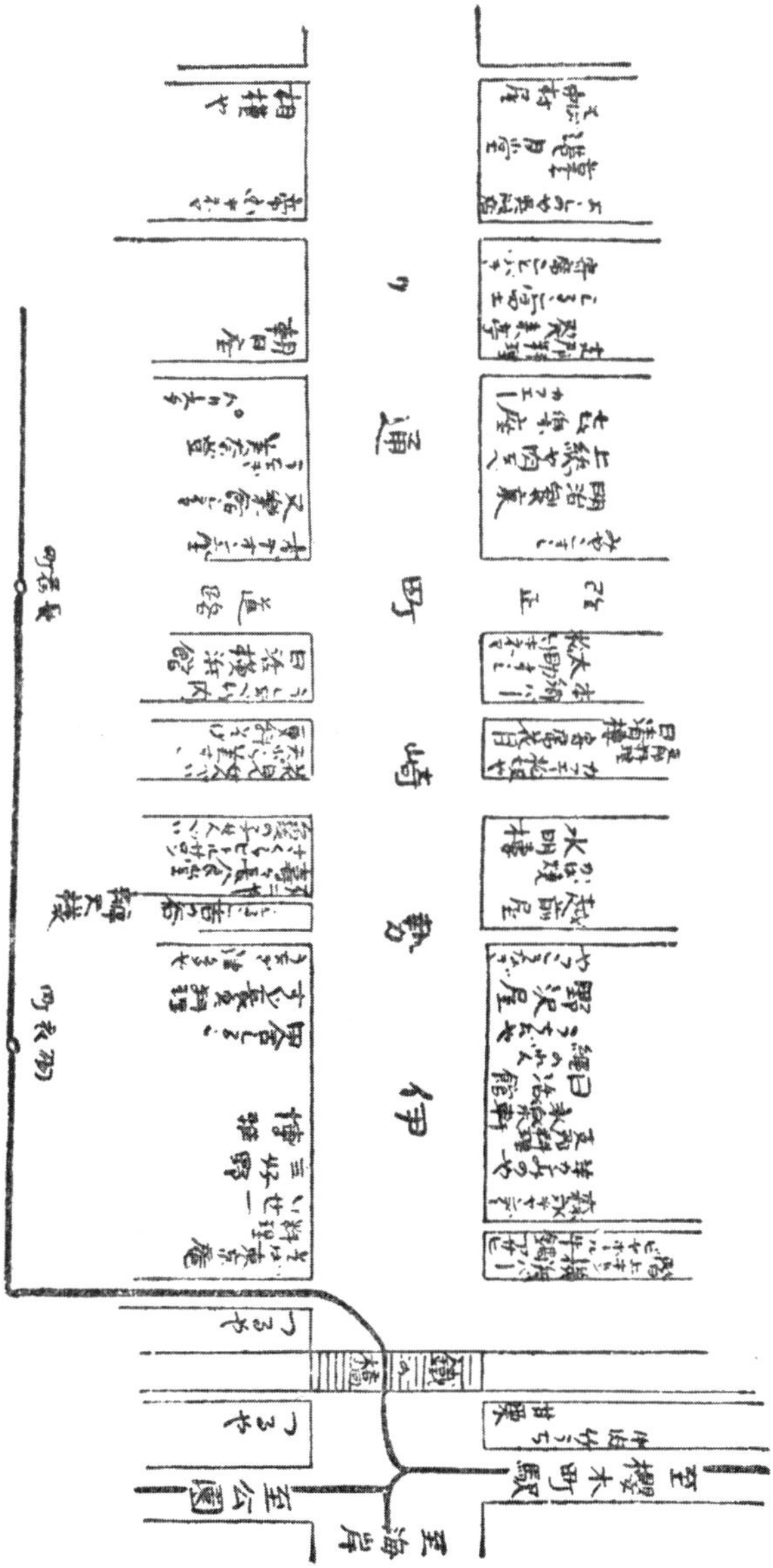

港の町のたそがれを初夏の風が快く吹く、東京から小一時間、桜木町《さくらぎちょう》で省線を降りた記者はくすぐったい様《よう》な旅気分になった、打水《うちみず》の街を明《あ》かるい灯《ひ》の方へ軽い足取で進んで行った。ハマ生まれと云《い》うお陰で、横《よこ》浜《はま》の食べ物案内を仰せ付《つ》かったのである。然《しか》し記者が横浜を離れてからの二十年の歳月は町の姿をすっかり変えてしまった。かてゝ加えて震災は町並を家並《やなみ》を跡型もなくぶち壊してしまった。今記者の前にひろげられてゆく町並は家並は、それは全く未知の姿である。今から数年前フランスに送った一夏、小松耕輔《こまつこうすけ》※1氏や薩《さつ》摩治郎八《まじろはち》※2氏兄妹と旅したノルマンジー海岸の港町サンセルバンの夕暮を漂浪《さすら》った時の気分と大差はない。日本料理の八百政《やおまさ》、洋食の因業屋《いんごうや》、今も昔の儘《まゝ》の名声を保つと聞くのが心嬉しい。グランドホテルの影はなく新《あらた》に出来たニュウグランドがグリルルームに昔のグランドホテルの華やかさをしのばす。支那街《しながい》もさびれた昔ながらの聘珍楼《へいちんろう》が平屋造りのバラックながら、面影を止めているのはなつかしい、公園裏のクレセントクラブがフランス料理の粋《すい》に客を呼ぶと聞くが、耳新しい名に足は向かない、関内《かんない》芸者の格も落《おち》た。降るアメリカの喜遊《きゆう》を生んだ真金町《まがねまち》遊廓もバラックの屋根が痛ましく続く。元町通りは漸くに町並も整頓した。然《しか》し昔の繁栄さはない。バンガローが目の縁《ふち》を隈《くま》どった日本ムスメとジャズの音《ひゞ》きにエトランジェーの足を引いている。地蔵坂《じぞうざか》右に折れた高台一帯、エトランジェー専門のチャブ屋が軒《つ》を連らねて、夜となれば高台一帯赤い町、青い灯《ひ》が怪しくも美しく瞬《ま》たゝく。本牧十二天小港《ほんもくじゅうにてんこみなと》一帯、防波堤の回転灯を沖に見て谷崎潤一郎《たにざきじゅんいちろう》氏の「本牧夜話《ほんもくやわ》」その儘《まゝ》の生活を、露骨な性遊戯を赤裸々の人生の一面を紅灯緑酒紫煙《こうとうりょくしゅしえん》の影に浮かび出す。キヨー、スタープラム、松、ミドリ、白い二の腕の蛇型の金腕環、赤青紫の色生々しいキモノ、ボウヘヤー、ジャズ、シャンペ、モンマルトルを、ブロードウェイを、ピカデリーを、フリードリッヒストラッセを、スクリーンならぬ生地の儘《まゝ》に現出する。昔の横浜、今の横浜、姿形は異なれども底に流れている町の命は、変ってはいない様に思われる。開港七十年築き上げられた町の命は、町の魂は、一朝一夕に変るものではなかろうと思われる。

横浜味覚極楽（下）

浅薄《あさはか》な近頃の横浜に対する知識とおぼろ気な記憶を呼び起しながら漸《ようや》く鉄の橋に掛る、昔の儘《まゝ》の町幅《まちはば》に電車を通さないのが町筋《まちすじ》を落付《おち》かせて銀座と違った快い気分を湧かせる、町並木が成長したらいゝ町になろう、先《ま》ず右側の歩道を進んでゆく、角の線に細長いビルディングにはバー牛鍋《ぎゅうなべ》と雑居して頂上にはビヤホールが

※1（1884-1966）作曲家、教育家。大正九年にパリ音楽院の聴講生として渡仏。
※2（1901-1976）東京出身の富豪。大正十一年よりパリに住み、「バロン薩摩」と呼ばれた。当時パリで活躍していた日本人美術家の支援など、文化擁護に私財を投じた。

ある、港町を俯瞰して冷たいビールを飲むのは悪くないと思いながら通る、森永のキャンデーストアに隣《となりあ》って名物みのやの羊羹《ようかん》がある、豆の入った水羊羹と蒸羊羹は昔からの好《い》い味を持っている、一本三銭ずつも今の値にして随分安い、支那料理の永楽軒《えいらくけん》は真向うの博雅《はくが》に押されて客足の薄いのは可哀相だ、縄のれんうちだやは小綺麗な構えでプロブル両階級の左きゝを呼んでいる、野澤屋《のざわや》は堂々たる店構え横浜百貨店の牛耳《ぎゅうじ》を取っている、松坂屋の同系統とあるだけ、商品も豊富、店の格も上々である。やっこうなぎは五十銭の鰻丼《うなどん》の他《ほか》安い一品料理で関西式の経営で入り易い店である、越前屋《えちぜんや》はまだ本建築とならず、野澤屋に圧倒されている、寄席《よせ》花月《かげつ》は大阪式のにぎやかな色彩りで客を呼ぶ、横丁へ一寸《ちよつと》折れた支那料理の日清楼《にっしんろう》は構えも大きく値段も安く、味もいゝ、一卓七円位で五六人が充分に食べられる。本通りに戻って進んで行くと東京と同じの本郷《ほんごう》バーが角にある、目下《もっか》市区改正中の広い通《とおり》を横切ると、明治製菓《めいじせいか》のしょうしゃたる喫茶店がある、横浜一の喜楽座《きらくざ》の前を過ぎると、之《これ》も横浜一流の寄席寿《ことぶき》がある。そろ〳〵伊勢佐木町通《いせざきちょうどおり》も末《すえ》になる、向う側に渡ると角に相模屋《さがみや》がある、場所が損なせいか昔日《せきじつ》の繁昌さはない様だ、朝日座《あさひざ》の横丁にパーリスタがある。改正道路の角の絶好の位置を占めてオデオン座がある、日活横浜館《にっかつよこはまかん》に隣《となりあ》って牛鍋竹内《ぎゅうなべたけうち》がある、鉄の橋向うのと同店であろう。名物亀楽《きらく》せんべいでは地球最中《ちきゅうもなか》も久しい間の売物である、隣にサクラビールサロンがある、仲々《なか〱》気持の良い店だ、寿々長《すゝちよう》食堂は和洋食ともある、此《こ》の先にある魚料理と同店で大衆的な店である、角に不二屋《ふじや》がある、東京の銀座のと同店らしい、店構えも似ている、此《こ》の横丁の弁天様に行く左側に昔からあるしるこ吉《よし》の谷《たに》がある、しるこの他すしやそばが出来て、浅草仲見世《あさくさなかみせ》のだるまと云《い》った風の店である、一つ先の新道《しんみち》にはうなぎの津多屋《つたや》がある、支那料理の博雅はしうまいを売物にすっかり売出して最近店も堂々たる洋館に建て直されて、五十銭の焼飯《やきめし》やそば等《など》の一品料理に客を引いている、隣に東京の店と同系統らしいしるこの三好野《みよしの》があり、隣合って少し奥まって料理のいせ一があり、そばの東京庵《とうきようあん》、角の履物店で、此《こ》の側は終っている、鉄の橋の両側をはさんで松屋の兄弟鶴屋《つるや》がある。いゝ加減くたびれた、記者は横浜には薄情だが、戻って入るまでの店を思い出せずその儘桜木町《まゝさくらぎちよう》へ、横浜へ、東京へ、銀座へと帰ったのである。

東海道線駅ずし合評

帰郷していたSが帰京の途次《とじ》、駅々で集めて来たすし四種、試食して批評をしようと、手空きの連中五名社内会議室に集る。すしの折を四個並べた丸テーブルを物々しく囲んだ五名、さしずめ当世流行駅ずし合評

横浜
卵焼
干瓢
生姜
烏賊
のりまき
こはだ
しろまき
國府津

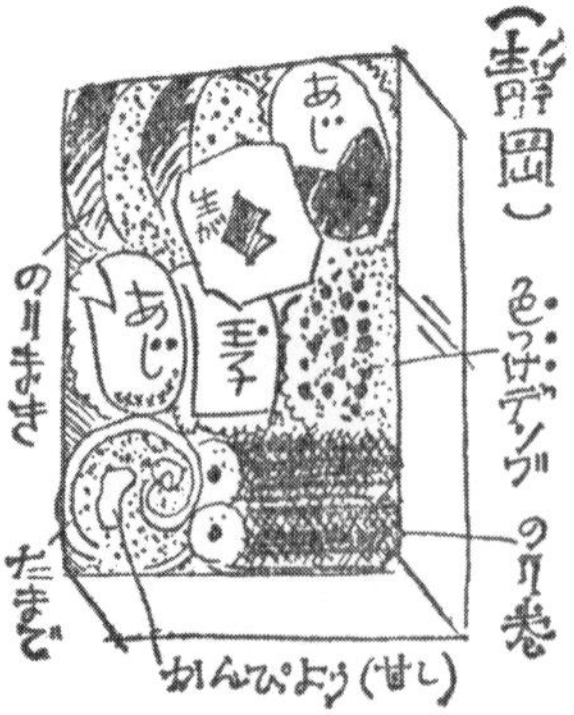
静岡
あじ
玉子
のりまき
色つけデンブ
のり巻
たまご
かんぴょう(甘し)

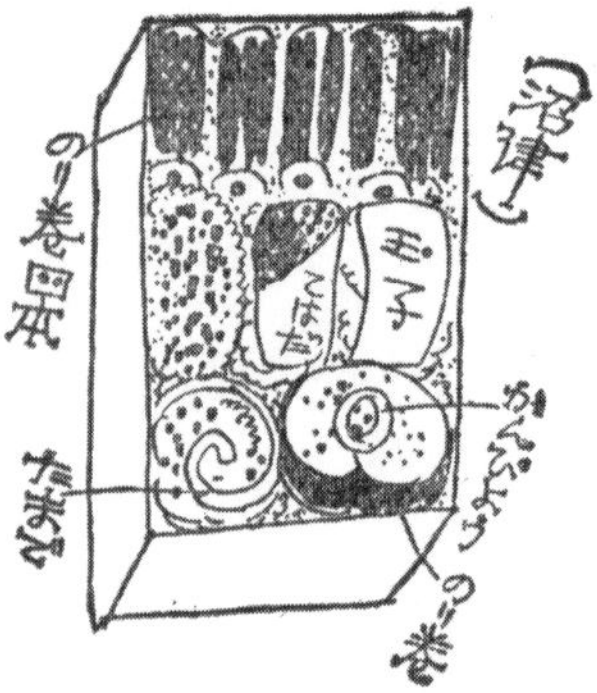
沼津
のり巻
玉子
こはだ
かんぴょう
たまご
のり巻

座談会という見得《みえ》である。「先ず包装から」とSが口を切る、昼過ぎの大分《だいぶ》お腹の空いている連中、中の誰かのお腹がおぞましくも「キューッ」と鳴る、飛んだ千松《せんまつ》※1である、口さがない一同の批評の俎上《そじょう》に上ったすし折は、横浜《よこはま》、沼津《ぬまづ》、静岡《しずおか》に国府津《こうづ》の鯵のすし。箱の大きさは国府津のがやゝ底が浅い外《ほか》、他は三つとも大きさ深さ同じ。包装は横浜（崎陽軒《きようけん》）は赤と青の二色で、日の丸の国旗が大きく出て内容に就《つい》ての注意なく、国旗の宣伝文が印刷してある、沼津（桃中軒《とうちゅうけん》）ひとよずしと命うって、褐色と青の二色をほどよくあしらって四つの中の傑作、静岡（東海軒《とうかいけん》）は桃色の一色で富士山に千鳥、いさゝか安っぽいが、一隅に名所案内が附《つ》いているのは気がきいている。浅間神社、久能山《くのうざん》への乗合自動車の賃金迄乗《までの》っているのは中々《なか〱》如才が無い、品物に就いての注意希望も書添えてある、国府津（東華軒《とうかけん》）水色と赤の二色「鉄道は誠意ある忠告を歓迎します」以下空折空《あきおりあき》びんの注意等が物々しく印刷されている、値段は国府津の二十五銭の他何《いず》れも二十銭均一、駅売《えきうり》の時間のスタンプが何れもはっきり押されてあるのは嬉しい。内容は横浜（海苔巻四、いか一、玉子一、鯵一、かんぴょう入玉子巻一、玉子かんぴょう入海苔太巻一、しょうが三切《きれ》）沼津（海苔巻四、玉子一、鯵一、でんぶ一、玉子巻一、海苔太巻一、しょうが一切）静岡（鯵二、海苔巻二、でんぶ、玉子、かんぴょう入玉子巻、しょうが一切）国府津（鯵すし七つ、しそまき一）という内容でいずれも大同小異、いよ〱味

※1　空腹であること。「伽羅先代萩」の千松の台詞「侍の子というものは……（略）お腹がすいてもひもじゅうはない」から。

わってみる。気のついた点を挙げて行って見ると、横浜は御飯がバラ〲していて、外部がやゝ堅くなっている、時間のスタンプの手前まさかと思えどいさゝか気になる。海苔巻は小さいが太く、かんぴょうは貧弱、全体に見た目は中々《なか〲》美術的である。しょうがは豊富だが頗《すこぶ》る固い。沼津は海苔巻のかんぴょう味が薄い、海苔は悪く、へしゃげている。然《しか》し御飯はよく、玉子の味も横浜よりすぐれ、一体に味がよく四つの中《うち》で最も優秀と思った、しょうがは貧弱だが、笹が一枚入っているのは心嬉しい。静岡はでんぶの色が毒々しい。味も沼津に劣る、御飯もぱらぱらである、鯵は沼津が最も優れ、次いで国府津だが御飯が隣同士《となりどうし》附きあっているのが気持がよくない、沼津以外はすしの握りが大き過ぎるせいか、何れも蓋《ふた》に押されてぺしゃんこになっているのは見た目がよくない、大体に値段の割に安いのは事実、清潔さと、相当に気を配っているのが見えるのは嬉しい、一寸した旅の折々こうした駅のすしとか、名物を家《うち》へ土産にして食卓で家族揃って批評したり、玩味《がんみ》したりするのも亦《また》旅の副産物として一興であろう。

東西珍味いかもの会

S「名物食べあるきも随分永《なが》く続いたから、この位で一まず幕にしようと思うのであるが、食べあるきにゆく都度《つど》聞かされるのはMの巴里《ぱり》では……の自慢話、なんとかで食べた鴨の丸煮がどうだったとか一品料理屋のテキの味、さては下宿のアルコールランプで温めた食用のカタツムリの素晴らしい味……僕は余りに屡〱《しば〱》聞かされるので大分《だいぶ》鼻について細《こま》いことは忘れて仕舞《しま》ったが、最後には手料理の蛙《かわず》のフライが如何《いか》に某《ぼう》画伯を喜ばせたかゞ諄〱《じゅん〱》と説かれる、Mの説によると、それ以来、某画伯は蛙の鳴き声を聞くと頻《しき》りに食欲が起って仕方がないと云《い》うことである。そこで考えついたのが、大切《おおぎ》りとして、このMの日頃お自慢の腕を振わして、皆で試食して見ようではないかと云う動議《どうぎ》、中にはMの腕を怪しんで尻込む向《むき》もあったが、それでも好奇心を持合せた同人連《どうにんれん》全部出席、会場は郊外生活の僕の家、お蔭で僕は朝の五時頃から附近の田圃《たんぼ》に蛙《かえる》取りに出掛けたものだが、幸いまだ蛙の珍味を御存知ない日本では到《いた》るところにピョコ〱蛙がとんでいて、三十分位のうちにこれが巴里なら四五十弗《どる》にもなろうと云う獲物を捕獲、さてMの手料理の段になったが、これは又《また》意外、流石自慢の手前もあってかその勇敢なこと驚くべし。蛙を一匹々々掴んで踏石にたゝきつけ気絶した彼女のお尻のところからポツンと包丁を入れ後肢《うしろあし》丈《だ》け切り取って皮をむく、これがフライの材料となるので蛙料理の高価なのも故《ゆえ》あるわけだ、しかしもっと驚いたのは蝸牛《かたつむり》料理で臭気を抜くのだと云って湯《ゆ》煮《に》の中に玉葱《たまねぎ》のみじんにしたのを入れたりパセリをみじんに切って和《あ》えものを作る、その手際の巧妙さ、遺《い》憾《かん》ながらそこらの細君連《さいくんれん》の遥に及ばない手つきに、最初は些《いさゝ》か軽蔑の眼で見ていた僕も「ダー」となった」。

M「Hが悲壮な顔をしている、小楊子《こようじ》の先にバタとパセリで青黄色《あおきいろ》くいためられた蝸牛が殻から抜き出されてト迷《まど》いした惨《いた》ましい姿をさらしている、それにも負けず、Hの姿は惨《いた》ましい、二度三度思い切った風情で口に持って行ったが、決心がつかぬ様子で皿へおろす、既に蝸牛の洗礼を受けた一同、傍《わき》からワア〳〵言ってせめたてる、遂《つい》に観念したか、目をつぶって毒でも呑む様にあぐり頬張ったが、一口二口もぐ〳〵やっていたがぐっと呑み込んだらしい、額が蒼《あお》ざめる、口に入れた途端に卒倒でもしまいかと懸念していた一同やれ〳〵とそれでもホッとする、Sの皿には蝸牛の殻、蛙の肢骨《しこつ》、蝗《いなご》の翅《はね》、鳩の骨が埋高《うずたか》くたまって見るも凄まじい、N、始めての蝸牛が大分お気に召したと見えて、盛んに殻を積み上げる、巴里以来何年越しで旧知の蝸牛に出遭ったM舌鼓《したつゞみ》を打って玩味《がんみ》、殻を逆さに中の汁を甘《うま》そうに吸う、がSにお手製の蝗を勧《すゝ》められて柄にもなく逡巡「苦手だ〳〵」と逃げを張ったが、Hに蝸牛を無理強いした手前詮方《せんかた》なく、一匹口に頬張ったが「ブッ、やッぱり此奴《こいつ》は苦手だ」と呑み込んであわてゝ傍にあった乾烏賊《ほしいか》を頬張る、H蛙は既にそうとは知らず食べさせられたという経験済み、割合に平気で食べて一同を感心させる。太ったSが小さな蛙の脚を頬張るのが小楊枝を啣《くわ》えている様に見える、此《こ》の日料理方《かた》を承《うけ》たまわったM先刻《せんこく》殺した蛙の惨骸《ざんがい》が目先にちらついて食欲甚《はなは》だ進まず、最後の鶏鍋になって漸《ようや》く元気を取戻して馬力をかける、「兎だ〳〵」のSの宣伝が利いて、H、K、N、何《いず》れも箸を控え、M甘《うま》い汁を吸ったがSが鶏と泥を吐いて一同俄然《がぜん》、箸を持ち直しM恐慌蝸牛の濃《のう》、蛙の淡《たん》、何《いず》れも舌に残って魅惑あれど、一番甘《うま》かったのは……異口同音「胡瓜と竹の子の香の物でサラ〳〵とかきこんだお茶漬の味でした」。

H「先《ま》ずオードブルとしてウルカ、アミの塩からが出た、ウルカは御存知の通り鮎のはらわたで、壁土《かべつち》を噛むようだとSが珍句《ちんく》を吐いたが、左利きでない我々にもそのほろにがい日本的風味には舌鼓を大いに打ったものである。もう一つオードブルとして、イナゴが出た。根《こん》の薬だというのであるがこれには少々閉口した。イナゴの臭《におい》がどうも味覚を不愉快にするので、二匹でご免を蒙《こうむ》ってさて本日の珍品料理エスカーゴ・ア・ラ・フランセーズが食卓に並ぶ、小楊枝でカラから中味を引きずり出して見参《けんさん》に及ぶと、これはなんと小鳥の糞の凝結体《ぎけったい》を呈《てい》している。これはと許《ばか》り怖れをなしたが、Mがお毒みで先《ま》ずパクリと口へ運べば、遅れじとS、Nがペロリと喰う、僕は暫《しば》らく途方に暮《くれ》ていたがそれでも死力を尽して喰って見た、喰って見ると成《なる》程《ほど》うまい、どんな風にうまいかと云われるとこいつ一番困るんだが――さア、サヾエの壺焼の殼底にかたまっている腹わたを喰う味である。がもっとデリケートな味覚的価値があることは判《はっ》きり云い切れる、大いに推賞して以《も》って一般的エスカーゴ流行を促進させて見たいもんだ。続く蛙料理は如何《いかん》?これは蛙の肉になんの臭味もなくて、恰《まる》で小鳥を喰《た》べるようだ、骨迄《まで》カリ〳〵噛むんで、一寸知らずに喰《た》べたら小鳥かと思われよう」。

読者からの横鎗

HさんMさんSさん、社費で食堂巡りなんて結構ですね、食堂巡りの一、三、四、を拝見しましたがこれからずん〳〵御発展の事と存じます。毎日出て来ると続いて大変面白いのに、飛々《とびとび》に出るので二日目を見失って残念です。御職掌柄仲々《なかなか》批評がお上手だけれど、今一歩踏み込んでHさんランチ五十銭は値打なし、洋

食だと思うと大間違い、もっとコック場の……等と言わずに、材料牛肉のロース何匁《なんもんめ》、サラダがいくら、マヨネーズ換価何銭と切り込んで行ってくれませんか、コーヒーでもそうです、シロップだと一本何十銭で

買えて何人前あるから氷代を入れて一杯いくらであると言う風になぜ突き止めないのです。そしてシロップは香《にお》いがないとか、又はあと口が悪いとか理由を付けなければ駄目ですね、又反対にコーヒー生豆を使うと、ジャバだとどうだ、ブラジルだとゞうだ、のにシロップだからこういう具合に悪いと言う風に書かなくては、我々素人にはわかりませんからね。松屋《まつや》で奥さん等の食べ物の撰択振りが書いてあったが、なかなか振《ふる》っています。だが食堂で幼い小供《こども》

が、手でオハギの様《よう》なものを掴んで、お母さんに「キタナイカラツマンデハイケマセン」と箸を無理に持たされるのを見て、汚ければ手を奇麗に洗ってやれば良いと思いませんでしたか？　三越《みつこし》の分店に女学生が多いと言ったから行って見たが見当らない、時間の都合だろう。残念だが引あげました（社費でない者は早く引揚げぬと予算が狂うからね）大阪の女学生にエプロンをかけた様な絵は気に入りましたね。（大阪の女学生は大抵女給の様な洋服を着ていますから東京の様な和服の袴の様な女学生は見られません）それから（ほていや）を通じてのＳさんとＨさんとＭさんの想像をめぐらすこと次の通り、Ｓさん。Ｓさんはちょっと神経質の方だが多少判断してものを言う人であって、いくらか同情心がある。奥さんが泣いたりすると腹も立てるが可哀想だなど思う人らしい、註文を永く待たせないのは良いなんて。次はＨさん。Ｈさんは清潔好き、座敷は人がくるから綺麗にしなくてはいかぬ、便所と台所の汚い家は皆がきたない、清潔にしなくちゃいかん。今日の鯛にウロコが着いてると言っては女中や奥さんに小言を言う人、社で湯のみを紙で包んだり蓋をするのは此《こ》の人。次はＭさん。此《こ》の人大きくはなくても、一寸肉付きの良い人。Ｍ「先ずサーヴィス零点と言う所だ」と言う所なんか学校の先生の様だし、「但《たゞし》シュウマイ丈《だ》けは与太《よた》で頂けない」なんてチョッキのポケットに親指を突っ込んで、貴公子然としたところもあり、Ｍ「結構ですが容器をも少し小綺麗に……蓋のないのもある」なんて言うのはHさんの様なところもある。大阪の電車会社直営の様に、三十銭均一の洋食だと良いがなんて書いて呉《く》れると、オヽ此《こ》の記者さん仲々《なかなか》見聞が広いぞと思われるんだがね――要するにSさんもHさんもMさんもたいした食道楽、食堂通《つう》ではないらしい、惜《おし》いね。川柳家でもつれて行って面白いところも素破抜《すっぱぬ》いてくれなきゃ、食堂巡りも面白くないね。HさんSさんMさんだと、まだ食堂巡りのぞ記にすぎぬ感がある、荒木《あらき》選手の様にレコードを作る様に御奮闘を期待する、左様《さよう》なら。（徳田太閤生）

横浜踊り場

南京街の巻　晩春《ばんしゅん》の黄昏《たそが》れ時《どき》である。Sさん、Mさん、Kさん、漫画のKさんと僕、同行五人は桜木町《さくらぎちょう》駅で省線《しょうせん》電車を棄《す》てると、円《えん》タクに乗《じょう》じて南京街《なんきんまち》さして車を走らせた。しょぼ〳〵雨が降っている。赤い灯《ともしび》の這入《はい》った港町の夜はなんとも知れず魅惑的だ。聘珍樓《へいちんろう》――丸テーブルを囲んで五人、支那《しな》酒《しゅ》に微酔《びすい》を覚えながらたらふく腹ごしらえは出来た、点心をつまんでそとへ出た頃は、幸い雨もあがって浜風《はまかぜ》が快く面《おもて》をなぶる。南京街は薄暗い。街の処々《ところどころ》にぼんやり立っている電気《でんき》灯《とう》の光りも何となく神秘で薄気味が悪い。アメリカの活動写真に出て来る犯罪と殺人の支那街《ちやいなたうん》――そう云《い》った雰《ふん》意気《いき》である。モシャ〳〵話しながら支那服《しなふく》の若者が二人我々とすれ違った。妙な支那の雨具をまとった人相《にんそう》の男が追《おい》すがるようにして行き過ぎて、闇に消えた。それっ切《き》り雨あがりの南京街には人通りが杜絶《とだ》えていて行《ゆ》き交《かわ》した人影もない。我々五人この沈黙と無気味《ぶきみ》な南京街を通り抜けて、元町《もとまち》のバンガローへ急いでいたのである。元町の本《ほん》

通《とお》り、こゝは流石に瀟洒《しょうしゃ》な通りだ。煙草屋の角を右に折れると、右側に靴屋がある。この靴屋の娘さんが界隈での評判娘である。「美人病《びじんびょう》」そう云った名がこの娘にはついている、何故《なにゆえ》なら病的とも思われる程この娘さんはくっきり色白の美人だ相《そう》なのである。その癖《くせ》いつまでしても嫁入《よめい》りはしない。そこには曰《いわ》くがあるんだ相《そう》でノトリアスなのだ、一寸店先《ちょっと》を覗いて見たが、件《くだん》の美人は影も形も見せてはいない。「おい何を覗いているんだ？」「いや、何でもないさ」「ぼやぐ〵するな。バンガローはこっちだよ」で、この靴屋の真《ま》ん前《まえ》が、バンガローだったのである。靴屋の噂は承知ながら、バンガローの存在を知らなかった僕、バンガローにはお馴染《なじみ》のMさんではあるが、靴屋の美人を知らないMさんに漫画のKさん、既《すで》に扉を排《はい》して勇敢に突入しかけているSさんとKさんにつゞいてどやぐ〵とバンガローへ押し入ったものである。

ジャズマニアの群れ　ジャズだ。這入るや否《いな》や華やかなジャズ音楽とむせかえるような脂粉《しふん》の香《か》の渦巻《うずま》きだ、外国人《エトランジエ》の胸にぴったりと身を寄せて恐ろしくグロテスクな化粧、断髪《だんぱつ》の女――胸高《むねだか》に帯をまいて小山のように尻をつきだした桃色薄衣《ももいろうすぎ》の女、膝小僧《ひざこぞう》さんを勇敢に露出した単《たん》スカート[※1]洋装の女、何《いず》れも十七八から二十二三のこうした若い女がまるでジャズマニアのように踊り狂って居《い》るのである。踊り疲れてカウンターに寄り乍《なが》らキュラソーの杯を乾《ほ》して居る女もある。プーと紫煙《しえん》を吐いて棄て去る煙草には毒々しい紅《べに》が艶《なま》め

※1　短スカートの誤りか。

かしく附着《ふちやく》していた。片隅に卓をかこんで、同行五人先《ま》ず糞落ち着きに落着《おちつ》いているMさんを唯一の頼りにして座《ざ》を占めた。仏蘭西《ふらんす》帰りのMさんは、流石に場馴れたものであった。Sさんは、ビールを呷《あお》ってやゝ陶《とう》然《ぜん》たり、煙草をのまないKさんも手持無沙汰《てもちぶさた》の限りを尽《つく》していたが、暫《しばら》くしてから、ジャズ、ジャズ、ジャズ音楽の世界へまき込まれてゆくらしい。と見ると、漫画部のKさん、これはとても素晴らしいグロテスクな断髪のおばアちゃん娘《むすめ》と、何やら意気投合振《いきとうごうぶり》を見せて居たかと思うと「じゃ一つ踊らない」「でもわたしよく踊れないのよ」「いゝよ、リードしてやるから」てなことで、勇敢そのものゝように、折柄《おりから》突如として起るジャズにつれて踊り出した。一同「あッ！」と怖れをなす、間髪を容《い》れずMさん、緑花《りよくか》の（わたしマリーって云うのよ）とか後《あと》で仰言《おつしや》いましたかねの――少女とこれも腕を組んで数組の群がる中へ突入して行った。ダンス通《つう》のMさんは平常《いつも》の広言《こうげん》を裏切らずよく軽快に踊る。Sさん、Kさん僕、こうなっては少々「ダンスの一手も覚えておけば……」と嘆声《たんせい》を洩らしたくなってきた。処《ところ》が、どうだ漫画のKさん、得意の絶頂からこゝにすってんころりとめんぼく玉《だま》をぶっつぶす事。

漫画のKさん失敗の巻　漫画のKさんがダンス熱に浮かされてからもう三月にもなろうか。渋谷《しぶや》のさるダンスホールに毎日曜お通いになって御当人は既に天晴《あつぱ》れの踊手と心得ていた「何も押しですよ。基本練習が一通り済めば、後は押しさ」、そのKさんの押しで「浜っ子がなんだ。ダンサーがなんだ」俺だって踊れるんだ、で飛び出した訳だが、さて御覧《ごろう》じろこの辺のダンス場はお上品な社交ダンスではなかった、肩を動かし腰をふっての商売ダンス（？）だ。ダンサーを抱えて勇敢に乗り出して行ったはいゝが、二三習い覚えたステップを踏んでいるうちに、ダンサーの腰振りと電信柱のようにつっ立って踊るKさんの意気とは、卓を囲んでの密談程には投合《とうごう》しなかった。あわやと思う時は既にダンサーのお腹がどしーんとKさんにぶッつかった。Kさんやゝ狼狽の色を見せたが、次《つい》でまたどしーん〳〵。これじゃあ流石のKさんも踊れない、果てはダンサーの足がKさんの足の下へ這入った。（Kさん

曰く、断じて踏んだんじゃない。と後《あと》での話)「いたい！」とダンサー叫んだがそこは商売、コケティッシュなえみを見せると「いたいわ、ほんとうに」「いや、これは失礼」Kさん赤面してあやまった「どうもよく踊れないんで……やっぱり君にリードして貰った方がいゝなア」「わたしリードなんて出来ないわ、わたしもよく踊れないから駄目ねえ」とダンサー巧《たくみ》にKさんを敬遠する「じゃア一つ、練習だと思ってよくステップを教えてくれ給え」Kさん、つっぱなされては男が立たぬとでも思ったか、ひどく下手《したで》に出た。「練習は駄目よ、若《も》し練習なら、昼間の二時頃いらっしゃいな。すいているからさ」「チェッ！　一度位《くらい》ひっぱって呉《くれ》てもよかり相《そう》だがなア」「こんなに皆んな踊っている中《うち》で荷車《にぐるま》でゞもあるまいし……」Kさんの失敗を先程からニコニコして見ていたSさん、こゝぞとばかり、卓をのり出しちゃ〳〵を入れた「引っぱれないんだとさ」ウフェ「荷車あつかいされてひっこめばせわアねえや」とKさん苦笑をもらしてテーブルへ帰った。敗軍の将、こゝで一杯あおると、てれがくしに便所へ立っていった。

便所がない　十分《ぷん》。まだKさんは帰って来ない。「Kさん引きとられてしまったかな」「仲々《なかなか》あれでアッピールがあるからね」「第一あのチョビ髭が物を云うよ」と、其処《そこ》へニヤ〳〵笑いながらKさん帰ってきた。「引き取られてしまったのかと思っていたよ」「どうして、それ処《ところ》か」とまだニヤ〳〵している。「だいぶ悦《えつ》に入《い》っているようじゃないか」「凄いラヴシーンを見て来たんでね。兎に角便所へ行く廊下は両側ともにボックスがあって……毛唐《けとう》はしつっこ相《そう》だね」「なにが？」「エヘッヘ」Kさん独得《どくとく》の笑いをもらす。先《ま》ずKさんの話は、ダンサーと客とのいちゃつき話であったのである。「いけすかないね。この人は、そんな処《ところ》を感心して見て来たりなんかして」エイちゃんと呼ばれるダンサー、Kさんをぐっとたしなめたものである。そして「それよりかどうみんなにアイスクリームおごってくれない」「いゝね……」Sちゃん即座に引受けた。「Kさん便所はあっち？」Mさんがきく、「チェッ、ごしゅうちゃくだね。Mさん、あてられるからよし給え、それに便所はないんだよ」Sさん「便所がないって、じゃアどこで済ませたの？」「廊下をつっきると戸外《こがい》へ出る、そこに川がある、川即《すなわ》ち便所ですよ」「ほんとかね」とKさん僕。「ほんとうよ」ダンサー黄色い声で首を縦に振ってニコニコする、「じゃ君達も、川で用を済ませるんだね」とKさん。「大方そうでしょう」漫画のKさん「そいつはネイモウだね」とSさんとMさん「アラ、随分だわ、まさかねェー」とエイちゃんマリーさんめくばせしてどっと笑う。「まさかって、じゃどうなんだ」「そんなことどうだっていゝじゃあありませんか」「どうでもよかアないよ」で一座またドット湧く、ジャズがまたおどけたヴォーカル入りで大騒ぎだ。「ヴォートル・サンテ」盃《さかづき》を合《あわ》せてデモ外国人が陽気な歓声を挙げる。ホールの内《うち》は今がざんざ騒ぎの真最中だ。

附録　銀座界隈

銀座《ぎんざ》界隈にある食べ物店、カフェー、バー等《とう》を堪念《たんねん》に廻《まわ》っていたら、恐らく一と月《つき》かゝっても未だ足を踏まない店が沢山に残っているだろう。銀座通りは云《い》わずもがな、銀座を挟んでの両側の裏通り、軒並のカフエー、バーは少し大袈裟《おおげさ》に云えば日に一を増し、週に数指《すうし》を屈するという勢《いきおい》で増えてゆく、この大銀座の食べ物店を総括的に話すという事は、かなりの時日《じじつ》と費用を要する事である、で極《ごく》あらましを書いて見よう、先《ま》ず新橋駅《しんばし》をまっすぐに表玄関から出て市電《しでん》新橋駅前、そこには村上浪六《むらかみなみろく》氏※1が「食指不止動《しょくしふしどう》」と推賞《すいしょう》する処《ところ》の「寿司幸《すしこう》」がある。随分古い店でももう彼是《かれこれ》四十年も前から——というからSもMも久夫もHも産《うま》れない前からの古い店で、何時《いつ》も相当「通《つう》」を呼んで繁昌している。おやじというのが大辻司郎《おおつじしろう》君の兄貴みたいな顔で将棋が初段格《しょだんかく》で、野球ファンで大の慶應びいき、——そんなことはどうでもよいが、ネタのよいのと寿司米《まい》（庄内米《しょうないまい》）の厳選と、握りのうまいので有名で、三十銭のちらしは蓋《けだ》し安くてもうまいものゝ随一、寒い時にはあなごをあぶって呉《く》れって註文を出して見給え、ひもの海苔巻きとゝもにこいつもうまい。久夫、抜

※1　大阪出身の小説家。町奴を主人公に仁侠の世界を描く撥鬢《ばちびん》小説で人気を博した。

天、小《お》が武《たけ》と漫画の連中がよく出入して近頃では、そうした悪童どもの漫画が壁に吊るさがっている。もう一軒新橋駅裏手佐久間町《さくまちょう》に「大寿司《おおずし》」がある。こゝの「オタチ」はまた格別うまく、銀モボがたかってトロを食《く》っている図も面白い。とんで橋手前に大衆向大量生産的天麩羅の橋善《はしぜん》がある、こゝの天丼はよっぽど空腹の時でも一寸《ちょつと》もち扱う位《くらい》内容豊富だ、但《たゞ》し待たされるのと器《うつわ》が余り上等でないのが欠点である、電車通《どおり》の向《むこ》う側にある小料理おでんのあら七は、若い文士、新劇俳優等の定連《じょうれん》を多く持って、小鍋物や気の利いた小《こ》皿物《ざらもの》に上戸党《じょうことう》を喜ばせている、腰掛けて飲むのだがかなり小綺麗にしてある。断髪でそして粋なお内儀《かみ》さんが変《かわ》っている。なお橋向うには牛肉屋では太田屋《おおたや》、数寄者《すきしゃ》に重宝がられる今朝《いまあさ》があり、洋食では子供食堂と家庭的チップなしの洋食喫茶等のふもとやの四階ビルが桜田本郷町《さくらだほんごうちょう》行き電車通り新橋駅寄りに聳《そび》えている、やゝ芝口《しばぐち》よりにうまいロシア茶を一杯十銭で飲ませるロシア人の喫茶店がある。

橋を渡って右へ折れると、此所《こゝ》も大衆向の天麩羅天國《てんくに》、割合にあっさりした天麩羅を手軽に食べさせる、本通《ほんどお》りへ戻って千疋屋《せんびきや》の並びに支那料理の彩華《さいか》、向う側の秀華《しゅうか》と競争して、シウマイ、ワンタンの類を始めとして簡単に支那料理を味わわせる、秀華の並びに一寸奥まってあるのが銀座のカフェーでは届指の老舗プランタン、主人は洋画家松山省三《まつやましょうぞう》※1氏で、特殊な雰囲気を醸《かも》して若い人達を今でも引寄せている、東京パンは洋食もやっているが、その方《ほう》は余り感心出来ぬ、メキシコライス、トルコライス等は少し人を食っている。角店《かどみせ》のエビスのビヤホールはおでんや、ソーセージ等を肴にビールを味わわせる、チップはとらせない。女給の姿は余り感心出来ぬ。古くからある肉屋の松喜《まつき》も銀座名物の一つ、下は腰掛けて食べ、上は坐って食べる様《よう》になっている、食べさせる肉は確かに美味いが、値段もかなり宜《よ》い値段を取る、テーブルの傍《わき》へ銀杏返えしの姐《ねえ》さんが立って鍋の世話をしてくれる風情《ふぜい》は一寸面白い、森永《もりなが》は子供本位で飲み物お菓子の他にすし、汁粉、カレーライス等が出来、舞台を造って活動写真や音楽などをやって子供を喜ばしている、反対側にある銀座食堂は、階下で食料品を売り、階上で純日本料理を食べさせる、定食の外《ほか》に一品料理もあって、家族連《づれ》で美味《おい》しい日本料理を食べようという趣向の時などにはもってこいである、女給さんも小さい女の子で、お酒も一盃《ぱい》だけ申訳《もうしわけ》だけに注《つ》いで後はサーヴィス専門にやる所などさっぱりしてゝいゝ、コロンバス[※2]は十銭均一の洋菓子で、みつパンがうまい、一円のフランス式オードゥブルというのがある。小松《こまつ》食堂は近衛《このえ》さん[※3]の奥さんになった女給さんの玉の輿物語で、一躍名を揚《あ》げた傾《かたむ》きがある、極簡単に食事の出来る店である。

尾張町《おわりちょう》近辺へ来ると先ず天麩羅と云えば直《す》ぐ名が浮ぶ位《くらい》名を売込んだ天金《てんきん》がある。上《あが》って落付いても食べられるし、腰掛けて安値《あんちょく》に天丼をかっこんでもいゝ様《よう》になっている。鰻の竹葉《ちくよう》は交叉点を挟んで二軒あるが

※1　(1884-1970)洋画家。日本第一号のカフェー「カフェー・プランタン」を開業した。
※2　コロンバンか。大正十三年東京大森で創業、昭和四年に銀座に店舗を開設する。
※3　近衛文麿、秀麿の弟で、音楽家の近衛直麿(1900-1932)。

三原橋《みはらばし》寄りの方は乙《おつ》な茶室がゝった家で、腰掛けて気早《きやす》く食べられる、並びにお座敷天麩羅の花野《はなの》やがある、その向う側にある毛利《もうり》パンは安値《あんちよく》第一で、十銭の肉マン、すしマン、大阪式のまむし丼等々《とう〳〵》安くお腹に溜るものを豊富に供給している。支那料理の上海亭《しやんはいてい》は支那風の素張らしい表構《おもてがま》えで一寸入《はい》り憎《にく》い感じだ、此《こ》の横丁にあるグリル銀座のビフテキディンナーは中々《なか〳〵》値打がある、そばの更科《さらしな》、お汁粉の若松《わかまつ》、飲み屋の岡田《おかだ》等夫々《それ〴〵》の食通に持て囃《はや》されている、松月《しようげつ》の裏側にあるジャーマンベーカリーは美味《うま》いコーヒーを飲ませる、銀座を京橋の方へ進んでゆくと左り側に赤びょうたんがある。鰻その他簡単な食事が取れる、その先の本屋教《きよう》文館《ぶんかん》の二階には別掲《べつけい》の富士《ふじ》アイスの別店がある、左り側は京橋迄《きようばしまで》の間にカフェーギンブラが一軒ある位で松屋の方《ほう》の側と比べるといさゝか淋しい、反対の側に渡ると、喫茶では明治《めいじ》製菓《せいか》、スポーツがあり、富士アイスと似た経営振《ぶり》のオリムピックは酒はなく本当の喫茶軽い食事に適当だ、キリンのライスカレーは中々《なか〳〵》美味《おい》しい。フネのクロネコイナイナイバーが変った建物で人目を惹く、家《うち》の中に寺の本堂に型取《かたど》った装飾を施《ほど》こし、お経の蓄音機をかけ女給さんを清蓮《せいれん》さん、妙蓮《みようれん》さん等《など》と呼ばせているのは聊《いさゝ》か悪趣味だ、米国式支那料理を標傍するアスターは入口のウインドに食べ物の皿を値段入《いり》で並べ実物本位で客を引きよせている、二階で食事をすると一割のサーヴィス料を特別に取られる、豚のチャプスイ等中々《なか〳〵》安くてうまい、一卓五円位の食事を三四人でつっついて食べるのもいゝ、下で食べれば五十銭から一円位で充分食べられる、化粧品のポンピアンの奥の喫茶部は一寸入《い》り憎《にく》い、三共《さんきょう》の喫茶部も同様だ、並びにある金麩羅《きんぷら》の大新《だいしん》は洒落《しゃれ》た構えで落付いて美味《うま》い金麩羅が食べられる、カフェーバッカスは種々《いろ〳〵》な事で時折問題にされ勝《がち》で、その意味で名が売れている、入口が狭くて中の広い妙な構えの家だ。

京橋を越すと二三軒喫茶店の外大《ほかたい》したものはない、裏通りの鰻の小松《こまつ》は古くから有名で、階下は簡単に食べられる様《よう》になっている、帝劇の連中等よく見うける、交叉点の元星製薬《もとほしせいやく》のあった傍《わき》に他見男《たみお》さん奥野《おくの》氏※1の経営するカフェーユーモアがある、幸ずしの並びのお座敷天麩羅の天《てん》ま寿《す》は元慶應のホッケー選手の池上君経営で自身が買出《かいだ》しにゆく熱心さでそれ丈《だけ》しっかりした物を食べさせるので評判がいゝ。京橋から日本橋の方へかけては、風月《ふうげつ》の喫茶部、千疋屋、日本橋交叉点近くに軽い洋食や飲み物の居心地のよい店白十字《はくじゅうじ》、柳屋《やなぎや》が向き合い、乙《おつ》な物を食べさせる甚兵衛《じんべえ》がある。呉服橋《ごふくばし》寄りの日光《にっこう》は綺麗《きれい》で昼一円夜二円の定食は相当に美味《うま》く内容豊富だ。中将湯《ちゅうじょうとう》の横にあるスッポンのまるやは故鴻《こう》の巣《す》主人の創始した店で今は未亡人がやっている。

銀座とカフェーは附き物の感がある、コクテルの味、美人女給に夫々《それ〴〵》腕を振い、妖《よう》を競うが、家族連には余り用の無い所、徒然《つれづれ》に、悪友に誘われて、又《また》春の夜の漫歩《そゞろあるき》の折《おり》の気紛れに飛びこんだ事のあるカフェーを

※1　奥野他見男（1889-1953）、ユーモア作家として活躍した。

拾いあげて見る、尾張町角のライオンは古く売込んだ店だが、下が食料品や、すしの店等に変って二階だけになってからは一寸さびれた感がある、昔程評判を聞かなくなった、それ丈《だ》け質実《しつじつ》にはなって日中はボーイさんがサーヴィスをやっている、向う側の松月《しょうげつ》は女給さんに日本髷《にほんまげ》を結わしてみたり、一寸変った趣のある店で美人も多い、タイガーは下半分《したはんぶん》を喫茶部にして可愛い少女給《しょうじょきゅう》にサーヴィスさせている、カフェーの方《ほう》は永井荷風《ながいかふう》氏を筆頭に文壇人の馴染《なじみ》も多く、女給も美人や凄腕《すごうで》に一寸カフェー馴《な》れのした人でないと入ってもたじ〱する、マツダランプの横丁のニューヨークバーも美人が多い、然《しか》し角店《かどみせ》であるせいか一寸落付きが悪い、資生堂《しせいどう》横のアザミは放送局の社会教育部長の仲木貞一《なかぎていいち》※1氏辺りが定連で、お玉《たま》さん始め中々《なか〱》美人が多い、マダムは競馬ファンとして有名だ、カフェーに似合わず日本酒が美味《うま》く飲ませる、冬など、湯豆腐やおでん鍋でチロリで持って来る酒をちび〱やるのは悪くない、二階の表に向いたバルコニー風の所等《など》は、一寸したパーティーに具合が宜《よ》い。此所《ここ》のマダムの妹さんが経営しているカフェー赤鬼《あかおに》は邦楽座《ほうがくざ》前の橋を渡った所にある、狭い店だが居心地は宜《よ》い、おつるさんお冬《ふゆ》さん等《など》美人揃いだ、マダムの如才無いのも売り物だ、マダムは娘さんをダンスの藤田繁《ふじたしげる》※2の所へお弟子入りさせたり、見かけに依《よ》らず中々《なか〱》新らしい所がある、此所《こゝ》もアザミと同じ様に日本酒を飲む人に居心地のよい様に気をつかっている、新築地《しんつきじ》劇団の高橋豊子《たかはしとよこ》※3や変った顔触れが時折見られる、お隣りに佐々木清野《ささききよの》※4がいるバーキヨノがある、その他ゴンドラ、ビワコ、ロシア、オデッサ、ブラックライト、ジャポン等々《とう〳〵》名前を挙げるだけでも一寸草疲《くたび》れる位ある、然《しか》しカフェー巡りはこの位にして片附《かたづ》けておく。

　中通りから金春新道《こんぱるしんみち》方面へかけては風月堂《ふうげつどう》が二階を料理部にして仏蘭西《ふらんす》料理を売《うり》ものにしているのは可成《かな》り久しいもので震災前は美味しい洋食を食べさせる高級店の唯一に数えられたもの、そしてサーヴィスを前《まえ》垂《だ》れがけの番頭さんがするも評判だった、今日でも家族連にはもってこいであるが、聊《いさゝ》か高級すぎる、エイワンは値は高いことは高いが、食べさせる物は美味《おいし》い、然《しか》しサーヴィスは余り感心出来ぬ、ずっと廻《まわ》って見た所で、名を売込んだ店でもその名にだけ安心してサーヴィスの悪いのを見逃したり、食器の不潔さに気が附かなかったりすると、そういう時にぶつかった客は、一寸又行《またゆ》く気が起らなくなり、友達にも吹聴《ふいちょう》するというわけで、段々さびれてゆく、その反対に新店《しんみせ》でも安く美味しい物を食べさせ、そしてサーヴィスに気をつけさえすれば、どん〳〵と売出してゆく事が出来る、此所《こゝ》らが目の高い舌の肥えた東京、銀座辺りの客を相手にして商売のやり憎い所であり、又やり良い所なのであろう。

※1　読売新聞記者、松竹脚本家、日本大学講師等を経て日本放送協会東京中央放送局に入る。
※2　日本のバレエの母・パヴロヴァの、男子としては最初の弟子。
※3　女優。新劇協会や築地小劇場を経て、丸山定夫らと新築地劇団を結成。
※4　松竹蒲田に所属した女優。声優の野沢雅子の叔母。

神田喫茶街

プロローグ「君、今度ヴィクターから（神田《かんだ》喫茶《きっさ》街《がい》）という新レコードが発売されたのを知ってるかね」「知らないね」「兎《と》に角《かく》、素晴らしいもんでね、神田の喫茶店を片っ端から紹介してゆく愉快なレコードさ」「ふん！　未だ知らないんだが、凡《およ》そ神田という処《ところ》には喫茶店が何百と軒《のき》なみに竝《なら》んでいる処《ところ》があるんだというじゃアないか、蓋《けだ》しレコードは二枚続きという訳になるね」。「二枚？　ご冗談でしょう、アルバム入《いり》の前後三十五枚揃いさ、おい、どうしたんだ、確《しっ》かりしろよ」「うーん」「おい、おい、こいつ、どうしたんだ、なんだ気絶しちゃアがった」って、話が先頃《さきごろ》あった相《そう》です、なに嘘だって？　処《ところ》がこれは実話なんですよ、なんなら三十五枚たっぷりレコードをお聴かせしましょうかね。なに、それには及びません。じゃア止《や》めて置きましょう。だが？　ほんとにそんなに神田には喫茶店があるんですかって？　疑い深い人だなア！　あるんですよ。なんなら、ぽつぽつその一部だけでもお話しましょうかね。よろしい。

ではと……先《ま》ず小川町《おがわちょう》あたりから初《はじ》めましょう。あの交叉点の角《かど》にあるのが「カフェー天下堂《てんかどう》」。こゝのおやじは女給問題で先頃新聞種《だね》になって騒がれましたね。その筋向《すじむこ》うにあるのが「パリス」この二軒は、だが美人女給で客を引く訳でさア。チップをたんまり用意して行かないことには受けませんよ。「パリス」からずっと駿河台《するがだい》方面に寄って、明治製菓の売店がある。こゝは「チーズ・オン・トースト」ミルク附《つ》きで三十五銭。こいつが安くて洒落てまさア。アイスクリームも明治のものなら受合《うけあ》ってうまい、クリームがいゝからね。

この辺で裏通り、南明座《なんめいざ》附近へより道してみましょう。南明座のすぐ横町に支那料理「さつき」がある。大してうまくもないが、おかみさんが、女給が甘党にもお酒を奨《す》めて、おっと悪口を話すのが能《のう》じゃないんだっけ、その隣りが「欣成《きんせい》」洋酒と喫茶、カフェー「五十軒《けん》」喫茶「銀の弓《ゆみ》」酒の家「白鷹《はくたか》」とこの辺にはコッテリ、白粉《おしろい》装飾の女性が一軒平均三人位ずつ、流行小唄《こうた》を口ずさんでいようという。中《なか》で「小沢《おざわ》喫茶店」だけは男《おとこ》ボーイ（！）で危《あぶな》っ気《け》がない。

さて、三省堂《さんせいどう》、文房堂《ぶんぼうどう》の通《とおり》へ這入《はい》ってゆこう、角《かど》の「白井《しらい》喫茶店」は昼時には附近の角帽連《かくぼうれん》、中学生（雀《じゃく》群《ぐん》というのだそうだ。喫茶店側から云《い》わせると。チュウチュウ可愛《かあい》らしくさえずっているから。いつもコーヒー一杯で）がライスカレーと首っ引きで、正《まさ》に食欲そのものを見せつけられる。が安い代《かわ》りに味覚もへったくれもあったもんじゃアない。二三軒先《さ》きに支那料理「幸楽《こうらく》」その前に「神田《かんだ》ベーカリー」こゝは神田としては上の部のランチを食わせて呉《く》れる。その斜め向う横町に安くてうまい洋食や「おとわ」がある。なにしろ「エビ・フライ」に「ハムライス」で五十銭で食える。再び通《とおり》へ出ると牛屋《ぎゅうや》の「米久《よねきゅう》支店」牛屋と云えば小川町通りには「常盤《ときわ》」があったっけ――さて、第一中華楼《ちゅうかろう》はもとの旧館から二三軒隣りに新築成《な》って堂々支那式華麗を極めた五階楼落成。こゝの「クーローヨウ」はうまかったっけ。そして、恐らく銀座へもって行っても、充分優《ま》さるとも劣らぬ神田随一のうまい支那料理店だろう。大衆的な「須田町食堂」は相変《あいかわ》らず客で満員、「信画堂《しんがどう》喫茶部」こゝのランチ(五十銭)も結構である。寿司屋なら、こゝの向側の「こがねずし」がいゝ。キビキビした紅顔《こうがん》のアンチャンが握ってくれる。但《たゞ》ししなびた老婆がお茶を出すのはトロ三枚目のおかわりを遠慮させる。が老婆はアンチャンの実母らしく、親孝行らしいアンチャンで快い。早くいゝ嫁さんでも貰ってやりたい。(おっとアンチャン勘弁して呉《く》れ)

愈々《いよ〱》、不二家《ふじや》筋向う所謂《いわゆる》喫茶街横町へ足を入れよう。俄然連立する喫茶店展覧。どこの店からも蓄音機の大演奏が洩《も》れて、ジャズだ、ホワイトマンのジャズだ。フォックス・トロットだ、ブルースだ、二村定一吹《ふたむらていいちふき》込《こ》みの神田小唄だ。早慶明《そうけいめい》の応援歌だ。剣戟《けんげき》伴奏曲だ。マンドリンの合奏だ、等々《など〱》。そして十銭の享楽《きょうらく》だ立《た》ちならんだ何処《どこ》の喫茶店へ這入《はい》って見てもコーヒー、紅茶十銭なんです。そしてレコード十数枚に陶酔して、「時は五月、人は青春」のアルトハイデルベルヒ※1を謳歌《おうか》しようというのです。

ウツボ、スヒンクス、ルビコン、ライオン・ベーカリー、ツバサ、孔雀《くじゃく》、ジネヤ、今井《いまい》、オリンパス、リリアン・パーラー、この店は二軒あるのでNo. 1. No. 2. リリアンなんて呼び方をしている、金楽《きんがく》、パピヨン、メイ、クロス、モンパリ、カモメ、ミハト、サンゴ、ポトナム、ギャストロノオム、愛弗《あいどる》、サロメ、マイネクライネ、カラタチ、ムロ、驚《おど》ろくべし、これが皆《み》んな喫茶店の名で、然《しか》もこれが全部でなくて、その一部を読み挙げたのに過ぎないんだから。どうです二三軒首をつっ込んでみますかね。リリアンNo. 1. はどうです。断髪《だんぱつ》洋装の少女が眼につきますね。胸高《むなだか》に黒繻子《くろじゅす》の細帯《ほそおび》をきゅうと締めた十六位《ぐらい》だろうに、いやに意気《いき》な少女もいますね、がどうですこの紅茶は、にがくって唇《くちびる》へも持ってゆけない。シュークリームは少々すっぱいね。サンドウィッチはいやもう腹《はら》のたしなんかにしようと思うと大間違《おおまちがい》、レコード演奏に酔い乍《なが》ら少女女給のあどけない優しい瞳と、ふくらみかけた乳《ちゝ》への蠱惑《こわく》と、細《ほ》っそり——と見る断然洗濯ばアさんの如《ごと》きふしくれだった指先《ゆびさき》——こいつには眼をふせて、われ我はたゞ〲少女らしい純な魅惑に「十銭享楽」を恣《ほしい》まゝにすればいゝんだ。嬉しい哉《かな》、商大生《しょうだいせい》が一かたまりになって紫煙《しえん》をくゆらせ、レコードの伴奏裡《り》に、

※1 『アルト・ハイデルベルク』はドイツの作家、ヴィルヘルム・マイヤー・フェルスターによる戯曲。

新経済学に論議の花を咲かせているとは、この日天気晴朗、神田喫茶街正《まさ》に異状《いじよう》なしです。「メイ」は「リリアン」より幾分《いくぶん》地味らしく、七三の品のよいお姉様タイプの女性が乙《おつ》に澄《す》ましています。「ムロ」こゝはほんとうの少女女給で、十三四の女の子が四人で給仕しています。ウツボはお汁粉もやっています。以上喫茶と兼ねて何《いず》れも洋酒をサーヴし、ジョニー・ウォーカー一杯五十銭、値段は流石《さすが》神田で銀座あたりと較《くら》べると安いもんです。

神保町《じんぼうちよう》の角の「万盛庵《まんせいあん》」はそばでは有名ですが、「新《しん》声館《せいかん》」前に「更科《さらしな》」のうまいのもある。さて、こゝの交叉点を水道橋《すいどうばし》方面へ横切ってゆくと左側に喫茶「柏《はく》水堂《すいどう》」右側に「金《きん》の星《ほし》」がある。こゝは純然たるカフエーで、女給さんで客引く店、よく「観菊デー」だとか、やれ「紅葉狩り」だとか色々催しがあって、二階などには何時《いつ》も神田詩人がトグロを捲《ま》いています。

「金の星」を神田日活《にっかつ》館《かん》裏手へ向って横町を曲るとこの附近に「ベラミ」凄い名前で「ゴリラ」というのがあり、変《かわ》った処《ところ》で、朝鮮《ちようせん》

料理「明月館《みんげつかん》」がある。こゝは女給さん何《いず》れも朝鮮美姫《ちようせんびひめ》（？）を網羅している。ひどく面白そうだ。「スモール」「リビア」「モンパリ」「マッターフォン」何《な》んだか映画の題名みたいのが竝《なら》んでいると思うと、「白熊《しろくま》」というのがある、「マエダ」こゝの店は店構えも仲々《なかなか》凝《こ》っている、「チロル」こゝもおもてつきは堂々たるもので、一寸《ちよつと》五十銭握《にぎ》ったんでは這入りにくそうなみつきだが、これが、勿論洋酒もあるが、お汁粉、おぞうにもあり一杯十銭で、レコードで、美少女で、という訳で安《あん》ちょくなのです。近頃神田から汁粉屋の姿が全滅して了《しま》っているのに気附《きづ》いている方《かた》も少《すく》なくないと思いますが、その汁粉が突然恁《こ》うした喫茶洋酒の店にあらわれているんだから面白い。「チロル」の数軒先《さ》きに「〇〇亭《てい》」なるものがある。こゝは……解《わか》ったよく〳〵、もうそろ〳〵聴きあきたって？　だって君これじゃア、まだ神田の一部にも触《ふ》れていないんだ、水道橋方面で白十字《はくじゆうじどう》堂。豊生軒《ほうせいけん》」「解ったってば！　観念したよ。俺は三十五枚のレコードを買うとしようよ。」

上野駅前から山下

上野界隈《うえのかいわい》の食べものやをざっと高速度で紹介しましょう。先《ま》ず駅前からこの附近《ふきん》一帯、お上《のぼ》りさん相手、さてはハイカラがったもの等《とう》目白押しの有様《ありさま》ですが……東京パンの喫茶部こゝでは三十銭位でお腹をふくらませることが出来ましょう。お隣りの「岡埜《おかの》」はもち菓子で有名ですが、喫茶部の設備はありません。さてこのお隣りにそばの「万盛庵《まんせいあん》」。旅館山城屋《やましろや》の食堂は和洋両様《りようよう》をやっていますが高くて「うまく」ないというのが定評、安い処《ところ》で「須田町食堂《すだちよう》」があり、上野駅から東京駅への高架下には両側ずらりと食べものやの正《まさ》にレビュウですが、喫茶の「高林《たかばやし》」「とろゝそば」カフェー「巴里《ぱり》」市設の「上野食堂」「いろは寿司」等目星《めぼ》しいもので「上野食堂」は市設食堂としてはやゝ高級で、ア・ラ・カートで一品料理がある外《ほか》、五十銭の洋定食があります。

さて広小路《ひろこうじ》方面へ曲る角がしるこ駄菓子の「かまや」続いて「だるま食堂」こゝでは和食に「しるこ」「すし」なんでもの百貨「米久《よねきゆう》」は恰《ま》るで女郎屋ののれんのようなものが吊《つ》る下《さが》っているので、すぐ眼《め》につきます。「甲子《きのえね》食堂」「万盛庵」「世界本店《せかいほんてん》」こゝは店前から滝を配した庭を覗《のぞ》かせ、鶴がいて、土曜日曜は子供連れの人達のほかに若い男女が二人連れで食べにくるのが多く、女中さんが大いに当てられるというゴシップが伝《つたわ》っています。そばの「砂場《すなば》」がこれに続き、有名な「永藤《ながふじ》」この辺で有数の美しい女給を網羅しているカフェー「サンキョーテイ」喫茶の「タカバヤシ」「サンキョーテイ」同様のカフェー「世界」この二軒は夕

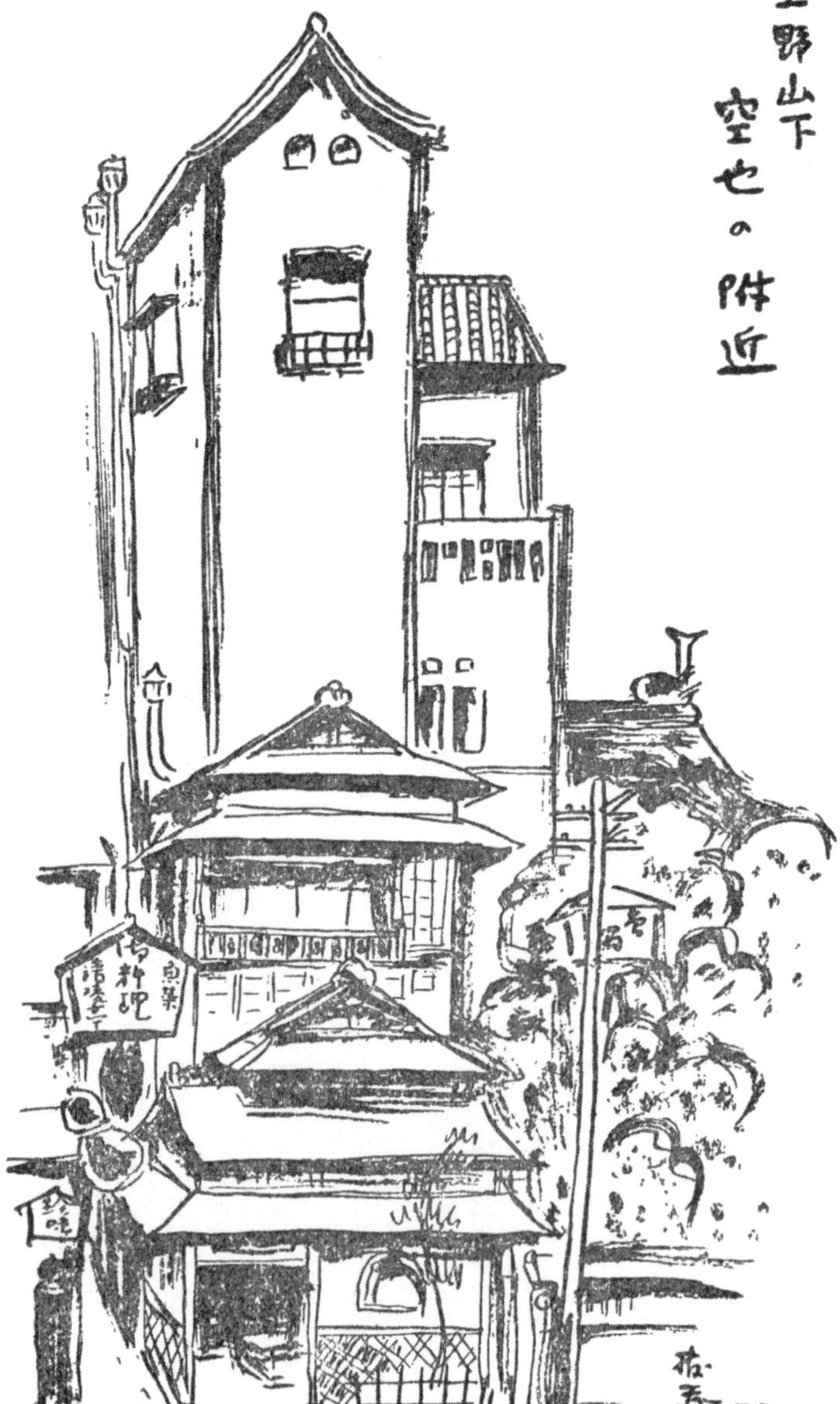
上野山下
空也の附近

方からオーケストラの演奏があって、これも呼び物の一つ。しるこの「二見《ふたみ》」支那料理の「三光楼《さんこうろう》」こゝのシューマイは蓋《けだ》しうまいです、但《たゞ》し女給は山出《やまだ》し。「三木屋《みきや》」「安藤《あんどう》」この二軒はすし、天婦羅、兎に角三十銭が看板。きんつばの「伊勢屋《いせや》」カフェー「気賀亭《きがてい》」「天清《てんしん》」「万盛庵《まんせいあん》」このそばやではカレーライスもある。喫茶で「紅谷《べにや》」あがったよで著名な「水戸《みと》や」天婦羅小料理の「たぬきや」「三好野《みよしの》」。

こゝらで向う側再び山下へ引っ返して「みやこ座」附近から歩いてゆくと、みやこ座より池《いけ》の端《はた》寄りに、「越《えち》進亭《しんてい》」「鳥鍋本店《とりなべほんてん》」もなかで有名な「空也《くうや》」魚菜《ぎょさい》料理「清凌亭《せいりようてい》」「藪伊勢《やぶいせ》」「山下《やました》」、支那料理「翠松園《すいしようえん》」、同「五《ご》十番《じゅうばん》」、しるこの「茶田屋《ちやだや》」「揚出《あげだ》し」、喫茶「むら上《かみ》」、カフェー「菊屋《きくや》」、カフェー「池《いけ》の端《はた》」、鳥の「三秀《さんひで》」、喫茶「山本《やまもと》」エビスビールの出張店が「どうぞ一杯」で客を惹《ひ》き、「橋本《はしもと》パーラー」が果物で人気を博し、博品《はくひん》館《かん》には「和食堂《わしょくどう》」あり、「京橋《きょうばし》すし幸《こう》支店」「岡埜《おかの》栄泉《えいせん》」のしるこ。愈々《いよ〳〵》広小路《ひろこうじ》へ来て「良磨軒《りようまけん》」。

さて交叉点を横切って万世橋《まんせいばし》方面へ進んでゆくと、いやその前に天神《てんじん》方面へ行った処《ところ》に「松栄鮨《しようえいずし》」を落してはならぬ――「風月《ふうげつ》」「栗田園《くりたえん》喫茶部」、支那料理「喜楽《きらく》」、小料理「千成《せんなり》」、天ぷら「天源《てんげん》」しるこ「うさぎ」がある。上野界隈たべものやも恁《こ》うして拾ってゆくと、その数の多いのに一驚する。

さて何《な》に何にと竝《なら》べて行ったのでは限りがありません、一つ以上の店を二三一寸《ちよつと》覗いてみることにしまし

うさぎや

ょう、広小路松坂屋《まつざかや》正面前の風月は仲々《なか〱》感じのよい喫茶部で、両側にボックス、中央に丸テーブルを囲んで背の高い籐椅子《とういす》を配した二セット、そして美校の生徒がアミイを連れて与太《よた》っていたり、同朋町《どうぼうちょう》あたりの粋な姐さん達がシュークリームにサンドウィッチにチョコレート等々《とう〱》を頬張っていたり、あぶら切《ぎ》ったカクガリの旦那然《ぜん》たる男が、番頭を連れてコーヒーをすゝっていたり、以上この三態《てい》によってこゝの客種《きゃくだね》は代表されていると云《い》ってよいでしょう、コーヒー（十五銭）チョコレート（三十銭）菓子は一個十銭、値段もどうして高級です。もう一軒喫茶で「紅谷」はコーヒー、紅茶は余り感心しませんが、こゝの支那菓子（十五銭）が一寸おいしく頂けることを特筆大書（それ程でもないかな?）していゝでしょう、云い遅れましたが、こゝは店へ這入って左手とん〱〱といけば粋に聞えますが、コンクリートで固めた細い急階段をゴツンゴツンと登った二階が喫茶室です。「風月」から較べると一枚格が落ちるでしょうが、気の置けない処《ところ》です。「風月」「紅谷」ともに小女給の素人臭いサーヴィスとは云えぬかも知れぬ「お待遠《まちどお》さま」式サーヴィスです。

「うさぎや」こゝも「風月」「紅谷」と同じく本職は餅菓子《もちがし》で、殊《こと》に「うさぎや」の最中《もなか》は有名ですが、傍業《ぼうぎょう》としての「しるこ」部（はちと可笑《おか》しいが）の設備がある訳です、すっきりした純日本風の早い話が小《こ》村雪《むらせつ》岱《たい》※1氏でも作るようなお芝居の道具《どうぐ》建《だ》て見たいな見世構《みせがま》えですが、こゝの主人というのが美術文学愛好家と見

※1　（1887-1940）日本画家、版画家。本の挿絵や装丁などで活躍した。

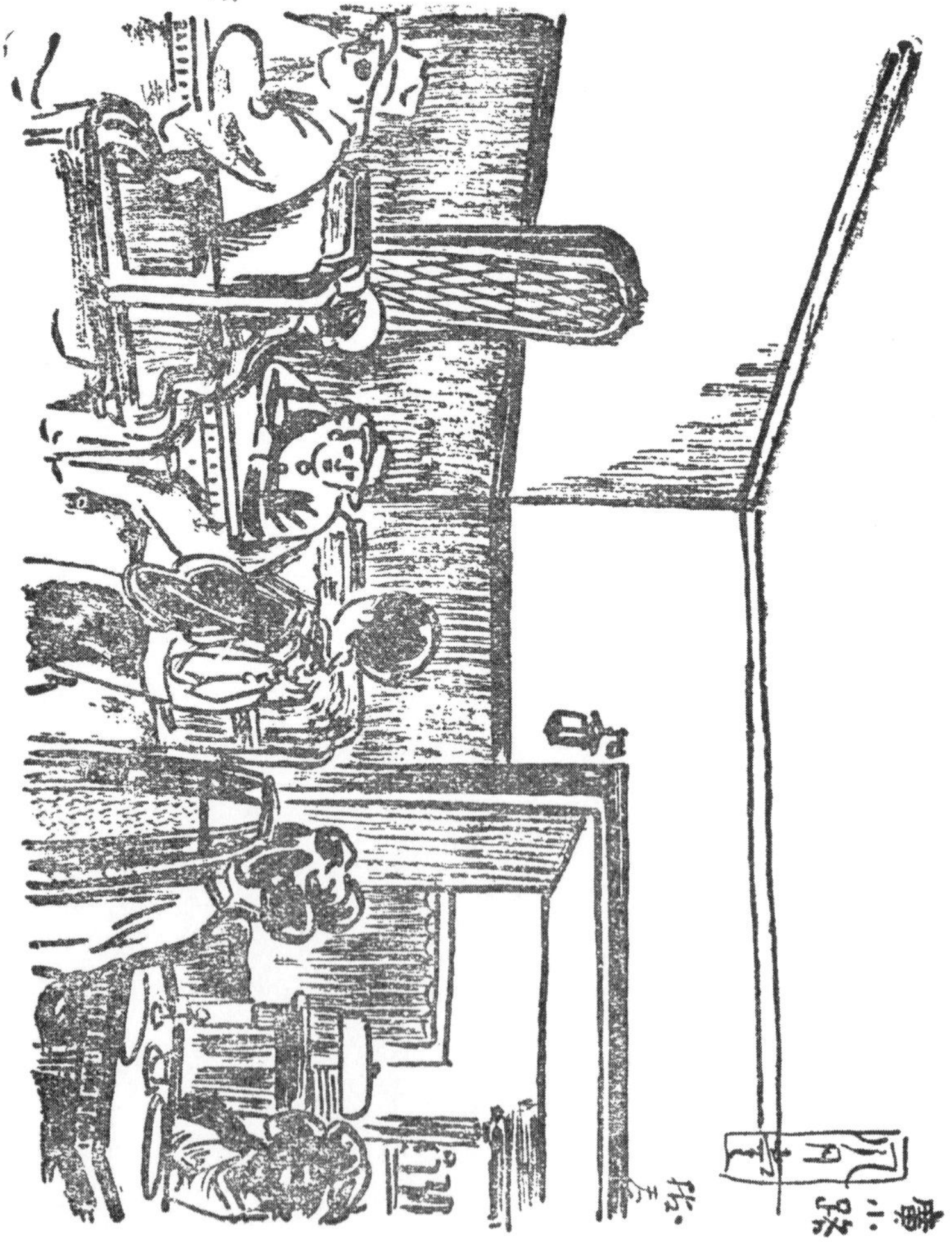

えて、壁へ佐藤春夫《さとうはるお》、武者小路実篤《むしやのこうじさねあつ》、島崎藤村《しまざきとうそん》等々の書を飾り、或いは主人の友人だという湯浅新《ゆあさしん》氏の絵などあり、仲々《なか〱》凝《こ》った好みを見せています。おしるこ（どうもこの店のしるこは、呼び棄てにするのは可愛相《かあいそう》な気がします。）とてもあまく、そのあまさは決して毒々しいものではありません。がどうも一杯頂くとおかわりの勇気が出ず、十五銭でひき下《さが》ります。サーヴィスにはこゝの奥さんの妹さんが時々《とき〲》顔をみせますが、飾り気のないがすっきりした好感の持てる娘さんで、大変気分がよいのであります！　栗田園喫茶部、こゝはランチの代《かわ》り（と変ですね）にサンドウィッチとスープのランチがあります。また「松栄鮨」は握りの大きいこと東京一で、恐らく大の男の握りこぶし以上に一つの握りが大きく、五つ一皿三十銭という最も大衆的なものであります。

金二円也横浜探見

◇バンガローの五十銭　ヨコハマ赤い酒。女給兼ダンサー、奥の部屋。外人専門……。桜木町《さくらぎちょう》を出てもう一度ポケットから、さっきの紙切れを出した。一、もしおごってよ！　ときたら、五十銭玉を出して、これきしかないと頑張れよ！　二、逃出《にげだ》すに便利な辺《へん》に腰かけよ！　三、不入虎穴不得虎児《とらのあなにいらずとらのこをえず》！　先輩の注意書を読み終《おわ》って右手《めて》にしっかり握った横浜探訪料《よこはまたんぼうりょう》が、カッキリ金二円也、木綿針で虎狩りに行けと言うのである。

その夜……市電を元町《もとまち》で降りて左側の通りを東へ三町《ちょう》、冷たい秋雨《あきさめ》に濡れながら……思わず通り過すところ……すっかりカーテンを閉めた洋館がある。BUNGALOW！　此所《こゝ》か！　おや！　本日休業？　耳をあてるとレコードが、かすかに聞《きこ》える。ドアが鉄門のように重い。で恐る〱あけると……

そらきた！　ジャズ！　ジャズ！

ティティナ　ティティナ　あたいの可愛いティティティナ

「いらっしゃい、初めて、何処《どこ》から来たの、何飲んで、おどりませんか」ポカンとしてる鼻先へ紅《べに》の筒先《つゝさき》から矢《や》つぎばやに軽機関銃《けいきかんじゅう》。僕右手《めて》でしっかり五十銭玉《だま》を握っている。ちょいと、この方《かた》「レモネード　だってサ」だってサ……さては文無《もんな》しと見やぶられたか。

落《おち》つくと割合に恐ろしくない。天井に瓢箪《ひょうたん》をからまして、シャンデリヤが二つ。ダンサーは幔幕《まんまく》のような着物で臙脂《えんじ》の単衣《ひとえ》帯《おび》に背負上《せおいあ》げを、おっかぶせ、共鼻緒《ともばなお》のキルク草履《ぞうり》をシュ〱すらして右踊左踊《うようさよう》。いきなり肌からベットリ垂れた錦紗《きんしゃ》の袖が、ヒラ〱僕の悪玉をさしまねく。Sometimes in Happy-Foxtrot!「ちょいと踊りましょうよ」……てば、これを、おごってよ……と聞きちがえて、うっかり、こゝで五十銭玉を出すところ……落ちつけ〳〵。今晩の同客は外人、モボ二三名、皆千枚張《せんまいばり》の面構《つらがま》えである。英人《えいじん》キャタロク氏とかいう紳士、まるで電信柱のような、かたい踊り方で、お名前通り目録《カタログ》式だ。脊《せ》が高いので、ダンサー、二の腕まで、まくれてレースのそで口がチラ〳〵悩ましいこと！　Hallelujan-Foxtrot！「あなた、ほんとに踊りましょうよ」「僕、僕は大和魂《やまとだましい》をもってるんだ」月並《つきなみ》なところで受《うけ》とめたつもり。「そんならホックス・トロットで安来節《やすきぶし》を、やって下さる、大和魂のためにね」……ひらりと舞立《まいた》って僕の鼻《はなっ》さきに銀盆《ぎんぼん》を投出《なげだ》しやがった。チビ〳〵飲むレモネードのまずさ。「キャタロクさん！　この方《かた》ジャパニス・ダンスやります」外人連《れん》パチ〳〵。モボ達、僕をジロ〳〵。こうなると大和魂も引込《ひっこ》みがつかぬ。天井の瓢箪までが尻を振り〳〵ものまち顔だ。銀盆の安来節！……そこで僕、「君——便所《ダブルシー》はどこだい……キミ——」ＷＣに行く右側に階段がある、男あがるべからず。ダンサーの寝るところだと云《い》う。ベルが付いている。見上げると濃い紫の煙りが蛇のように何段目かに漂っている。「テヘッ！　やっちょるね」。この時、フト、窓ガラスにポスターの幻影……きをつけましょう……うつさぬように、うつらぬように……警視庁。バンガロの便所、イクオール、下水である、だから下水イクオール、ビール臭《くさ》い。かえってくると、ウワー　まっ暗だ！　停電！　大雨のせ

いか。そうだ逃出すは、この時なりと！「僕かえります。いくら」「五十銭」「ほらきた、ぽん！」白い手がキャッチした。（此処《こゝ》で読者曰《いわ》く、もっと深く、さぐってほしかったなあ、そこで僕曰く、ごじゅっせんじゃねえ……）

◇なんきん町——おいとさん　気がつくと、まさしく腹ペコだ。バンガロの事が心配で喰《たべ》るものも喰《たべ》ずだったのです。即《すなわ》ち南京《なんきん》へ温かい食物へ！　三箇条の紙切れはチンと鼻かんで、すてました。暗い路次《ろじ》を幾曲《いくまが》りして飛込んだのが、海昌楼。大《おお》テーブルにたった一人、時《とき》はずれの焼麺《ちやしゆうめん》をスル〱。此処《こゝ》で又《また》悲観的女難《じよなん》が一つ。この店に、おいとさんと申す美人がいる。笑ったとこがアンナ・メイ・ウォン※1で体のこなしが梅蘭芳《メイランフアン》※2の……最大級の讃辞《さんじ》を惜《おし》まぬ。日文《にっし》人《じん》のアイノコさんです。昔お向いの脾珍《へいちん》で評判だった。好きなのがハーモニカ……でかねて用意したトンボ印《じるし》を出して吹

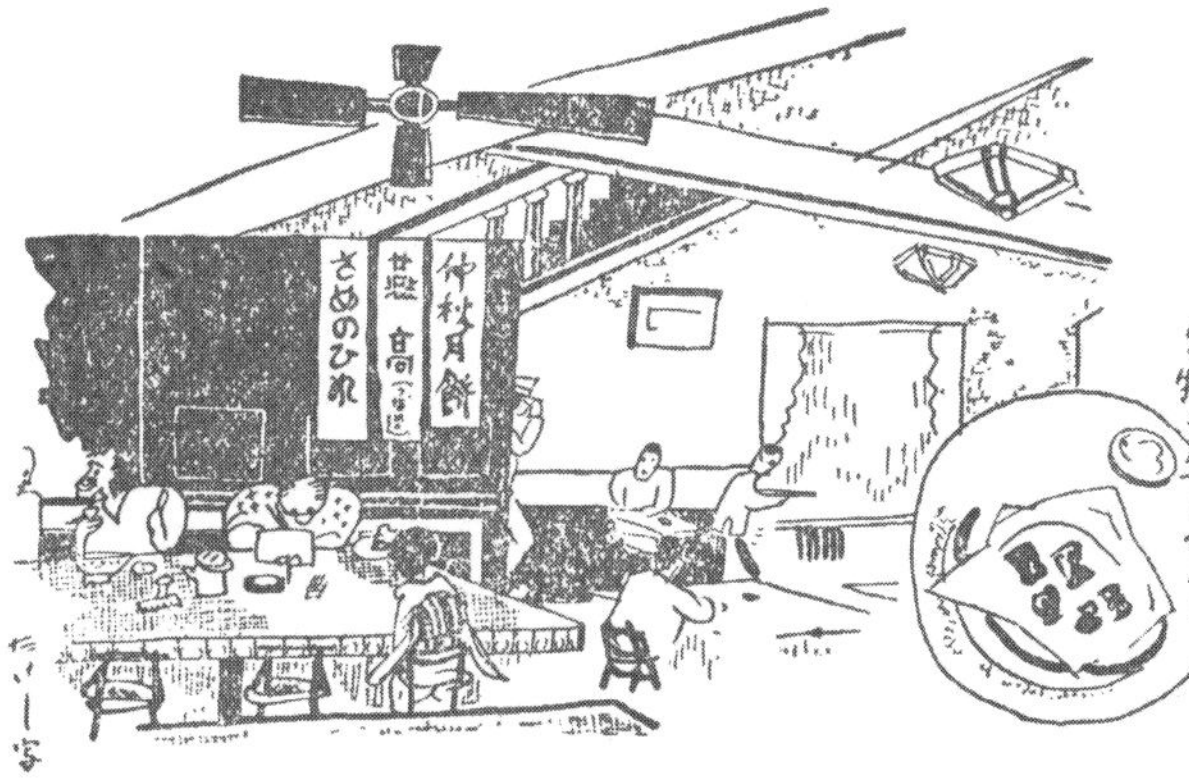

きました。一番好きな太鼓船《たいこせん》を——それから、君聞かずや胡笳《こか》の声、最も悲しきを、紫髯緑眼《しせんりよくがん》の胡人《こじん》吹く、之《これ》を吹く一曲猶《なお》いまだおわらず、愁《しゆう》殺《さつ》す、楼蘭征戍《ろうらんせいじゆ》の児《じ》※3。てな……変竹林《へんちくりん》な剣舞《けんぶ》をやりましたら、おいとさん「まあ——勇ましいわね」といわず、後ろの植木鉢を、こっそり片づけました。僕「…………。」おいとさん、忙《せわ》しそうに「三番さん! しゅーまい、りゃんこ!」

◇いせぶら ⑴ 博雅　吉浜橋《よしはまばし》から馬車道《ばしやみち》へ出て伊勢佐木町《いせざきちよう》通りへ……つまりいせぶらに……。神楽坂《かぐらざか》を平《たいら》にしたようなところで、すぐ左側に博《はく》雅《が》がある。「いらっしゃい、お二階へ」空《す》いてゝも二階へ上《あ》げるところ親切なのか、うんと喰《く》わす商売気《しようばいげ》なのか。まず名物しゅーまいを注文する、乳《ミルク》色の大きなテーブルに紅色の灰皿がポツ〳〵と置いてある所、見た目にとても感じよい。しゅーまいは丸形よりやゝ臼形《うすがた》をしている。香《かおり》がすてきだ。天津五加皮薬酒《てんしんごかひやくしゆ》、この一杯はヒリリトから口だ（但《たゞ》し飲ん

※1　ハリウッドで活躍した初の中国系アメリカ人女優。
※2　女形の京劇俳優。大正十三年に来日公演を行なっている。
※3　岑参《しんしん》の詠んだ「胡笳歌　送顔真卿使赴河隴」より。

だのに非《あら》ず、ボーイの話し）しまいに中秋月餅《ちゅうしゅうげっぺい》の甘いところをアングリやって口直《くちなお》しをした。二十五銭。お月見に出す饅頭で上等のもの程、甘さは加速度に増す。隣りの紳士、いきなり高価《たかい》やつを注文して一口つけたらクシャ〳〵な顔して饅頭を睨《にら》みつけた。そーら　みろ！

(2) **オデヲン座**　あと二十分でハネる、オデヲン座にはいる。ムカシムカシ、ブルーバードの頃。此処《こゝ》でマーガレッタ・フィッシャーとかバイオレット・マーセロ※1なんかにニキビ面《つら》をポットさせた時のモボは、今はいゝ爺《おやじ》になっているだろう。此処《こゝ》の某弁士《ぼうべんし》といっても、二巻物《かんもの》を、どなる先生が闇にまぎれて、弁士台《べんしだい》の下に、ひそかにチャンソバをかくして、一すゝりしては「で……現《あら》われましたるセント・ジョンは……」なんてやった事があると聞いたが、これも、浜の弁ちゃんらしくていゝ。喰《た》べつゞけのせいか、オデヲンの桃色のプロがメニューのように見える。……と開いてみるとウィリアム・フォックス社製サンライズとある。パチ〳〵。スクリンのゲイナとオブライエン※2のキスに喝采《かっさい》する。……変なお客やナと、よく見ると、隣りの剣劇《けんげき》、文楽館《ぶんがくかん》からバラック越しに聞《きこ》えてくるのだった。ジャー雨の音。特等席の真中《まんなか》にペチャンと座った蒔《まい》田《た》芸者の白元結《しろもとゆい》が目ざわりなこと！　オデヲンを出たら、ポケットにまだ十銭ある。十銭、十銭、十銭、どうしよう「十銭！十銭！お花いかゞ」野沢屋《のざわや》の前で少女から、濡れた一束《たば》を買いました。（めでたし〳〵）

劇場食堂評判記

1 帝劇

丸の内帝劇《ていげき》内の食堂、一階北側には和食弁当お椀附きで八十銭の「花月《かげつ》」があり、南側別館に東洋軒《とうようけん》、こゝは和食洋食支那食兼営で和食八十銭、洋定食は二品、紅茶、パンで一円、ア・ラ・カートは五十銭均一、支那定食も八十銭、この支那食が大体一番人気があるようでもあり、量質ともに相当である。二階南側には「魚《うお》十《じゅう》」があり、こゝは和食弁当（八十銭）と寿司（三十五銭）で壁側を割竹で囲ったり、窓へ縄のれん式の装飾を配してみたり、精々《せいぐ》寿司屋気分を出そうと努めている。また三越本店前三共《さんきょう》経営の「エンプレス」同店が「魚十」に隣りして和食弁当（八十銭）洋定食（一円）一品（五十銭）で、これも相当人気を博し、三階には「中央亭《ちゅうおうてい》」が矢張《やは》り洋定食（一円）一品（五十銭）和食（八十銭）カクテール（五十銭）同南側には「日《ひ》の出《で》」寿司、永坂出張の「更科そば」「鰻弁当」しるこの「翁庵《おきなあん》」四階には「あづまや」の和食弁当（五十銭）

※1　マーガリータ・フィッシャー、ヴァイオレット・マースロウは共にアメリカの女優。
※2　ジャネット・ゲイナーとジョージ・オブライエンの二人が共演した映画「サンライズ」は一九二七年に公開。アカデミー賞の芸術作品賞、主演女優賞、撮影賞を受賞した。

すし（三十銭）が好人気《こうにんき》、こうして価格から見ると、帝劇の食事は最高一円から最下三十銭である。芝居を食べに来るようなお客は有難くない。うまいものを食べるなら、一歩劇場外《そと》へ出ればいくらでもある、芝居の食堂は安く、そして腹さえ膨れゝばいゝ、これが帝劇の食堂監督の趣意であるらしい、そして帝劇内食堂経営には権利金を採らない、家賃は売上げから歩合でとるらしい。従って劇場側のこうした趣旨がよく食堂へ徹底もするので、気持ちがよい。丸ビル「花月」では随分悪口《あくこう》を叩いたもんだが、同じ「花月」でも帝劇内の同食堂は女給さんも素人のおとなしい人のみを集め、客扱いも可成《かな》り親切である。また地下廊から連絡して居る東京會館《とうきょうかいかん》食堂や、こゝの観客に限って洋定食一円五十銭で食べられる、品数は少いが却《かえっ》て美味しいものを食べさせる。

2　歌舞伎座

木挽町《こびきちょう》歌舞伎座《かぶきざ》は最近別館が落成して劇場内食堂をこの別館に網羅して了《しま》い、恰然《あたかも》こゝは華麗善美を極めた食堂館の感を呈している。先《ま》ず地下室には「弁松《べんまつ》食堂」「大阪《おおさか》食堂」（和食）「明治屋《めいじや》」「吉嘉《よしが》食堂」（和食）があり、一階には「竹葉亭《ちくようてい》」（鰻）「鳳凰《ほうおう》喫茶店」（茶菓）二階には「翠香亭《すいこうてい》」（支那食）「千疋屋《せんびきや》」（茶菓果物）「三《み》芳《よし》食堂」（金ぷら幕の内）「幸寿司《こうずし》」「弁松《べんまつ》」（和食）三階には「精養軒《せいようけん》」（洋食）「直営食堂」（天ぷら）「歌舞伎寿司」等が袋物《ふくろもの》、絵はがき、お菓子等々《とう〱》の美しい売店と軒を並らべて大賑いで客を呼んでいる、四階には撮影室があって幕間《まくあい》のお慰みに一時間写真（三枚二円）で興を添え、この四層楼、愛嬉《あいきよう》のよいエレベーター・ガールさんの手で、何階へも自由に往復が出来る。そして何《いず》れも信用ある店の経営食堂で、値段の処《ところ》はお安いと云《い》いかねるが、うまいものがお好み次第に食べられて入場料十円近くを支払ってしゃなり〳〵と見物に来るお客様には誠に味覚極楽の感があろう。何にしても、これだけ信用を置ける一流店の出店《でみせ》を揃えて、どの店内装飾も華美にして素晴らしい食堂会館を現出させた処《ところ》、流石歌舞伎座であり、同座の一名物として誇ってもいゝのだろう！　新橋あたりの一流姐《ねえ》さん、さては「橘《たちばな》や」贔負《ひいき》のハリウッド結上《ゆいあ》げかなんかの七三コテチリの奥様よ。どこの店のなにがおいしかうまいか、それ等の評判は皆様方にお譲りすることにしましよう。「ミイちゃん蜜豆のうまいのはどこだっけなア？」「いやアーだ、蜜豆なんて知らないわよ。精養軒のコーヒーフレーヴァーがないわねえ」「ダアー」。

3　新橋演舞場

本館地下室に「金陵亭《きんりようてい》」「精養軒《せいようけん》」同二階に「東洋軒《とうようけん》」「エビス食堂」「喜久《きく》すし」「喫茶菊家《きくや》」三階に「金陵亭」「つるや食堂」「弁松」「大阪寿司」「喫茶立花《たちばな》」別館一階に「神田川《かんだがわ》」「三芳」「喫茶」「立田野《たつたの》」同二階に「弁松」と新橋演舞場にはこれだけの食堂並《ならび》に喫茶店がある。このうち誰でもが一番お馴染なのは一階別館通路の出口のところにある精養軒の喫茶店であろう。紅茶とお菓子を取り寄せると会計は五十銭で、紅茶はおかわり附《つき》、菓子はその時によって変るが、ショートケーキがうまい。手軽に食事を済ませようとするなら「金陵亭」の五目飯が簡単でもありおいしく値段も安い。同じく「大阪寿司」も味がよい。「神田川」は食堂内の気分は余り好ましくはないが、鰻は小串で一円のお弁当で結構頂ける。その他何《いず》れの店も値段と云い、内容と云い特に取り立てゝ云々《うん〳〵》することはないが、総じて「平凡」とか「無難」の一語で云い尽されると思う。云い忘れたが「精養軒」の女給さんは何《いず》れも頭のてっぺんから声を出すような上《うわ》ずっ張《ぱ》った口調で「お待ちどうさま」「はい只今《たゞいま》」等々《など〳〵》の言葉附《つ》き確かに奇妙であり珍である。是非御試聴を願いたいものである。それと共にこゝの名物（？）は二階から三階への迷宮的階段で、正面食堂右側のところに長い〳〵階段のしかも細いのがあって、三階食堂に通ずるようになっている。一度や二度行った人は屹度《きっと》気づかれないであろうし、又他の食堂へ這入《はい》り込むような気がして知らない人は通るのを躊躇されると思うから特に誌《しる》して置く。

4 明治座

本建築であり、比較的新らしく出来た劇場だけに、全ての設備が、本郷《ほんごう》、市村《いちむら》等と比べると格段の相違がある。下町に似ず客種《きやくだね》に山の手の人の多いのも、或《ある》いは設備万端のモダーンなのが、山の手の人を引きつけるのかもしれぬ。舞台や劇場内細部の批評は此所《こゝ》に割愛して食堂だけを大急ぎで一巡《まわり》して見よう。先ず地階へ降《くだ》る。舞台へ向って右手に西洋料理エビス、左手に支那料理盛昌楼《せいしょうろう》が、かなり充分に広さが取ってある。西洋料理は定食一円と一円三十銭、支那料理は定食その他お好みというわけ、地階という感じが、やゝ冷たさを感じてわざ〳〵足を運ぶ気にならぬのは両店としては甚《はなは》だ気の毒な感がする。一階は喫茶店があるだけで綺麗さっぱりと食べ物と縁を切ってある。二階三階は同位置に大食堂。二重弁当、さしみ弁当、玉子やき弁当、親子丼、うなぎ丼が各一円ずつ、うなぎ二重、三重弁当、おわん付が各一円三十銭ずつ、その他すの物、つまみ物、いかやき、うま煮が各五十銭、さしみが六十銭という献立、三階食堂では定食五品、御飯しんこ付二円というのが出来る。大の男が少し持て余す位の充分な分量がある。二円では安い位に内容豊富である。器も凝っているし推称出来る。二階三階を通じて女給さんは訓練も行届《ゆきとゞ》いて、愛嬌もあるしよい感じを与える。三階正面の和食堂は弁当、親子丼、すし、ちらし、大阪すし、さしみ、すの物、いかやきと全部を五十銭均一にしてあるのは、プロレタリヤ党の懐《ふとこ》ろを考えてくれて中々《なか〳〵》嬉しい。此方《こっち》が二重弁当を食べているのに、隣りで三重弁当を食べていられると一重だけは引け目を、女ならずとも男でも感じるのが定《じょう》であろうから、こうした均一振りは気がおけなくてい〻考えだ。以上の外《ほか》屋上には気の利いた小庭園があって夏など大川《おおかわ》を越してくる涼風に吹かれながら、此所《こゝ》で冷たい飲み物を飲むのは悪くない。地の利を占めているお陰であろう。

5　本郷座

新国劇《しんこくげき》開演中の本郷座《ほんごうざ》へ、劇場内の食堂めぐり、ついでにお芝居もというらまい寸法。隣りの桝《ます》に斯《こ》の道の大家松崎天民《まつざきてんみん》先生※1がいられるのに、聊か《いさゝか》面恥《おもは》ゆい感じがする。お役目の食堂を見参に及ぶ迄《まで》は落付いて芝居が見られぬので、食べるためのラッシュアワーの所謂《いわゆる》お食事時間を敬遠して、二幕目の幕合《まくあい》に直ちに食堂の辺りをうろ〳〵、別館の片側は売店、右側に切符売場よろしく、その隣りに百貨店式に見本棚があって、値段表がはっきり附いて種々《いろ〳〵》の食膳が配置よく並んでいる。此《こ》の見本棚、照明の設備頗《すこぶ》るよろしく大いに食欲をそゝる。食堂は階下の分は頗《すこぶ》る軽便に出来ていて、お弁当、親子丼その他五十銭均一、その代りいつ行っても（芝居の無い時は、ともかく）押すな〳〵の騒ぎ、滅多に五十銭の丼にはありつけない、この幕間《まくあい》にも既に満員、この人達がまさかみんな私と同じ様に、先《ま》ず食事を済ませておかないと芝居を見ても見た気がしないという人ばかりでもあるまいが。食堂の半分は喫茶部、こゝは五十銭弁当にあぶれた人達が、やっぱりいつもあふれている。廊下の突き当りに汁粉店がある。こゝではいなりずし、田楽餅など一寸《ちよつと》変った物を売っている。田楽餅に大いに食指動いたが、田楽餅をかじっている処《ところ》を知っている人にでも（それが綺麗なお嬢さんだったら猶更《なおさら》）見られたら一大事と先ず〳〵腹の虫をなだめておいて、さて逆戻り食品見本の前に立ってつら〳〵見るに、弁当、お刺身弁当、鰻御飯等々《とう〳〵》いずれも食欲をそゝるに充分な内容振り、一円のお弁当に附いた大椀が私の食欲をしっかりと捕えて了《しま》った、で勢《いきおい》よく二階へ上って入口で食券を買って広い大食堂の片隅へ席を占める。一テーブルに二十人位は掛けられ様《よう》、一テーブル毎に番号札が附いていて、当番の女給さんが直ぐやって来て、食券を持ってゆく、運ばれるのも割合に迅速だった、先ず黒塗りのお椀の蓋を取って、かの食欲を起させた、ブヨ〴〵と浮んだ（私は貝柱か、何かの卵かと想っていた）玉を一粒箸に挟んで、口に抛《ほう》りこむ、フワァーと無くなって了《しま》う、ハテナと想って今度は三四粒一緒に口に入れる。ナァ

※1　（1878-1934）新聞記者、料理ジャーナリスト。雑誌『食道楽』を発行。

ーンダ、麩の小さいのだった。がっかりしたので、旺盛になりかゝった食欲が聊《いさゝ》か減退する、こうなると食品見本棚の上手な照明がうらめしくなる。弁当の菜《さい》、御飯の具合いずれも上等。お茶も熱くて結構。食堂を出る時女給さんが毎度有難う存じましたと叮嚀《ていねい》に云ってくれるのは嬉しい。でいゝ気持になって階段をとん〱。ごった返していると想った廊下に猫の子一匹いない。次の幕はとうに始《はじま》っていた。

6　市村座

本郷座の簡単さに比べると、此所《こゝ》の食堂は中々《なか〱》複雑だ、先《ま》ず〱ポツ〱と廻《まわ》って見よう、廊下に出ると「婦女界《ふじよかい》」の都河辰夫《つがわたつお》君※1にひょっこり逢う、で先ず喫茶店つる岡《おか》というのへ飛込んで、コーヒーとケーキを貰う、コーヒーは相当だったが、ケーキは余り感心しない、女給さんは中々《なか〱》愛嬌があっていゝ、駄弁《だべ》っている中《うち》に二打《にちよう》が入ったので、切上げて座席へ、芝居見と食堂めぐり兼帯、この所中々《ところなか〱》忙がしい。次の幕間《まくあい》に今度は堪念に場内を一巡する。先ず本館階下には喫茶店が二軒、鯛めし大吉《だいきち》（鯛めしおわん付六十銭）和洋食有《ゆう》楽軒《らくけん》（定食一円五十銭）がある。その他に直営の食堂が売店の傍《かたわら》にある。別館へ行くと、此所《こゝ》は軒並の食べ物屋、食べ歩きもこう並んでいてくれると便利で有難いわけだ。階下は真中《まんなか》に売店を挟んで先ず端《はじ》から牧野《まきの》しるこ店、その隣りが幸《こう》ずし、どん〳〵握ってくれているのが嬉しい。（すし四十銭、お好み五十銭）和田《わだ》喫茶店、そばの大村屋《おおむらや》（更科そば十五銭、天どん五十銭）うなぎ千葉屋《ちばや》（うなぎ丼八十銭、一円、二重箱一円二十銭）支那料理万金《まんきん》（御弁当一円、定食一円五十銭）表《おもて》に向って大きく和洋料理の共楽軒《きようらくけん》（洋弁当八十銭、定食一円、一円五十銭）。之《これ》で一巡したので、階上の弁松食堂へ上る。一方を仕切って坐って食べられる様《よう》にしてあるのは中々《なか〳〵》気が利いていて嬉しい。お弁当七十銭、おわん付一円、定食（五品付）二円、流石売込んだ店だけ、甘煮《うまに》などは一寸類がない位美味しい。女給さんも受持《うけもち》が決っていて客の顔を見ると直ぐ飛んで来てくれる。それに受持の女給さんの名札が出ていて責任を明《あきらか》にしている点もいゝ、但《たゞし》食堂内が妙に寂しい感じを与えるのは、華やかな劇場内だけ一寸不似合な気がする。

7　新歌舞伎座

新宿新歌舞伎座《しんかぶきざ》、少なくとも歌舞伎座の名を採り、これに「新」の一字を冠した以上、われ我の想像はよく見る同座正面全景の写真から押《お》して、堂々大劇場、舞台引いては廊下の華やかさ、さては食堂の完備さぞかしうまいものを食べさせる食堂の二三軒はあるんだろうと、実は初めて新歌舞伎へ足を向けたのだが、期待

※1　婦女界社社長・都河龍《しげみ》の長男で同社の副社長。

はとかく裏切られ易いもので、先ず同座の食堂は全部松竹の直営であるらしい。これは大変結構なことだが実は直営であるとはっきりこゝで云い切れないのが残念である。何故なら食堂は松竹が直営であると何処《どこ》を探がしてみても一字も書いてない。それならどうして松竹直営らしいというのか、食堂には、どこを鵜の眼鷹の眼で索《もと》めても、「弁松」だとか「神田川」だとか等々《とう〳〵》の他の劇場のように経営者の名前が一つも見当らないが、和食堂に於《お》ける茶器類に松竹食堂部の印入りのものが一様に配置されていたからである、でそこに問題があろうというのだが、先ず文句は後に残して……地階から見て廻《まわ》ろう。地階には「和食堂」「うなぎ」「洋食堂」「寿司」「バア」があり、一階には全然食堂なく、二階には「和食堂」「喫茶」三階同じく「和食堂」「喫茶」と先ずこれだけであるが、前にも云った通り店の経営者屋号名はなく、只単《たゞ》に「和食堂」とか「喫茶」とかの安直な小看板が一札《さつ》かゝって、何処《どこ》も似たり寄ったりの食べもの見本棚が申訳的《もうしわけてき》にならべられているだけである。そして地階二階和食堂は「三重弁当」（椀付）一円三十銭。「二重弁当」（椀付）一円、これは本郷座あたりと同種類同値段、さしみ弁当、玉子焼弁当（何《いず》れも椀付）一円。これ等は少々ボリ過ぎの観なしと云えず、鰻二重、同丼（椀付）一円三十銭に一円。これも高過ぎる、洋食で定食一円三十銭、ランチ八十銭。この洋食堂は気分はよいが、余り料理は香《かん》ばしくなく、寿司五十銭も同じなら、三階食堂の御弁当五十銭、親子丼五十銭も値段は至極結構だが、親子丼は辛《から》く時に甘過《あます》ぎて変幻の妙を極めている。総じて何《いず》れも値に比較して内容の貧弱のこと、「まア芝居のことだから」をハンディキャップにしても一文句あってい丶処《ところ》だ。そこで、その文句だが、実にこれ等《ら》食堂経営者の正体が漠《ばく》として掴《つかま》れず、文句批難の持ちこみ所《どころ》がない。それが何《な》によりも不愉快である。どうか経営者の正体と、その責任のある処《ところ》を鮮明にして下さいと一言《いちごん》憎まれ口を……。

飲食店のチップ心得

チップ（又《また》ポチとも云《い》いますね）心づけ、本当にうるさいものです。外国へ行く時、先《ま》ず洋行した先輩に聴かされるのはこの問題です。出し過ぎて馬鹿にされ、又出すべき時出さないで、不愉快な目に逢うのも厭《いや》なものです。外国では大概標準があるので、その点標準を心得てやってさえいれば、先ず無難ですが、日本ではほとんど標準がありません。一時チップ問題がやかましく論議されて以来、地方の旅館等の中《うち》でも進んで茶代《ちゃだい》廃止を看板にする家が増して来て、多少は緩和された様《よう》ですが、未だ〳〵チップ、茶代、心づけの心配なしでは旅行は出来ぬ状態です。もと〳〵チップ、心づけは客本位で、待遇がよかったから、サーヴィスが気に入ったからという場合に、感謝の意味で出すべきもので、貰う方で期待したり貰えなかったからと云って客に不愉快な目を与えるという事は間違った事なのです。

一体に日本人はチップを出し過ぎます。外国へ行っても法外なチップを出すために、日本人は兎角《とかく》甘く見られ勝《がち》です。毛色《けいろ》の変っているという引け目から、少しでも宜《い》い顔をしたいからと云って、桁はずれのチップを出す事は甚《はなは》だ卑怯な考え方です。

食べ歩きをした間に、その気の附いた所を何かと書いて見ましょう。勿論現在の風習として、チップの標準のない所へ標準をつけるという事は不可能です。然《しか》し大体に於《おい》て次の様に常識的に考える事は出来ましょう。之《これ》は食べ歩きの一行が不文律の間に実行して来た事で、多少の参考になる事と思います。

先ずチップを当然置かなければならぬ所はカフェーです。それは女給さんが、チップを目当てに働いている現在の状態では致し方がありません。有給制度の店もありますが、それは殆《ほと》んど申訳《もうしわけ》だけで、給料だけでは、決して、錦紗《きんしゃ》やお召《めし》の着物を着るわけにはいきません。そして番というものがある以上、一度チップを置かぬ客にぶつかったら、彼女達の収入に直《たゞ》ちに影響してくるのです。でカフェーに入る以上は、仮令《たとえ》それが一杯のカフェーを飲むにしろ、多少のチップを置く事は覚悟せねばならないのです。それはカフェーに入って、美しい彼女達を見る時、彼女達の白粉《おしろい》代、衣裳《いしよう》代の一部を客自身が負担しているものと当然考えて然《しか》るべきです。此所《こゝ》では支払額の一割という相場はなり立ちません。コーヒー一杯二十銭の一割二銭は常識的に考えてもおけないでしょうし、又ビール四本の合計二円となっても、その一割二十銭は一寸置きかねます。「チップリャンコジャ惚れやせぬ」と詩人西條八十《さいじょうやそ》氏は云っていますが、惚れる、惚れられぬは別問題として、一寸二十銭では済みかねます。先ず標準を五十銭と考えて見たらどうでしょう。二人連《づれ》でビール四五本、別に手数《てすう》もたいしてかけませんね。マア五十銭で我慢して貰いましょう。三四人連、一人はコクテル、一人はウイスキーソーダ、一人はビール、一人は飲めぬ口で、オレンジエード、註文に一寸頭《ちよつと》を使わせられますね。こぼさぬ様にもって来るのも一寸気を使いますね。で、チップ一円、どうですよい所ではないでしょうか。勿論四五人連でも二時間三時間と、うだ〳〵と管《くだ》を巻いた揚句は、その管巻料《くだまきりよう》としてももう少し奮発《ふんぱつ》してもよいでしょう。尤《もつと》も一人でほんとうに喉をうるおすつもりで、通り掛りのカフェーへ飛びこんだ時、コーヒー一杯二十銭也、五十銭玉一つおいて、お釣を持たずに帰る所でしょうね。カクテル一杯七十銭、一円おいて黙って帰っておいでなさい。決して厭な顔はされやあしませんよ。五円十円をチップとしておくのは卑しい考えを持つ人です。そういう人達は別問題です。

女給さんに対しても註文があります。貰うのは当然でしょう。然《しか》しそれにしても客が当然払うべきものを取るという考えを持って貰いたくありません。サーヴィスに対して客が払うものだと考えて、お世辞は大して要りません。誠意のこもった、女らしい温《あたゝか》い気持でサーヴィスして下さい。カフェーには女のやさしさに渇《かつ》している独身者や、家庭内に於《お》ける不愉快な気分を一掃するために行く客が多いのです。そういう人達を心《こゝろ》よく持《も》てなして、温い気持にして返《かえ》してやる事はかなり、重大な貴姉方《あなたがた》の責任ですエ。快よいサーヴィスに対して、この客はこの五十銭を、この一円を置いていったのだと考えるならば、決して唯《たゞ》貰うという風な不愉快な考えを持たずに済むでしょう。そして又不必要な媚《こび》を売る必要も認めなくなるでしょう。そしてそういう考えで、態度で、進んでゆく時、貴姉方自身の社会的地位も今の様には考えられなくなるでしょう。イヤ飛んだ御説教でした。こうした方面は丸山さんにでもお任せしておいて、いゝ加減に切り上げて次の問題に移りましょう。

牛屋《ぎゅうや》、鳥屋、此所《こゝ》も勿論要ります。料理屋、小料理屋も必要です。夫々《それぞれ》の家の格に依って高下《こうげ》はありますが、やっぱりカフェーに於《お》ける場合を標準として考えてよいでしょう。丸髷《まるまげ》の銀杏返《いちょうがえ》しの姐《ねえ》さんとカフェーのエプロン姿の女給さんとは、先ず今の所チップ問題から見る時同格と考えられます。

喫茶店は要りません。置いたら取るでしょうが、先ず置いたら反《かえ》って田舎者扱いにされるでしょう。食堂と名のつく所はほとんど要りません。

そば屋、すし屋、天ぷら屋（お座敷天ぷらは別です）汁粉屋等々《とうとう》も要りません。大体に小女《こおんな》を使っている所は要りません。

洋食屋支那料理屋は多少ボーイへの心づけを考えて然るべきでしょう。此所《ここ》では支払額の一割見当を実行していゝでしょう。尤《もっと》も全然取らない店もあります。又呉服橋《ごふくばし》の日光《にっこう》や銀座のアスターの二階などでは支払書に一割のチップ代を書き添えて来ます。之《これ》も亦《また》一法でしょうね。チップは支払額の一割以上を取るべからずという警視庁辺りのおふれでも出ない限り、先ず〳〵当分はお互いにチップ問題には頭は悩まされますね。然《しか》しそれも亦《また》考え方によっては致し方が無いでしょうね。現在の状態ではチップを置かなければならない所には、それ相当の理由となるべき婦人が存在しているのですからね。

東京名物食べある記

終

昭和四年十二月十日印刷
昭和四年十二月十五日發行

食べある記

著作者　東京市丸ノ内　時事新報社家庭部

發行者　東京市芝區西久保明舟町十七番地　芳賀哲郎

印刷者　東京市芝區新門前町十番地　池端印刷製本所

定價　金壹圓參拾錢

發行所　東京市芝區西久保明舟町十七番地　正和堂書房
振替東京七七四〇〇番
電話芝三二八一番

解題1

『東京名物食べある記』と『時事新報』

慶應義塾福澤研究センター准教授
都倉　武之

庶民の味を忖度無しで評価

『東京名物食べある記』は、昭和三（一九二八）年から翌年にかけて日刊新聞『時事新報』本紙やその日曜附録版に連載され、終了後に出版された。グルメ本のはしり、ともいわれるが、今日ならミシュランガイドに載るような高級店ではなく、庶民の味を案内する趣向であった点に特徴がある。「食堂巡り」というタイトルで掲載された連載第一回記事（昭和三年五月二十三日）の見出しが、「家族連れでゆっくり食べられる市内食堂の食物調べ」とあることからも、そのことがよくわかる。

しかも軽快な文章と、気の利いたイラスト、遠慮の無い評価で一貫していた。連載は百貨店の直営食堂から始まり（単行本では順番が変更されている）、その第一回、銀座松屋の評価からして「おいしくない」「うまくない」「今少し分量を増して出した方が宜い様《よう》に思われる」などと手厳しい。イラストが添えられた店員たちにも「テキパキしている、それだけ客扱いが荒っぽいとも云《い》える」といった案配だ。

忖度無しのこの企画は評判を呼び、だからこそ単行本化にまで至ったのであろう。そして、今では営業していない店も数多いにもかかわらず、今回再び公刊されることになったのも、当時の食や風俗のディテールを率直に活き活きと伝える読み物として、今なお読み応えがあり、面白いからといえよう。

この連載が載った新聞『時事新報』は、戦前東京五大紙の一つに数えられていた有力紙であった。その創刊は明治十五（一八八二）年三月に遡る。出版元は慶應義塾出版社（後に時事新報社と改称）、社主は福沢諭吉である。福沢が後半生の著作を発表する際には、まずこの新聞に掲載し、その後単行本にした。福沢の老境の哲学書ともいうべき『福翁百話』（明治三十年刊）や、軽妙な語り口で人生を振り返った『福翁自伝』（明治三十二年刊）などもそのようにして、初めて世に出た。勝海舟や榎本武揚の出処進退を批判した「瘠我慢の説」が初めて公式に発表されたのもこの新聞紙上だ。『東京名物食べある記』の連載は、福沢が没して四半世紀以上を経てからであり、一見福沢とは何の関係も無さそうである。しかし、実はそうではない。この新聞には、一貫した〝福沢イズム〟が流れており、この連載もその流れの上にあるといえる。このことを少し書いてみたい。

旧身分意識の打破という福沢諭吉の狙い

福沢諭吉は、個人の「独立」の重要性を主張した思想家である。日本人一人一人が独立することが日本の国家的独立をもたらすことを説く「一身独立して一国独立す」の語は有名だ。

しかし明治時代は、日本という国の対外的独立が課題で、国家の視点からの独立ばかりが議論された。そして議論していたのは知識層である。その知識層とは誰かといえば、江戸時代の旧サムライ階級の人々が中心であったといってよい。彼らは江戸時代の支配階級だったわけで、時代は変われど政治は自分事であった、と考えれば分かり易い。一方で士農工商の「農工商」は、支配されることに慣れきっていた。いわれるままに生きてきた彼らにとって、政治は他人事であった。四民平等といっても、旧身分の意識は、長く人々の心理の奥深くに染みつき、容易に脱することができなかったのである。

福沢は、その旧身分の意識を日本社会から徹底して取り払おうとした。一人一人が、自分で考える力を持ち、独立して生きるべきである、そのために何が必要か？　「学問」である——そう説くのが『学問のすゝめ』（明治五年刊）ということになる。有名な、あの「天は人の上に人を造らず」に始まる本は、いままで支配されることしか知らなかった「農工商」にこそ向けられた本であった。

社会実験の場としての『時事新報』

話を『時事新報』に戻そう。この新聞が創刊された当時、日本における新聞はまだ発展途上であった。新聞には二種類あり、『東京日日新聞』『郵便報知新聞』『朝野新聞』を始めとして「大新聞《おお》」と呼ばれる政治論中心の新聞と、『東京絵入新聞』『読売新聞』など「小新聞《こ》」と呼ばれる三面記事中心の新聞とに分かれていた。そして、大新聞が知識層向け、小新聞は庶民向けと、明瞭に読者も別であった。つまり明治になって十五年経過しても、依然として身分が人々を分断し、情報格差を生んでいたということである。

福沢は、『時事新報』を使って、いろいろな社会実験を行っていくが、その一つがこの事実上の身分の継続状態を解消しようとしたことである。「小新聞」の読者層である旧「農工商」の人々に巣くった、根っからの卑屈さを取り払い、彼らを社会の主役に引っ張り出して、「大新聞」「小新聞」の読者層の融合を図ったのである。

創刊当時、『時事新報』は当然「大新聞」と見なされた。社説には社会問題を取り上げ、時の政治を論じた。その多くを福沢自らが執筆していたことが、この新聞のウリであった。しかし、政治だけでなく、学問のことも、商工経済のことも、社会のあらゆることを取り上げる、と創刊号に宣言し、実際に論じられた。これに加え、政治とはおよそ関係の無い娯楽や、顧みられなくなっていた文化、さらには生活や家庭に役立つ情報を様々に盛り込んだ企画が、『時事新報』の特徴になっていく。小新聞の読者層を巻き込むためである。

いくつか例示してみよう。『時事新報』には、創刊当時から「漫言」というコーナーがあった。これは社説で取り上げるような硬いテーマに笑いの要素を盛り込んだ文章である。ブラックユーモアを織り混ぜて社会を風刺したきわどさと絶妙な文体がウリであった。

これを絵にすると「漫画」になる。アメリカで風刺画を勉強してきた福沢の甥・今泉秀太郎（一瓢）が、明治二十四（一八九一）年から折々紙面にイラストを載せ始めた。当時日本にはポンチ絵と呼ばれる政治風刺画が存在したが、今泉の漫画は、政治や社会風刺もあるが、ただちょっとしたユーモアを提供するものが多かった点に新しさがある。まさに現代的な意味での「漫画」の元祖である。早世した今泉の後継者となった北沢楽天は、「日本近代漫画の父」と呼ばれ、『時事新報』の日曜附録版にストーリー漫画を初めて掲載したことで知られている。鉄腕アトムやドラえもんのように、毎回同じキャラクターが出てきてストーリーが展開する漫画の祖、ということである。ちなみに本書の挿絵を担当している河盛久夫、長崎抜天、小川武は、皆この楽天の弟子である。

アメリカンジョークのコーナーもあった。明治十九（一八八六）年から掲載されたこのコーナーは、欧米新聞の笑い話を、英語の原文と日本語訳併記で掲載した。滞日外国人が増える中で、その感性を学び融和を図ろうという趣旨であったものか、当時『開口笑話』というタイトルで単行本化され、戦後に現代語訳を添えて再刊されたこともある。

「何にしようネ」という料理コーナーもある。明治二十六（一八九三）年からの掲載で、読者に募った今夜のレシピを紹介している。これは明らかに女性読者向けだ。このコーナーも近年レシピ集として刊行されたことがある。

読者による、政治家や歌舞伎役者、相撲力士などの人気投票企画、というのも時々やっている。紙面に応募券をつけて読者に投票させるもので、一番人気となると肖像画を付録につけたりしたので、読者は自分の「推し」を一番にしようと、新聞を買い占めたりしたらしい。アイドルの「総選挙」商法の元祖といえようか。明治四十一（一九〇八）年、紙上で日本初の美人コンテストをやったことでも知られている。

スポーツ記事が充実していたことも特徴で、特に相撲は、星取りから図入りの決まり手解説まで熱が入っていた。明治四十二（一九〇九）年、両国国技館が完成したときに、時事新報社が始めたのが優勝額の寄贈である（現在は毎日新聞社が継承）。

本書との関連では、明治二十三（一八九〇）年に連載された「東京案内」という似たコーナーがある。この年上野で開催されていた内国博覧会を見に上京してきた見物客のため、実際役に立つ東京の細部を案内するもので、まず飲食店案内から始まり、酒事情、質屋、市場などが続いている。

これらは断片的な例に過ぎないが、『時事新報』は、政治一辺倒の知識層向けだった「大新聞」の常識を、かなり意識的に壊し、「小新聞」の読者層や、新聞を手にしない人々までをも引き込もうとしていたのである。支配されることに慣れきって、置き去りにされている人々が「大新聞」を手にする仕掛けを作り、彼ら自身が社会の主体である意識を呼び覚まそうとした。そして、女性や子供にもその輪を広げていこうとした、と見ることが出来るのである。福沢諭吉は、実に根っからの教育者だったのだ。

引き継がれた福沢のまなざし

このような『時事新報』の特徴は、明治三十四（一九〇一）年に福沢が没しても、社の伝統として引き継がれた。本書が世に出たのと同時期に、時事新報社が出版した書籍の顔ぶれにもそれが現れている。

本書と同じ「時事新報社家庭部編」で刊行された『旅の小遣帳』（昭和五年刊）という本は、はしがきで『東京名物食べある記』の「姉妹編」であると謳う旅行案内書である。とかく網羅主義的で行き届かない従来の旅行案内と違い、読者投稿型で旅の経費を全部公開してもらいながら、旅行プランを提案するという趣向の本で、これもかなり売れたらしい。

『商売打明話』（昭和四年刊）という本は、女性に経済知識を啓発することを目的に、貯蓄利殖のノウハウ、商品知識や東京の小売店の商売事情を詳細にまとめている。

『我等の灯台守』（昭和四年刊）という本は、「我が国民は灯台を忘れて居る」と書き出し、絶海の孤島に住み込みで勤務して海の安全を守っていた灯台守たちの実情を公にし、彼らを顕彰しようという趣旨の本である。

家庭に向けた企画、普段顧みられない社会の細部や、忘れられた人々に向けられるまなざしといった特徴が、脈々と継承されていたといえるのではないか。このように見るならば、本書は時事新報社から出るべくして出た、ということができるのである。

この個性の強い新聞社は、経営合理化の失敗や、新聞界の販売競争の激化などによって経営困難に陥り、昭和十一（一九三六）年末に姿を消した。戦後再興された時期もあったが長続きせず、現在ではその名を知る人も少ない。

都倉武之（とくら・たけゆき）
一九七九年、米国生まれ。二〇〇二年慶應義塾大学法学部政治学科卒業。現在、慶應義塾福澤研究センター准教授。専門は近代日本政治史・政治思想史、メディア史。共編著に、『１９４３年晩秋　最後の早慶戦』（教育評論社、二〇〇八年）、『近代日本と福澤諭吉』（慶應義塾大学出版会、二〇一三年）など。

解題2
共食を楽しむ感性の誕生

早稲田大学教育学部教授
福田　育弘

「食べある記」の隆盛

大正末期から昭和初期は、日本において日常生活のレベルで近代化が進み、文化が大衆化した時代だった。日常の生活文化といえば衣食住、なかでも変化が著しかったのが食の領域である。この時期に相次いで刊行された「食べある記」と称する飲食店案内は、そうした変化の内実をわたしたちに教えてくれる。

なかでも、昭和四（一九二九）年に出版された時事新報社家庭部編の『東京名物食べある記』は、飲食店案内記、今風にいえば「グルメ本」のはしりとなる著作だった。事実、このあと、明治大正期にジャーナリストとして活躍し、食通としても有名だった松崎天民の『京阪食べある記』（昭和五年刊）、その姉妹編『東京食べある記』（昭和六年刊）、白木正光編『大東京うまいもの食べある記』（昭和八年刊）が相次いで刊行され、いずれも版を重ねている。じつは、白木正光は『時事新報』の編集局員で、『東京名物食べある記』の「はしがき」を執筆し、この著作のもとになった取材にもSとして登場している。

もともと、『東京名物食べある記』は昭和三年五月から昭和四年六月まで『時事新報』に連載された記事を編集したものだ。取材は、基本的に家庭部同人のMとHに編集局のSとイラスト（漫画）担当の久夫《ひさお》をくわえた四人によって行われ、ときに久夫の代わりに小《お》が武《たけ》やNが参加している。そのほか、Kという記者も何度か登場している。記事はMとHがおもに執筆を担当、軽妙なイラストとともに話題になった連載は、単行本として刊行されると好評を博し、こうしたジャンルのモデルとなった。

たしかに、「江戸案内」とか「東京案内」といったたぐいの案内書は、かねてより何冊も刊行されてきた。ただし、それらは基本的に江戸や東京を訪れた旅行者向けのガイドブックであった。ところが、「食べある記」は、大正期に大都市に形成された俸給生活者や官吏などの近代社会の中産階級、いわゆる「新中間層」に向けた案内書、しかも飲食店に特化した案内書だった。ここにこれらの「食べある記」の近代的な性格がある。

いいかえれば、このような都市住民向けの飲食案内が必要になるほど、当時の大都市の都市空間には急速に多様なジャンルの多彩な飲食店が展開しつつあり、そこに集い食べ飲みたいと思う人々がたくさんいたということにほかならない。

家族で楽しむ外食空間の誕生

では、この時代の飲食文化の大きな変化とは、なんだろうか。それは、外食が家族で楽しむ娯楽となったことだ。高級なフレンチからファミレスまで、外食の楽しみが当たり前となったいまでは気づきにくいが、家族での外食が多くの人々に広がりをみせたことは特筆しておいていい。

それまで、外食といえば、男性が主体だった。女性が家庭にとどまり、男性が働く旧来の社会では、男性が日常的に昼に外食するだけではない。伝統的な日本料理店では、給仕は女性が担当し、ときに宴会となれば芸者を呼ぶこともあり、女性の同伴は想定されていない。

この飲食慣行を破ったのが、西洋風の宴会だった。明治政府は不平等条約改正のため、鹿鳴館を建て、連日欧米の高官を招いて宴席を設けたが、ここでの基本は西洋風に婦人同伴だった。つまり、飲食の近代化・欧米化は、女性の宴席参加への道を開いたのだった。

そもそも、日本では宴席となると、酒が主体となる。日本酒は日本人の主食である貴重な米をさらに手間暇かけて醸したものである。だからこそ、民俗学者の柳田国男は、酒は特別なときに集団で徹底して飲んで酔いつぶれるのが礼儀だった、と述べている（『明治大正史 世相篇』）。ここには、主食を主たるアルコール飲料の材料にしてきた日本の飲食文化の特殊性がある。そして、多くの場合、酒の共飲空間からは女性は排除されてきた。

こうした飲食空間の男性中心主義を破ったのは、百貨店の食堂だった。とくに大正十二年の関東大震災後の再建とそれにともなう拡張によって、それまで以上に充実した百貨店の大食堂は、和洋中の多彩な料理がそろい、多様な年齢層に対応している点で、家族での外食には好都合だった。

じつは、『東京名物食べある記』のもとになった連載は、百貨店の食堂巡りから始まっている。初回は松屋、第二回は高島屋で、第六回の読者からの投書を除いて十回まではすべて百貨店の食堂を取りあげている。その後も、第十四回は銀座松坂屋の食堂をあつかっており、連載二十三回中なんと十一回、つまり半分近くが百貨店の食堂に関する記事である。

なぜか。それは家族でくつろいで、ほどほどの出費で、それなりのものを食べられるからだ。このことは本文の記述からもうかがえるが、著作としてまとめたさいに付けくわえられた冒頭の「はしがき」にある、震災後に多数出現した飲食店が「果して真に家庭人の享楽に価いするか」という問いかけに明瞭である。

記者たちは、料理やサービス、女給の服装などにもいくつか批判をくわえている。それは、彼らが家族での共食空間をより快適なものにしたいと思っているからだ。事実、彼らの指摘で改善された点もいくつかあったようで、連載にはあった批判が削除されている例が複数ある一方で、「ほてい屋」の項の末尾には、女給の不潔な服装や店の雰囲気が増築にともなって改善された、という註記がある。それらはすべて百貨店の食堂に関するもので、彼らの連載がいかに読まれ、また不特定多数の顧客を相手にする百貨店が、店の評判と改善にいかに気をつかっていたかがよくわかる。

いってみれば、彼らは家族共食主義の支持者であった。だから、彼らがいわゆる食通ではないのは当然であったし、食通を気取る必要がないことも自覚していた。

伝統的食通にあらがって

著作では末尾のほうにおかれた「読者からの横鎗」は、連載では初期の第六回に登場している。ここでいささか飲食にうるさい読者からの投書が紹介され、そこでは「SさんもHさんもMさんもたいした食道楽、食堂通ではないらしい」と批判されている。しかし、彼らはそれにあえて反論することもなく、暗にこの連載は「食通」記事ではないと訴えているかのようだ。

そもそも、著作の「はしがき」には、「一人一円内外で簡単に食べられるところ」を対象とすると宣言されている。同時代の昭和四年に出版された考現学を標榜して都市生活を詳細に観察して記録した今和次郎の『新版大東京案内』には、日本料理の名店「新橋の花月」について「ちょっとした晩餐にも十円か十五円は取る」とあり、他の有名店も「七八円は常識」、料理本位でコスパのよい「上方風」の店でも「五六円」とある。一人一円の予算設定からも、彼らが最初からいわゆる食道楽や食堂通をめざしていないのは明らかである。

ここで読者に価格の現実感をもってもらうために、当時の一円が現在のどのくらいの額に当たるのか、おおまかに示しておいたほうがいいだろう。じつはこれは案外むずかしい。いまより希少で高いものもあれば、当時のほうが安いものもあるからだ。『東京名物食べある記』全体を精読すると、当時の一円は現在の三千円程度かと思われる。

これだと最先端のフランス料理店モナミの「定食」、つまりコース料理の二円五十銭は七千五百円、東横食堂のライスカレー三十銭は九百円、藪そばのせいろう十三銭は三百九十円、銀座資生堂の破格な値段のコーヒー五十銭は千五百円となる。それなりに納得できるのではないだろうか。

さて、彼らがいわゆる食通ではないことは、「人形町かね萬――さい鍋」の項からわかるように、全員が日本の食通の賞賛するふぐをこれまで食べたことがないないうえ、「決死隊」のごとく食べに行き、ふぐの美味しさにはじめて気づくことからも推測できる。

彼らが求めているのは、日本の食通がもとめる繊細な味覚の洗練ではなく、家族でそこそこの料理を楽しみながらくつろいで食べることのできる外食空間なのだ。その点で、たとえば、ほぼ同時代の木下謙次郎の『美味求真』(大正十四年刊)に示されているような、食材そのものがもつ本来の味をどこまでも禁欲的に追及する日本的な食通より、食卓における社交を重視するフランス風の美食家(ガストロノーム)に近いといえるだろう。

フランス人のブリヤ・サヴァランは『美味礼讃』のなかで「美食の四つの条件」として「そこそこに美味しい料理、よいワイン、感じのいい会食者、十分な時間」をあげている。驚かれるかもしれないが、けっして洗練された食事とも、最高のワインともいっていない。なぜなら、フランスでは食卓での会食者同士のコミュニケーションをなによりも重視するからだ。だからこそ、「感じのいい会食者」と「十分な時間」は欠かせないのだ。

これに対して、木下謙次郎に代表される日本的食通は会食者とのコミュニケーションではなく、食材本来の自然な味である「真味」を通して、自然との洗練されたコミュニケーションに最大の価値をおく。家族の共食を求める彼らが日本的食通志向を意識的に避けたのは適切な判断だった。

その意味で、この「食べある記」は、彼ら自身がどれだけ意識的だったかは別にして、新たな飲食の感性を価値づけていると考えても、けっしておおげさではない。新しい感性は、しばしば意識しないかたちで編成されていくものなのだから。

連載から著作へ

ところで、さまざまな外食装置を共食空間として評価していくという連載の意図は、『東京名物食べある記』として一冊の著作にまとめられることによって、やや見えにくくなっている。

というのも、著作では、「食堂巡り」と題された前期の連載（昭和三年五月から八月まで）と「名物食べある記」と題された後期の連載（昭和三年十一月から昭和四年六月まで）とを併せて、さらに「附録」ほかのいくつかの項目を付けくわえ、飲食店案内という実用性を考えて、地域ごと店ごとに再構成されているからである。

連載前期はおもに百貨店の食堂とそれに類した比較的新しい洋食中心のモダンな店を紹介しており、家族での共食空間の探訪と紹介という性格が色濃く伝わってくるのに対して、連載後期は、題名からもわかるように、すしやうなぎ、そばやドジョウ、さらにはさくら餅やくず餅といった甘味まであつかっており、伝統的名物巡りの趣きが強い。著作では、それらの店が地域ごとに店単位で紹介されていく形式になっている。

『東京名物食べある記』が二つの連載から構成されていることは「はしがき」で明瞭に説明されている。しかし、どの項がどの連載だったかは示されていない。内容の新旧でわかるといえばわかるが、現代の読者にはややわかりにくい。そこで巻末に対照表をつけることにした。この著作の歴史的意義を考えるためにも、この表はあったほうがいい。

たとえば、著作では新橋の萩の餅のあとに銀座の高級果物店千疋屋が続き、さらに作家の岡本かの子が命名したフランス料理店モナミの次に同じ銀座の「お汁粉十二ケ月」が紹介されている。これはこれで結果として和洋混交、新旧並列で、日本の近代化の一面を表現していて興味深いともいえるが、当時隆盛を極めた百貨店の食堂を家族の共食空間として評価するという視点はやや後退している。

その代わり、家族の飲食空間という視点からみれば、伝統的な飲食店も意外と家族的共食の場であったということが見えてくるのは面白い。たしかに、伝統的な日本料理や居酒屋を取りあげれば日本の外食空間は男性中心だが、甘味店やそば屋などは意外と大衆的で家族的な外食装置だったと気づく。和洋混交、新旧並列の利点だろうか。

通常『東京名物食べある記』と縦書きに書かれるタイトルは、もとは和書や献立によくあるように、「東京」と「名物」が横に並んでいる。つまり、「東京食べある記」とも、「名物食べある記」とも読める。著作が二つの連載から構成されている事実を示唆しつつ、新旧並列、和洋混交の両義性を巧妙に表現したタイトルといえるだろう。

多士済々の面々が作る新しい飲食空間

二つの連載を再編成して作られた著作が混交的になりながらも、家庭的な共食空間の検討としての一貫性を保っているのは、この連載に関わる三人の記者と三人の漫画家たちのキャラクターが大きく影響している。「附録」の「銀座界隈」の記述から全員三十代とわかる彼らは、まさに時代を生きている新しい世代である。新しい感性を共有し、忌憚なくものを言い合う仲間でもある。

Hこと平尾郁次は鰻や鯉も食べられず、しかも下戸で胃弱、Mとされる美川徳之助とSと略される白木正光は大食漢で、とくにフランス滞在歴がうかがえるMはフランス料理にうるさく、イラスト担当の久夫はことのほか女性に弱い。そんな異なるキャラクターが文章から伝わってくる。彼らが一様に食通でも、食に執念を燃やす美食家でもないのが、かえって読むほうをなごませてくれる。

本文は店の情景を描く叙述文とサービスや料理を批評する会話文から構成されている。とくに各人の性格の違いが料理や店への異なる反応を生む会話部分が、えてして「こうあるべき」となりがちな日本的な美食言説の硬直さを回避して、連載記事から転載されたいくつものイラスト（全部ではないのは残念だが）とあいまって、なごやかでときに軽妙な雰囲気を生み出している。彼らの作る空間がまさに社交的な共食空間となっているのだ。

白木正光は、すでに書いたように、このあと『大東京うまいもの食べある記』を上梓しているが、そのほかにも『趣味の伝書鳩飼ひ方』（昭和六年刊）、『犬の訓練読本』（昭和十三年刊）など、動物の飼い方の教本を何冊も刊行し、さらに『犬の研究』という月刊誌まで編集している。多様な関心をもった趣味人だった。

美川徳之助は、横浜生まれで、父は松屋百貨店の前身となる横浜の鶴屋呉服店の番頭を務め、のちに『東京名物食べある記』にも登場する丸菱呉服店（百貨店）の社長となった人で、大学受験に失敗したあと、親の勧めで五年にわたってパリに遊学し、戦後に『愉しわがパリ』（昭和三十二年刊）、『パリの穴 東京の穴』（昭和三十八年刊）といったエセー集を出している。内容は、パリや東京での女性との交友録で、猥談に近いきわどい内容が多い。その一方で、『愉しわがパリ』には「食べものの話」とか、「パリ食べある記」といったエセーもあり、飲食風俗にも関心があったことがわかる。

つまり、美川は、白木以上に筋金入りの趣味人だった。だから、Mが神楽坂の自称フランス料理店の料理に文句をつけ（「山手の銀座神楽坂」）、「東西珍味いかもの会」でフランス風蛙料理に腕を振るったのも当然であった。

ところで、この「東西珍味いかもの会」の項を締めくくるのは、胃弱で下戸、蝸牛料理にねをあげるHで、酒も飲まずにウルカやアミの塩からを賞味している。Hこと平尾郁次も飲食に一家言ある趣味人だった。

イラスト（漫画）担当の三名、河盛久夫、長崎抜夫《ばってん》、小川武も、それぞれ個性のある画風で、のちに画集を刊行している。まさに多士済々の面々、共通項は飲食への各人それぞれの思い、個性あふれる飲食空間が現出しても不思議はない。

しかし、彼らには共通点もある。「左利きでない」ところだ（「東西珍味いかもの会」）。つまり、下戸のHだけでなく、彼らは総じて酒好きではないのだ。夜に銀座のバーを巡ったおりや（「近代風景酒場のぞき」）、著作で追加された横浜のダンスホールやバー巡りでは（「横浜踊り場」）、アルコール飲料をたしなんでいるものの、メインとなる食べある記では、取材が昼ということもあって、いっさい酒を飲んでいない。鰻や鍋、すしやドジョウといった日本酒が欲しくなる料理であっても酒を飲んだ形跡はない。

この酒を飲まないという彼らの姿勢は、女性や子供も参加する家族的な共食という視点からは非常に重要だ。なぜなら、すでに述べたように、日本の食卓では、酒があると、酒が主役になるからだ。料理は酒を美味しく長く飲むための補助手段となってしまう。

家庭でも、父親がおかずをつまみに晩酌をして、家族は食事という光景はいまでも見られるだろう。貴重な主食を使って作った日本酒に深く刷り込まれた飲食の慣習と感性である。

だからこそ、老若男女の参加する共食空間では、少なくとも日本では、一度酒と食事が切り離される必要があった。そのうえで、現在のように日本酒がワイン化して食中酒になれば、つまり主役ではなく食事の一部となれば、アルコール飲料も共食空間にその位置を得ることができる。

そのとき、アルコール飲料の役割は酔いではなく、ましてかつて推奨されたように酔いつぶれることでもなく、食事をより美味しくするためのものになる。ワイン産国でワインが料理に合わせて適切に選ばれるように。

歴史資料として読む醍醐味

いまおよそ百年の隔たりを経てこの『東京名物食べある記』を読むとき、気づかされるのは、これまで述べてきたような、日本的な飲食の感性の大きな変化だけではない。日常文化の日本的変容の細部も見えてくる。

たとえば、日本の家族連れの外食空間を象徴する存在、お子様ランチの起源は、三越百貨店の食堂が昭和五（一九三〇）年の十二月に発売した「御子様洋食」とされ（三越広報サイト）、その後、昭和十（一九三五）年に同じ三越の「御子様献立」という子供専用のメニューに、「御子様弁当」や「御子様寿シ」「子供パン」などとともに「御子様ランチ」が登場する。

しかし、『東京名物食べある記』の「エスキーモ」の項によると、すでにこの取材が行われた昭和三（一九二八）年七月に「子供ランチ（五十銭）」があったことがわかる。いまの価格で千五百円、少し高めだが、銀座の有名洋食店であることを考慮すれば納得できる。

内容も洋食の少量多品目盛りのその後のお子様ランチとは異なり、まずジャガイモとニンジンのコキーユ（ホタテ貝の貝殻かそれに似た陶器に入ったグラタン）が出されている。このあとの記述に「コキーユと、オムレツにソーダ、パンは附かない」とあるから、フランス風の料理だとわかる。おそらくフランス風に順番に給仕されたのだろう。

さらに、「銀座松坂屋食堂」の項には、「子供ランチ（四十銭）」が登場している。記事は昭和三年七月六日に掲載されている。名称こそお子様ランチではないが、子供用のランチである。内容はライス付きのタンと牛肉のシチューらしい。「エスキーモ」の「子供ランチ」同様、その後のお子様ランチとは大きく異なっている。

いずれにしろ、すでに銀座の洋食店に存在した子供用のランチを、さらに子供向けに改良し、日本的な食事様式に合わせて少量多品目を一皿に盛ったところに、三越以後の百貨店のお子様ランチの独自性があったと推測される。フランス風に複数の料理を順番に食べる習慣のあまりない日本では、家族で共食するには、このほうが具合がいい。こんな融通の利くところが百貨店の食堂の特徴であり、それは日本的な洋食の特質でもあった。

すでに指摘されているように、百貨店の食堂は和洋中なんでもありが売りであるが、なによりも主力は洋食であった。ただし、そうした洋食のほとんどは日本的な変容を被った西洋起源の料理であり、その意味で日本語でいう「洋食」だった。

たとえば、渋谷にある東京横浜電鉄（現東急電鉄）直営の駅構内二階の食堂のメニューは、「献立表は凡《すべ》て洋食一点張りでフライ、ビフテキ、カツレツ、コロッケ、オムレツ、タンシチュウ、ハムサラダの七種、これにライスものでライスカレー何れも三十銭の均一である」（「渋谷東横食堂」）と紹介されている。洋食のみで、しかもすべて三十銭、およそ九百円というのはお手頃だ。通勤の行き帰りにささっと食べるのに適している。いまの駅ナカの外食装置の先駆である。

同時に、これらの料理がコースで食べるフランス風の西洋料理から、適宜抽出してそれぞれ一品料理として食べられるようにアレンジしたものであることもわかる。たとえばハムサラダのほか、コロッケやオムレツも、本来はメインの付け合わせだったり、メインの前後に出される料理であったりしたものを一品料理に仕立てたものだ。カツレツ（トンカツ）やライスカレーが、西洋料理の日本的なアレンジであることは、つとに知られている。

こうした日本的変容は、デパートの食堂だけに見られるものではなかった。神楽坂でフランス料理の看板を掲げるオザワのオザワライス（七十銭）についてMは「フランス料理と云うけれど甚《はなは》だ怪しい」と述べ、「先日銀座でぶつかったトルコライスにやゝ兄たる程度のもの」と断じている。

この指摘からは、フランス料理店でも日本的な変容が起こっていたことがわかる。さらに、一九五〇年代に長崎で発祥したとされるトルコライスがすでに当時銀座にあり、長崎名物となったトルコライスがトンカツ、ピラフ、スパゲティが一つの皿にのった日本的洋食であるのと異なり、当時の銀座のトルコライスは、そのあとの記述からチキンライス風ないしはピラフ風の料理だったこともみえてくる。

この著作から読み取れる生活文化の細部はまだまだあり（たとえばモガの時代なのにイラストの女性は女給をのぞいてほぼすべて和装）、オザワライスとトルコライスの二つはもっともわかりやすい事例にすぎない。日常的な飲食文化の起源はつねに曖昧である。言い出したものが勝ちといった側面もある。だから、当時のこうした証言は貴重で、これによって洋食の変容の歴史もより詳しいものになる。

外食から家庭へ広がる共食

ここまで家族の共食空間としての外食が百貨店の食堂から始まったことを強調してきた。重要な点は、そこに女性が参画したことだ。日本的な多様な洋食を味わった女性たちは、それらに親しみ、それらを家庭で再現した。こうして多くの洋食が家庭にもたらされた。

和洋中の料理が日替わりで、いやときには同時に並ぶことさえ珍しくない現代の日本の食卓の多様な在り方の起源も、じつは百貨店の食堂にあるのだ。

しかし、家族の共食自体については、すでに明治時代、いやそれより前から家庭に存在したではないか、という反論があるだろう。

たしかに、夫婦がともに働き、子供も塾や部活で忙しい現代とは異なり、戦前は家族は家庭でとりあえず共同食をしていた。

しかし、その共食は一家団欒《だんらん》としての会話のある食事ではなかった。家父長である父親が料理に手をつけてはじめて食事が始まり、食事中の会話も抑制されていた。家族仲良く和気あいあいといったものではなく、基本的に家族内封建秩序の確認の場であった。だから、家長や長男には一品余計に料理がつけられることも多かった。

こうした家庭内共同食は大正から昭和初期も基本的に続いていた。家族団欒の歴史的変遷を跡づけた表真美の『食卓と家族』(平成二十二年刊)によると、団欒重視の共食思想は明治末に堺利彦をはじめとした西洋思想を学んだインテリたちによって主張されだし(堺利彦『家庭の新風味』明治三十七年刊)、その後、各種女性誌の論客たちによって展開されていく。

そもそも、こうした主張がなされ、展開されていた事実が、団欒としての共食が家庭に不在だったことを物語っている。表によれば、これが実現するのは戦後の高度成長期であるという。しかし、皮肉なことに、この団欒としての家族の家庭内共食は、実現されるやすぐに不完全なものになる。高度成長を支えた家長である父親がモーレツ社員となって、夕食の場に不在となったからだ。

こうした団欒の歴史をふりかえると、百貨店の食堂が醸成した家族の共食が、むしろ家庭内の団欒としての共食の下地になったのではないかという仮説もあながち否定できないものに思えてくる。『東京名物食べある記』は、その無邪気で楽し気な飲食案内という表向きの体裁を超えて、広い射程と深い社会的意義をもった歴史資料であるといわねばならない。

福田育弘(ふくだ・いくひろ)
一九五五年、名古屋市生まれ。一九八〇年早稲田大学第一文学部卒業。一九八五年から八八年までフランス政府給費留学生としてパリ第三大学博士課程に留学。現在、早稲田大学教育学部教授。著書に、『ワインと書物でフランスめぐり』(国書刊行会、一九九七年)、『「飲食」というレッスン』(三修社、二〇〇七年)、『新・ワイン学入門』(集英社インターナショナル、二〇一五年)など。

表1　新聞掲載記事及び書籍版の見出し対照表

（連載回の前期は掲載時に記載された連載回数、後期は登場順を記載。附録はすべて書籍が初出となるため表には記載していない）

頁	見出し	連載回	掲載日	新聞見出し	備考
1	新橋萩の餅	後期4	S3・12・2	新橋萩の餅と／銀座の高級喫茶	＊1
3	銀座千疋屋	前期15	S3・7・11	味、容器は滿點／お値段がちと高い／家庭的と女給さん是非／―丸の内錦水と銀座千疋屋―	
5	エスキーモ	前期16	S3・7・13	銀座漫歩の／お客あてこみの／輕い食事と飲みもの探り（一）／資生堂とエスキモー	
8	銀座資生堂	前期16	S3・7・13	銀座漫歩の／お客あてこみの／輕い食事と飲みもの探り（一）／資生堂とエスキモー	
12	銀座不二家	前期17	S3・7・18	味の點では／推賞したい店も／客扱ひに不滿が多い／銀座の輕い食事と飲物（二）	
13	モナミ	前期17	S3・7・18	味の點では／推賞したい店も／客扱ひに不滿が多い／銀座の輕い食事と飲物（二）	「三角堂」なし
15	お汁粉十二ケ月	後期2	S3・11・18	おつなすしと／汁粉十二ケ月	
16	富士アイス	前期18	S3・7・20	味覺極樂の／銀座街鳥瞰／一寸拾つてもこれ位ある／銀座の輕い食事と飲物（三）	「其他」なし
19	デルモニコ				新聞連載になし？
21	銀座松坂屋食堂	前期14	S3・7・6	食べ味より／女給さん訓練／行届き過ぎる位／―銀座松坂屋食堂―	
24	銀座松屋食堂	前期1	S3・5・23	家族連れで／ゆっくり食べられる／市内食堂の食物調べ／まづ眞先に百貨店食堂から	
29	東海道と西海名物	後期27	S4・6・2	東海道／と西海名物	
31	京橋幸寿司	前期21	S3・8・3	お江戸以來／鰻として大衆的の存在／そばやとお壽司屋に／時代の匂ひを探る記	
33	高島屋食堂	前期2	S3・5・25	特賞ものは／裝飾と女給さん／食味は今一呼吸の／―高嶋屋食堂―	
35	日本橋白木屋食堂	前期8	S3・6・15	天婦羅結構／味は大體によろしい／少女服も純日本風／―日本橋白木屋食堂―	
38	キャフテリア白木屋地下室				新聞連載になし？
41	食傷新道	後期11	S4・2・3	食傷新道	
43	日本橋はなむら	後期17	S4・3・17	日本橋／はなむら	

頁	見出し	連載回	掲載日	新聞見出し	備考
46	三越本店食堂	前期9	S3・6・20	流石は日本／廣い食堂で／迷兒になつた苦情／―三越本店食堂	
49	近代風景酒場のぞき	後期8	S4・1・13	近代風景／酒場のぞき	最後の部分が新聞連載と異なる
53	上野松坂屋	前期5	S3・6・6	御祝儀用の／料理まである見本棚／札賣場も感じがよい／―上野の松坂屋―	＊2
56	上野麦とろ				新聞連載になし？
59	揚げ出し、水戸屋				新聞連載になし？
61	田楽餅と江戸っ子	後期22	S4・4・28	田樂餅と／江戸っ子	
64	根岸笹の雪	後期10	S4・1・27	根岸／笹の雪	
67	日暮里、羽二重団子	後期23	S4・5・5	日暮里／羽二重團子	
70	浅草味覚極楽	前期23 最終回	S3・8・15	四方八方／軒並の食物屋／流石の巡り一行も／淺草で兜を脱ぐ記	＊3
74	仲見世宇治の里	後期21	S4・4・21	淺草／仲店記	

頁	見出し	連載回	掲載日	新聞見出し	備考
76	八ツ目鰻				新聞連載になし？
79	米久（本店）	後期24	S4・5・12	精進料理／から淺草へ	
82	駒形どぜう	後期15	S4・3・3	駒形／どぜう	
85	向嶋さくら餅	後期18	S4・3・24	向嶋／さくら餅	
88	向嶋雲水	後期25	S4・5・19	向嶋雲水	
91	新宿駅附近	前期22	S3・8・8	飲食街を現出した／新宿驛附近／玉石混淆ながら／大衆向のものが多い	
94	新宿三越分店	前期3	S3・5・30	取り柄は／清潔とお茶／肝腎の御飯は美味しくない／―新宿三越分店―	
97	ほてい屋	前期4	S3・6・1	品數第一／無慮八十點以上／但し汚い少女達の服装に／―食欲半減のほてい屋	＊4
100	京王電車地下室食堂	前期13	S3・7・4	朝七時から開店／特別朝食もある／郊外電車客當込みの／―むさしや地下室食堂―	
104	丸ビル丸菱食堂	前期10	S3・6・22	記者達の正體／見あらはされの記／數日來警戒したらしい／―丸ビル丸菱食堂―	最後の一文なし（削除）

頁	見出し	連載回	掲載日	新聞見出し	備考
106	丸ビルの地下室食堂、花月と中央亭	前期11	S3・6・27	丸ビルの／地下室食堂／百貨店とは氣分が違ふ／―花月と中央亭―	最後の他店列挙の一文なし（削除）
110	丸ノ内錦水	前期15	S3・7・11	味、容器は滿點／お値段がちと高い／家庭的と女給さん是非／―丸の内錦水と銀座千疋屋―	
113	山手の銀座神楽坂	前期20	S3・7・27	山手の銀座／神樂坂を一巡／驚いたカフェーの林立	
117	麻布永坂更科そば	後期13	S4・2・17	麻布永坂／更科そば	
120	おつなすし	後期2	S3・11・18	おつなすしと／汁粉十二ケ月	
121	芝神明大々餅三田のこ屋	後期16	S4・3・10	芝神明の太々餅／三田のこや	
124	神田の伊勢丹食堂	前期7	S3・6・13	二十分待って／やつと壽しが來た／見本棚はどの百貨店も／餘りに工夫が足りない／―神田の伊勢丹食堂―	
127	神田の不二家				新聞連載になし？
129	岩本家　さくら肉	後期5	S3・12・9	さくら肉／存外うまいと／尻込黨も感心	
131	神田の藪	前期21	S3・8・3	お江戸以來／鰻として大衆的の存在／そばやとお壽司屋に／時代の匂ひを探る記	前口上なし

頁	見出し	連載回	掲載日	新聞見出し	備考
133	神田橋と昌平橋食堂	前期19	S3・7・25	公衆食堂も／あまり安くない／親切味が足りぬ／神田橋と昌平橋食堂	
137	人形町かね萬――さい鍋	後期1	S3・11・11	さい鍋／人形町かね萬	
140	もゝんじい豊田屋	後期9	S4・1・20	野獸肉の／ももんじい	
143	与兵衛ずしと焼とり	後期12	S4・2・10	兩國／與兵衛ずし／と燒どり	
146	渋谷東横食堂	前期12	S3・6・29	郊外電車で／直營の食堂／割合氣もきいてゐる／―澁谷東横食堂―	
149	品川三徳	後期19	S4・4・7	品川／小料理	
152	雑司ケ谷芋田楽と雀焼				新聞連載になし？
155	亀戸のくず餅	後期14	S4・2・24	龜戸の／くず餅	＊5
158	目黒栗めし――筍めしもあり	後期3	S3・11・25	目黒栗飯／筍飯もあり	
161	蒲田、穴守方面	後期7	S4・1・6	蒲田穴守	

頁	見出し	連載回	掲載日	新聞見出し	備考
165	堀の内	後期26	S4・5・26	堀の内	＊6
168	柴又くさ餅	後期20	S4・4・14	柴又／くさ餅	
171	太田窪の鰻	後期6	S3・12・16	野趣を食べに／大田窪の鰻	
175	横浜味覚極楽（上）				新聞連載になし？
177	横浜味覚極楽（下）				新聞連載になし？
179	東海道線駅ずし合評				新聞連載になし？
183	東西珍味いかもの会	後期28	S4・6・9	東西珍味／いかもの會	
186	読者からの横鎗	前期6	S3・6・8	読者からの／横鎗を公開／SもMもHも落第／食通でないと痛烈にお小言	
189	横浜踊り場				新聞連載になし？

＊1　最後の一節「銀座の高級喫茶」は、「銀座資生堂」の項へ移動。
＊2　冒頭の部分の一文欠。最後の批判部分欠。台所と食堂間の暖簾が女給が通るときに料理に触れるという指摘。おそらくその後改善されたと思われる。
＊3　途中一部改変。最後の「附記」削除。前期連載最後のための「附記」。
＊4　末尾の批判「女給の服装が汚い」が、改善されたことを示す一文に。
＊5　附記追加「食べそこなった本物のくず餅とどく」。
＊6　新宿駅脇「模範家庭料理」を掲げた「日魯食堂」での最後の一説は、「新宿駅附近」の項へ移動。

表2　本書に登場する主要なメニュー一覧

初出頁	地域	店名	商品名	価格
1	新橋	胡萩堂	萩の餅	（一皿）10銭
			すし、ぞう煮	不明
3	銀座	千疋屋	オレンジエード	40銭
			メロン	（一切）50銭
			フルーツパンチ	30銭
			フルーツテーブル	3円～
5	銀座	エスキーモ	ハムサラダ、ハンバークステーキサンドウィッチ	各60銭
			子供ランチ	50銭
			新橋ビューティー	35銭
			エスキモープディング	25銭
			みつ豆、アイスクリーム、ビフテキ	不明
8	銀座	資生堂（新館）	カレーライス	30銭
			ローストチキン	70銭
			チキンライス	60銭
			ソーダ水、アイスクリーム	各25銭
			コーヒー	15銭
10	銀座	資生堂（喫茶）	コーヒー、紅茶、ココア	各50銭
12	銀座	不二家	鮎のフライ	50銭
			エスカロープ・ド・ポー・サンジャック	60銭
			サロイン・ステーキ	80銭
			ビーフ・ウィズ・サラダ	70銭
13	銀座	モナミ	定食	2円50銭
			豚エスカロップ	70銭
			蟹ニュウバーグ	時価
			チーズ・オン・トースト	60銭
13	銀座	モナミ	玉蜀黍シチウ	30銭
			アイスクリーム、冷しレモンティ	不明
15	銀座	十二ケ月	お汁粉十二ケ月	（完食で）無料
16	銀座	富士アイス	トマトチキン・サラダ、テンダロインティップ	各60銭
			ハンバーグ・ステーキ	50銭
			ボンレスチキン	70銭
			ジャーマン・フライポテト	15銭
			バニラ・アイスクリーム	25銭
19	京橋	デルモニコ	昼餐	1円20銭
			晩餐	2円
21	銀座	松坂屋食堂	カツレツ丼	50銭
			鮎ずし、子供ランチ	各40銭
			強飯	30銭
			フルーツゼリー、パパイヤ、プリン	各15銭
			御子様ずし	20銭
			松坂屋弁当	70銭
			蜜豆、甘酒、白玉	各10銭
24	銀座	松屋食堂	ビーフステーキ御飯付	80銭
			親子丼御椀付	50銭
			マカロニチースパン付	40銭
			支那饅頭	15銭
			お茶漬	35銭
31	京橋	幸寿司	ちらし、てっか、にぎり	各40銭
33	日本橋	高島屋食堂	ビフテキ御飯又はパン付	50銭

初出頁	地域	店名	商品名	価格
33	日本橋	高島屋食堂	香の物寿司、ハヤシライス、果物(林檎)、コーヒー、オレンジ水、白糸豆腐、東ずし	不明
35	日本橋	白木屋食堂	赤飯、みつまめ	不明
			鯛寿司、天ぷら御飯	各50銭
			冷むぎ	20銭
			大阪ちらし	35銭
			フルーツポンチ	10銭
38	日本橋	白木屋地下室キャフテリア	ハンバークステーキ、カツレツ、スチュービーフ、ロースポークオムレツ、魚フライ、ヤサイサラダ、ケーキ、コーヒー、果物、ライスカレー、カステラ、アイスクリーム、焼林檎、スチュードプラム	不明
41	日本橋	赤行燈	いりとり、あんかけ(豆腐)、しのだ	各7銭
			むきしゃこ	20銭
			蝦、いい蛸桜煮、蛤鍋	各30銭
			茶飯	10銭
43	日本橋	花村	蠣鍋、刺身、木の芽田楽、はんぺん椀、お新香、御飯	三人合計2円35銭
			アンコウ鍋	不明
46	日本橋	三越本店食堂	ランチ(若鶏、野菜サラダ、スープ、ライス)	50銭
			柳川なべ、ビフテキ、稲荷ずし	不明
49	日本橋	三越本店(地下喫茶部)	ストロベリーサンデー	30銭
			冷しコーヒー	10銭
			アイスクリーム	不明
50	銀座	ジュンバー	コクテル、オレンジエード	三杯合計1円80銭
51	銀座	ユングフラウ	コクテル	二杯合計1円40銭
			オレンジエード	二杯合計1円20銭

初出頁	地域	店名	商品名	価格
51	銀座	アオイ	コクテル	二杯2円
52	京橋	ギャストロ	コクテル(マンハッタン)	二杯1円20銭
52	早稲田	白百合	お茶、ソーダ水、紅茶	不明
			○○ライス	50銭
53	上野	松坂屋	松坂ランチ、都御飯	各70銭
			チャーハン	35銭
			シューマイ	20銭
			洋食弁当	1円
56	上野	麦とろ	むぎとろ、すいとろ	各8銭
			すましむぎ	15銭
			ぬた	35銭
			鮪山かけ	60銭
			うまに	30銭
59	上野	水戸屋	甘酒、煮あずき	各一杯5銭
			汁粉	8銭
60	上野	揚出し	揚出し、しじみ汁、ゆばうまに、礒焼どうふ、やわらか煮鳥とうふ、卯の花ふぶき	不明
61	上野	福田屋	みつ豆、煮あずき、大福、でんがく餅	不明
63	上野	江戸っ子	鯉こく	40銭
			車えびおろし合、いか竹の子木め合	各60銭
			穴子蒲焼	70銭
64	根岸	笹の雪	あんかけ豆腐、ゆどうふ、ひややっこ、いりどうふ、煮豆腐、かき玉わん、茶漬	不明
67	日暮里	羽二重団子	団子	一盆10銭
70	浅草	大黒屋	天丼、親子丼	不明
72	池之端	白十字	洋菓子、飲み物	不明
72	浅草	万盛庵	蕎麦	不明

初出頁	地域	店名	商品名	価格
72	浅草	来々軒	支那料理	不明
72	浅草	神田屋	鰻	不明
72	浅草	宝家	天丼	20銭
72	浅草	萬屋	蕎麦、ソーダ水、アイスクリーム	不明
72	浅草	金田	鳥、鍋	不明
73	浅草	志美津	天麩羅丼	50銭
73	浅草	梅園	汁粉、クリームサンデー、アイスクリーム	不明
74	浅草	宇治の里	にしめ、きゅうりしんこ	各15銭
			わんもり、ゆばうまに	各13銭
			かき玉わん	20銭
			茶わんもり、ぬた	各30銭
			玉子焼	35銭
			いかやき	40銭
			うまに	45銭
			さしみ、赤貝すのもの、すがい、親子やき、むつの子うまに、塩やき、てりやき、新栗きんとん	各50銭
			はしらわさび、小だい塩やき	各60銭
			口取	1円
76	田原町	八ツ目鰻	味噌汁、八ツ目鍋、八ツ目鰻の蒲焼、御飯	不明
79	浅草	米久（本店）	ヒレ肉	不明
82	浅草	駒形どぜう	どぜう鍋、くじら鍋	各20銭
			どぜう汁	4銭
			くじら汁、玉子汁、生玉子	各10銭
			なまず鍋	38銭
			御飯	8銭
85	向嶋	長命寺桜餅	桜餅（お茶付）	18個40銭
88	向嶋	雲水	薄茶、松風、酢の物、お多福豆、吸物、甘煮、吸とろ、三ツばしたし、野菜各種かき揚げ、漬物	四人合計4円60銭

初出頁	地域	店名	商品名	価格
91	新宿	明治製菓	ホットランチ（オムレツ・オン・トースト、コーヒー）、コールドランチ（ハムサラダ、パン、牛乳）	各50銭
92	新宿	中村屋	カレーライス	1円
92	新宿	東京パン	ランチ（ハムライス、鮭、パン、コーヒー）	50銭
92	新宿	日魯食堂	日魯ランチ（芙蓉蟹、貝のサラダ、ライス、コーヒー）	50銭
			カニ焼飯	30銭
			サーモンコロッケ	20銭
94	新宿	三越分店	茶めしおでん、天麩羅そば	各30銭
			お弁当（お碗付）	50銭
			くず餅、おだんご	各10銭
			カレーライス	不明
97	新宿	ほてい屋食堂	支那五もくめし	35銭
			お好みずし	40銭
			支那そば	15銭
			支那ランチ、ランチ	各50銭
			アイスクリーム	不明
			コーヒー	10銭
			ランチ	50銭
100	新宿	京王電車地下室食堂	御飯	一皿5銭
			スブタ、ヤサイサラダ、カレーライス、支那料理9種	各30銭
			西洋料理24種、フルーツポンチ	各25銭
			支那そば	10銭
			7時～11時の特別朝食	30銭
104	丸の内	丸ビル丸菱食堂	ちらし五もく	35銭
			鳥鍋、支那ランチ、洋食ランチ	各50銭
			いなりずし、冷ココア	各10銭
			クリーム・コーヒー	15銭

初出頁	地域	店名	商品名	価格
106	丸の内	丸ビルの地下室食堂、花月	弁当	35銭
			うな丼	60銭
			天丼、鶏そば	各50銭
			しゅうまい	20銭
108	丸の内	丸ビルの地下室食堂、中央亭	プリン、ゼリー	各15銭
			オードーブル	30銭
			ババロア	25銭
			コーヒー、紅茶	各10銭
110	丸の内	錦水	金ぷら御飯	1円
			弁当	80銭
			季節御飯（親子丼）	50銭
113	神楽坂	田原屋本店	マカロニチーズ	40銭
			特別カレーライス	65銭
			西瓜	30銭
			アイスクリーム	20銭
114	神楽坂	オザワ	オザワライス	70銭
			オザワランチ	1円
			ハムサラダ	55銭
115	神楽坂	白十字	西瓜	25銭
			ボイルドアップル	15銭
			アイスクリーム	20銭
117	麻布	永坂更科そば	ふと打、てんぷら、茶そば、御膳、鴨南、鬼がら	不明
120	麻布	おつなすし	おいなり	一皿20銭
121	芝神明	太好庵	太々餅	一皿10銭
			くさまき	15銭
123	三田	阿波屋（ノコヤ）	たけのこ飯	小10銭～大20銭

初出頁	地域	店名	商品名	価格
124	神田	伊勢丹食堂	あずま丼	45銭
			まぐろずし	35銭
			オムレツ	30銭
			トーストパン、ゼリー、カルピス、みつ豆	各10銭
			冷ししるこ、ソーダ水	各15銭
127	神田	不二家	ランチ	35銭
			コーヒー、紅茶	各15銭
			チョコレート	20銭
129	芝	岩本家	さくら鍋	一人前25銭
			鳥の塩むし	40銭
			もつ焼	35銭
			鳥豚鍋、はま鍋、すい鍋	不明
131	神田	藪そば	天ぷら	40銭
			山かけ	35銭
			せいろう	13銭
			そばずし	20銭
133	神田橋	神田橋食堂	今日の夕食（薩摩汁）、肉うどん、玉子うどん	各15銭
135	昌平橋	昌平橋食堂	定食	不明
137	人形町	かね萬	さい鍋、ちり	各一人前40銭
140	両国橋	もゝんじい豊田屋	羆肉の鍋	一人前1円位？
			猿肉、猪肉	各一人前60銭
143	両国	与兵衛ずし	すし並、ちらし並	各50銭
			すし中、ちらし上、まぐろ、てっかまき、てっか丼	各70銭
			すし上	1円
			細のりまき	40銭

初出頁	地域	店名	商品名	価格
143	両国	与兵衛ずし	蒸ずし、ちらしお土産まげもの入り	各80銭
			定食、親子、さしみ、金ぷら	不明
145	米沢町	江戸政	焼鳥モツ	一本5銭
			鰻の肝	3銭
146	渋谷	東横食堂	フライ、ビフテキ、カツレツ、コロッケ、オムレツ、タンシチュウ、ハムサラダ、ライスカレー	各30銭
			御飯、紅茶、コーヒー	各5銭
			レモン茶、ソーダ水	各10銭
149	品川	三徳	しゃこわさび	50銭
			はま鍋	40銭
			蟹	不明
			御飯	一人前15銭
152	雑司ケ谷	大澤屋	芋田楽、串団子	不明
154	雑司ケ谷	不明	雀焼	不明
155	亀戸	船橋屋	くず餅	不明
158	目黒	角伊勢、大國屋	栗めし、筍めし	各50銭
			くず餅	一皿10銭
161	穴守	あら玉	さざえ	30銭
			はま鍋、しゃこ鍋、蟹	各40銭
165	堀の内	蔦久	きぬかつぎ	一皿20銭
168	柴又	不明	草餅	一皿20銭
			焼いか、天丼	不明
171	太田窪	不明	鰻、鯉の洗い、鯉こく	不明
178	横浜	みのや	水羊羹、蒸羊羹	各一本3銭
178	横浜	やっこうなぎ	鰻丼	50銭
179	横浜	しるこ吉の谷	しるこ、すし、そば	不明
179	横浜	博雅	焼飯	50銭

初出頁	地域	店名	商品名	価格
179	横浜	博雅	しゅうまい、そば、天津五加皮薬酒	不明
			月餅	25銭
179	東海道線	横浜駅（崎陽軒）	鯵のすし折	20銭
		沼津駅（桃中軒）	鯵のすし折	20銭
		静岡駅（東海軒）	鯵のすし折	20銭
		国府津駅（東華軒）	鯵のすし折	25銭
189	横浜	聘珍樓	点心、支那酒	不明
196	銀座界隈	寿司幸	ちらし	30銭
			握り、ひもの、海苔巻き	不明
		大寿司	オタチ	不明
		天國	天麩羅	不明
		彩華	シウマイ、ワンタン	不明
		東京パン	メキシコライス、トルコライス	不明
		エビスのビヤホール	おでん、ソーセージ、ビール	不明
		森永	飲み物、菓子、すし、汁粉、カレーライス	不明
		コロンバン	洋菓子、みつパン	10銭均一
			フランス式オードゥブル	1円
		毛利パン	肉マン	10銭均一
			すしマン、大阪式まむし丼	不明
		グリル銀座	ビフテキディンナー	不明
		キリン	ライスカレー	不明
		アスター	豚のチャプスイ	不明
		小松	鰻	不明
		日光	定食	昼1円、夜2円
		アザミ	日本酒、湯豆腐、おでん	不明

初出頁	地域	店名	商品名	価格
205	神田界隈	明治製菓売店	チーズ・オン・トースト	35銭
			アイスクリーム	不明
		神田ベーカリー	ランチ	不明
		おとわ	エビ・フライとハムライス	50銭
		信画堂喫茶部	ランチ	50銭
		喫茶街の喫茶各店	コーヒー、紅茶	各10銭
211	上野界隈	上野食堂	洋定食	50銭
			ア・ラ・カート	不明
		風月	コーヒー	15銭
			チョコレート	30銭
			菓子	10銭均一
			シュークリーム、サンドウィッチ	不明
		紅谷	支那菓子	15銭
			コーヒー、紅茶	不明
		うさぎや	おしるこ	15銭
		松栄鮨	握り	一皿30銭
初出頁	劇場	店名	商品名	価格
223	帝劇	花月	和食弁当	80銭
		東洋軒	和食、支那定食	各80銭
			洋定食	1円
			ア・ラ・カート	50銭
		魚十	和食弁当	80銭
			寿司	35銭
		エンプレス	和食弁当	80銭
			洋定食	1円
			一品	50銭
		中央亭	洋定食	1円

初出頁	劇場	店名	商品名	価格
223	帝劇	中央亭	和食	80銭
			一品、カクテール	各50銭
		あづまや	和食弁当	50銭
			すし	30銭
224	歌舞伎座	弁松食堂、大阪食堂	和食	不明
		竹葉亭	鰻	不明
		鳳凰喫茶店	茶菓	不明
		翠香亭	支那食	不明
		千疋屋	茶菓果物	不明
		三芳食堂	金ぷら幕の内	不明
		幸寿司	寿司	不明
		精養軒	洋食	不明
		直営食堂	天ぷら	不明
225	新橋演舞場	精養軒（喫茶店）	紅茶と菓子の取り寄せ	50銭
			ショートケーキ	不明
		金陵亭	五目飯	不明
		大阪寿司	寿司	不明
		神田川	鰻小串弁当	1円
227	明治座	エビス	西洋料理定食	1円、1円30銭
		盛昌楼	支那料理定食、その他お好み	不明
		大食堂（二階）	二重弁当、さしみ弁当、玉子やき弁当、親子丼、うなぎ丼	各1円
			うなぎ二重、三重弁当	各1円30銭
			すの物、つまみ物、いかやき、うま煮	各50銭
		大食堂（三階）	定食（五品、御飯しんこ付）	2円
		和食堂	弁当、親子丼、すし、ちらし、大阪すし、さしみ、すの物、いかやき	各50銭

初出頁	劇場	店名	商品名	価格
228	本郷座	食堂（階下）	お弁当、親子丼、その他	50銭均一
		汁粉店	いなりずし、田楽餅	不明
		食堂（二階）	弁当	1円
			お刺身弁当、鰻御飯	不明
230	市村座	喫茶店つる岡	コーヒー、ケーキ	不明
		鯛めし大吉	鯛めしおわん付	60銭
		和洋食有楽軒	定食	1円50銭
		幸ずし	すし	40銭
			お好み	50銭
		そば大村屋	更科そば	15銭
			天どん	50銭
		うなぎ千葉屋	うなぎ丼	80銭、1円
			二重箱	1円20銭
		支那料理万金	御弁当	1円
			定食	1円50銭
		弁松食堂	お弁当	70銭、1円
			定食（五品付）	2円
231	新歌舞伎座	二階和食堂	三重弁当（椀付）、鰻二重	各1円30銭
			二重弁当、さしみ弁当、玉子焼弁当、鰻丼（いずれも椀付）	各1円
		洋食堂	定食	1円30銭
			ランチ	80銭
		寿司	寿司	50銭
		三階和食堂	御弁当、親子丼	各50銭

＊解題2に示されている通り、刊行当時の1円の価値は現在のおよそ3000円に相当するかと思われる。

＊以下、参考として、昭和4～5年の物価をいくつか提示する。

・塩1kg小売――7銭9厘
・白米10kg小売――2円30銭
・岩波文庫――20銭
・時刻表（鉄道省発行）――35銭
・朝日新聞一ケ月購読料――90銭
・郵便料金　手紙（15gまで）――3銭
・郵便料金　ハガキ――1銭5厘
・山手線　初乗り運賃――5銭
・映画館入場料――40銭
・銀行の初任給（大卒）――70円
・東京大学の授業料（年額）――120円

（『値段史年表　明治・大正・昭和』週刊朝日編、昭和六十三年、朝日新聞社より）

東京名物 食べある記〈復刊〉

二〇二〇年六月二十七日　第一版第一刷発行
二〇二〇年八月 十 三日　第一版第二刷発行

編　者　時事新報社家庭部
発行者　阿部黄瀬
発行所　株式会社　教育評論社
〒一〇三―〇〇〇一
東京都中央区日本橋小伝馬町一―五
PMO日本橋江戸通
TEL 〇三―三六六四―五八五一
FAX 〇三―三六六四―五八一六
http://www.kyohyo.co.jp

印刷製本　萩原印刷株式会社

ISBN 978-4-86624-029-9
定価はカバーに表示してあります。
落丁本・乱丁本はお取り替え致します。